KB068041

대한민국 국회 보좌관입니다

일러두기

- 본 도서는 국립국어원 표기 규정 및 외래어표기법 규정을 준수하였습니다.
  다만 일부 입말로 굳어진 경우에는 저자의 표기를 따랐습니다.
- 도서명, 잡지와 신문 등의 매체명은 『』, 논문 제목, 신문 기사, 기타 편명은 「」, 드라마명, 영화명은 〈 〉로 표기하였습니다.
- 보좌 직원은 직급에 따라 명칭이 다르지만 본 도서에서는 통칭 '보좌관'이라 부르고, 역할에 따라 '비서'로 구분하였습니다(지은이는 인턴부터 5급 비서관까지 일했습니다).

대한민국 국회 보좌관입니다

300명 국회의원, 2,700명 보좌진 그 치열한 일상

홍주현 지음

지콜론북

차례

2장 국회의원의 그림자, 보좌관의 세계

프롤로그

현실의 보좌관 이야기

2019년에 드라마 〈보좌관〉이 방영되었습니다. 보좌관을 소재로 한 드라마가 나온다는 소식에 옛 동료들과 한껏 기대했습니다. 방영을 시작하자 감회 어린 마음으로 시청했습니다. 눈코 뜰 새 없는 국정감사 시즌을 그대로 담아낸 장면에서 보좌관 생활을 하며 바빴던 시절이 새록새록 떠오르기도 했지만, 드라마라는 허구적 설정으로 현실과 사뭇 동떨어진 장면도 있어 아쉬웠습니다.

현실에서 보좌관의 정의감이나 능력은 드라마와 조금 다릅니다. 어떻게 다른지, 현장에서 일하는 보좌관 그리고 국회의원의 이야기가 궁금하지 않으신가요? 이 책은 현실 속 보좌관의 이야기이자 그들의 눈으로 본 국회의원과 법에 관한 이야기입니다. 보좌관과 보좌관에게 운명공동체 같은 존재인 국회의원, 이들 모두가 힘써서 하는 일인 입법은 서로 뗄 수 없습니다.

매체를 통해 비치는 국회의원의 이미지는 대체로 부정적입니다. 권위주의적이며 탐욕스럽고 제대로 일하지 않는 무능한 모습으로 보입니다. 그런 측면을 부인할 수 없습니다. 다만 여기서는 부정적인 면을 반복하기보다 매체가 비추지 않는 평범한 국회의원의 모습을 얘기하고자 합니다. 유권자이자 국회 내부자이며 국회의원과 한 몸이라고 할 수 있는 보좌관 눈에 비친 국회생활, 돌이켜 보면 여느 직장과 다를 바 없는 모습이었습니다. 보람을 느끼기도 하고 한편으로는 실망스러움과 불만을 느끼기도 했습니다. 현실적인 한계 속에서 안타까운 부분도 있었습니다.

현재 국회의원이 의식하는 유권자의 존재감은 예전과 매우 다릅니다. 대중의 위상이 높아지고 정보통신의 발달로 국회와 대중은 가까워졌습니다. 이런 변화 속에서 국회의원이 자신의 소신과 민심 사이에서 고민하는 모습, 사회의 기대에 부응하기 위해 사명을 다해 일하는 모습을 옆에서 지켜봐 왔습니다. 국회의원뿐만 아니라 보좌진 동료들, 수시로 업무 교류를 했던 행정부 직원들까지, 부족한 부분이 많기에 더 열심히 일했던 것 같습니다. 저도 그들 중 하나였다고 생각합니다. 국회의원 옆에서 능력껏 법과 제도, 구조 개선을 위한 고민과 노력의 시간을 보냈습니다.

그러나 국회는 여전히 유권자의 기대에 미치지 못합니다. 국회에서 처음 일했던 20년 전과 차이가 없습니다. 유권자에게 축각을 세우고 일하는데 왜 나아지지 않는 걸까, 무엇이 문제일까? 일하는 내내 고민했고 국회를 떠난 후에도 늘 품었던 의문이었습니다. 이 이야기는 지난 직장 생활 10년을 돌아보는 것이기도 하지만, 동시에 그 의문에 대한 답을 찾는 과정이기도 합니다.

국회는 사회의 거울

처음 국회에서 일할 때만 해도 국회의원이 멀게 느껴졌습니다. 비단 상사이기 때문은 아니었습니다. TV 뉴스나 신문의 주요 기사를 장식하며 나라의 중요한 일을 하면서 주목받는 사람들은 뭔가 특별하고 다를 것 같았습니다. 국회 본정과 의원회관 앞에 줄지어 서 있는 검은 세단, 부채꼴 모양의 본회의장과 정당 원내대표단 사무실이 있는 본청에서 의원들 모습을 담고 인터뷰하려 달려드는 방송국 카메라와 마이크를 보며 더 어렵게 느낀 것인지도 모릅니다.

가까이에서 지내는 시간이 점차 쌓이니 가치관이나 태도, 정서처럼 일상을 이루는 문화적, 인간적 측면에서 그들과 우리는 다를 바 없는 사람들이라는 사실이 보였습니다. 정치권 내부의 모습은 보통의 사회 모습과 같습니다. 국회의원은 어릴 때부터 특별히 정치인 교육을 받은 게 아니라 여느 사람과 똑같은 교육을 받고 같은 문화 속에서 자란 사람들입니다. 평범한 우리 가운데 하나가 투표로 뽑혀 국회의원으로 일하는 것입니다. 이것이 바로 자유민주주의입니다. 따라서 국회의원은 사회와 동떨어져 특별할 수 없습니다. 의정활동에는 그 사회의 모습이 축약적으로 반영됩니다. 제가 국회를 사회의 거울이라고 생각하는 이유입니다. 1장에 담긴 국회의원의 모습에서 여러분도 그와 같은 부분을 발견할 수 있지 않을까 합니다.

몸과 똑같이 움직이지만 그 몸은 아닌 그림자

드라마 〈보좌관〉에 대한 인상을 말하면서 현실은 다르다고 했습니다. 대표적으로, 주인공 보좌관이 다른 경쟁 의원의 입법안 기자회견 자리에서 법안에 대해 반박하며 그 의원을 보기 좋게 망신 주는 모습입니다. 의원회관은 좁디좁은 세계입니다. 낮말은 새가 듣고 밤말은 쥐가 듣는다는 말처럼 비밀이 없고 일거수일투족이 빠르게 퍼집니다. 임기 중에도 보좌관은 다른 의원실로 일터를 옮기는 경우가 적지 않기 때문에 국회의원을 노골적으로 공격할 수 있는 입장이 아닙니다. 평판이 나빠지면 국회에서 계속 일하기 어렵습니다. 모두가 기피하는 직원이 되는 것입니다.

국회에서는 적대적인 사이라도 의원끼리 최소한의 선을 넘지 않으려고 하는 분위기가 있습니다. 국회의원은 기본적으로 유권자를 대표하는 상징체이기 때문입니다. 국회 안에서, 특히 회의장 같은 공식적인 자리에서 어떤 의원을 함부로 대하면 당사자뿐만 아니라 그가 대표하는 유권자를 망신 주는 행위이기도 합니다. 국회의원에 대한 예의 역시 그가 대표하는 유권자를 존중하기 위함입니다. 국회의원의 이런 상징성은 보좌관에게도 예외가 아닙니다.

의정활동 등 국회의원에 대한 평판이 좋으면 그 의원실에서 일하는 보좌진의 실력과 자질도 좋게 평가받는 경향이 있습니다. 국회의원이 의정활동을 잘하면 보좌관의 평판에도 영향을 끼치는 만큼 국회의원과 보좌관은 한 몸이나 마찬가지인 관계입니다. 동시에 의원과 보좌관 사이 경계 또한 분명합니다. 그림자와 몸은 떨어질 수 없지만 그림자는 그림자로서, 몸은 몸으로서 존재할 뿐 그림자가 몸통이 될 수 없는 것과 같다고 할까요. 2장은 그런 보좌관의 세계입니다. 또 여성 직장인으로서 보좌관의 일, 국회 생활에 대한 고민도 담았습니다.

제 역할을 하는 국회를 만들려면

사회생활을 국회에서 시작했고 국회에서만 일했기 때문에 국회는 제 직장 생활의 전부였습니다. 각종 잡무에서부터 국회의원의 일정 관리, 후원회 관리, 언론에 보낼 보도자료 작성, 토론회 기획과 준비, 민원 처리, 정책 질의 자료 준비와 법안 입안 등 국회의원을 보좌하기 위해 하는 일 대부분을 거쳤습니다. 그중 입법에 관한 이야기를 3장에 담았습니다.

국회의 핵심 업무인 입법 활동을 돌아보며 나름대로 법과 의회의 역할에 대해 고민했습니다. 입법안을 기획하고 내용을 만드는 일, 법을 발의하기 위해 다른 의원들의 협조를 구하는 일, 본격적으로 법안 논의가 이뤄지는 상임위원회 전체 회의와 실질적인 심의가 이루어지는 법안심사소위, 법안의 자구 등 기술적 부분을 검토하는 법제사법위원회와 최종 통과 절차인 본회의까지 입법을 지원하면서 겪은 일들과 문제의식에 관한 이야기입니다.

어항 속에 있는 물고기에게는 물과 어항이 보이지 않는다는 말이 있습니다. 일하는 동안에는 발등에 떨어진 불 끄기처럼 눈앞에 닥친 업무를 처리하는 데 급급하고, 국회의원을 위해 일하는 입장이다 보니 한 발짝 물러나 객관적으로 생각해보기 어려웠습니다. 오히려 국회를 떠나고 나니 뭔가 보이는 것 같습니다. 입법 과정에서 유권자가 행사할 힘의 방향에 대해서요. 국회의원의 반응·태도를 살펴보면서 우리가 국회에 무엇을 요구해야 할지, 우리가 할 일이 있다면 무엇인지에 대한 고민입니다.

국회의원 사용법

국회의원과 일하는 사람이자 동시에 유권자로서 안타까웠던 점은 국회의원에게 요구되는 것이 주로 한두 가지에 치중된다는 것입니다. 리더로서 소신이 있어야 한다거나 사회를 위해 헌신해야 한다는 목소리입니다. 실체가 모호한 목소리는 막연해서 잘 전달되지 않습니다. 우리 성에 차지 않을지언정, 이미 국회의원들은 나름대로 그렇게 하고 있기 때문입니다. 국회의원을 변화시키기 위해서는 도덕적인 요구보다 실질적인 유인을 제시해야 합니다. 일례로 의정활동 평가 기준을 더 까다롭게 설계하는 것도 방법입니다. 문제가 발생했을 때, 법이라는 권위에 의지하기보다 시민이 합의하여 해결하는 방식도 필요합니다.

저는 제가 국회라는 정치판 한가운데서 일하게 될 줄은 조금도 생각지 못했습니다. 보좌관으로 일하면서도 사명감보다는 그저 보좌라는 일을 하는 직원으로서 일했습니다. 단지 일터가 국회였고, 그곳이 국가 운영에 직접적인 영향을 주며 유권자의 뜻을 반영하는 곳이었던 것입니다. 특별한 대의나 신념이 뚜렷하지는 않은 직장인이었지만 그 덕에 첨예하게 대립하는 것처럼 보이는 여당과 야당 소속 국회의원과 두루 일하는 경험을 했고, 또 평범한 유권자의 시각을 간직할 수 있었습니다. 글에서 보여주는 시각이나 주장을 정답이라고 할 수는 없습니다. 그러나 국회의원 돕는 일을 오랫동안 하며 그들을 가까이에서 지켜본 어느 시민의 문제의식으로 독자 여러분에게 도움이 되기를 바라는 마음입니다.

국회 생활에 관해서는 오래전부터 쓰고 싶은 주제였지만 그만큼 망설였습니다. 함께 일했던 국회의원과 동료들이 어떻게 생각할지 염려스럽고 또 첨예하게 대립하는 정파성과 연관 깊은 곳이라 조심스러웠습니다. 막상 쓰기 시작하니 정치보다 입법기관으로써 국회 이야기, 직장인으로서의 국회 생활을 풀어낼 수 있었습니다. 어떻게 시작해야 할지 모르던 제게 손 내밀어주고 함께 달려준 지콜론북 출판사 분들에게 고마운 마음입니다. 국회 경험을 되돌아보면서 법과 의회에 대해 나름대로 공부했지만, 연구자는 아닌지라 부족하거나 잘못된 내용이 없지 않을까 우려되었습니다. 팩트 체커로서 꼼꼼하게 원고를 검토해준 서울대학교 행정대학원 박종석 님도 감사합니다. 무엇보다 함께 일했던 국회의원, 보좌관, 동료들에게 감사한 마음을 전합니다. 가까이에서 지켜보며 그들이 일에 임하는 태도에 감탄하며 같이 성장했고, 그 덕분에 즐거운 국회 생활을 했습니다.

정치 제도나 의회 제도를 이렇게 저렇게 개선해야한다는 이야기는 많지만, 국회의원을 유권자가 어떻게 이끌어야 하는지에 대한 고민은 찾기 어렵습니다. 스스로 변하기 어려운 건 국회의원도 마찬가지이고, 또 국회의원에게 가장 큰 영향을 미치는 건 유권자인데도요. 여러분과 나누는 제 국회 경험이 국회의원을 사용하는 구체적인 방법을 찾는 데 참고로 활용되기를 바랍니다. 그리고 조금은 새로운 눈으로 국회를 바라볼 수 있는 계기가 되면 좋겠습니다.

홍주현

국회의 기본기

· 국회에서 일하는 사람들 ·

국회의원

약 300명

보좌관

약 2,700명

(국회의원 1명당 보좌관 약 10명)

국회의원 임기

4년

보좌관의 직급

4급	보좌관
5급	비서관
6~9급	비서
인턴(유급)	비서
입법보조원(무급)	

보좌관 평균 근속연수

- 9급: 1년 7개월
- 8급: 3년
- 6급, 7급: 4년 6개월
- 5급: 5년 2개월
- 4급: 7년 11개월

1 2 3 4 5 6 7 8 9 10년

• 2019년 1월 기준 • 출처: 『머니투데이』 2019.6.18.

· 국회의원이 하는 일 ·

유권자의 의견을 모아 국가 의사결정에 반영	국정에 대한 질의, 적발 및 시정
대한민국 헌법 조항을 제·개정	각종 외교 활동
국가 사이의 조약을 체결·비준	각종 민원 해결
행정부 감시 및 견제	지역 유권자와 교류(의정보고회 등)

· 보좌관이 하는 일 ·

4급 보좌관

2명으로 각각 정책, 정무로 나눠 업무 분장함(정책: 일반적인 입법안, 상임위 등 회의 자료 담당, 정무: 정치적 사안에 관한 전략에 초점을 두며 기자, 지역 유지, 후원자 등 대외적으로 사람을 만나는 일에 치중. 의원 개인의 신변에 관한 사항에 대해 총괄) 의원실 전반을 총괄하고 책임지는 선임 보좌관, 후임 보좌관으로 구성하는 경우도 있음.

5급 비서관

2명으로 각각 정책·정무로 업무 분장을 하거나 2명 모두 정책을 담당.

6~9급 비서

각 1명씩 업무 분장하는 것이 일반적. 수행 비서와 행정 비서는 이 중 의원실 상황, 즉 나이와 경력 등을 고려하여 6~9급 중 하나를 부여함. 보통 7급이 수행, 9급이 행정 비서.

정책 비서 법률안 관련 업무 전반(공동 발의 검토, 대표 발의 준비), 전체 회의에 국회의원이 질의할 때 참고할 자료 준비(법안 관련, 소관하는 행정부처 업무 관련, 이슈되는 현안 관련 등), 의정보고서 기획, 토론회 기획, 법 또는 행정부처와 관련된 민원 처리 등

행정 비서 국회의원의 일정 정리, 각종 인명 관리, 초청장·인사장·선물·의정 보고서 등 발송 준비, 후원회·후원 모금·정치 자금 관리, 사무실 운영 관리(비용, 집기 등 전반), 의원실 방문객 응대

수행 비서 각종 행사 및 현장 방문, 유권자 면담 등 국회의원이 국회 밖에서 활동하는 동안 원활하게 일할 수 있도록 보조

· 국회의 회기 ·

국회는 일정 기간을 정해 개회되며 그 기간을 회기라고 부른다. 국회가 개회되어 있는 동안 법안 및 예산·결산, 청원 등을 심사한다. 주요 현안과 관련된 각 정부 부처의 보고를 받으며 그에 관해 국무위원에게 질의·요청 등을 한다.

임시회

국회는 임시회와 정기회로 나뉜다. 임시회는 필요에 따라 열며 국회의원 총 인원의 1/4 이상 또는 대통령의 요구가 있어야 한다. 실제 임시회 개최는 국회의원의 절반 이상이 소속돼 있는 양대 정당(교섭 단체)의 원내대표가 의원들을 대표해 합의해 개최한다. 임시회이지만 연중 상시 국회 운영을 위해 국회의장과 원내대표들이 합의해 매년 말에 다음 해 임시회 일정을 정한다. 기본적으로 짝수 달(8월 제외)마다 국회 임시회가 열리고 그 기간은 한 달 이내다.

정기회

매년 9월 1일부터 100일 이내 동안 열리도록 법률로 정해져 있다. 하지만 실제 그날 열린 적은 거의 없다. 양 정당의 원내대표와 국회의장의 합의로 개회 날짜를 변경할 수 있으며 대부분 추석 직후에 열린다. 각 상임위에서는 정기회 기간에 국정감사를 한다. 정기회에 열리는 본회의에서는 법안 및 기타 안건뿐만 아니라 다음 해 예산안을 심의·확정하고, 국정에 대한 교섭단체(정당) 대표연설 그리고 국회의원들의 대정부질문도 실시한다. 대정부질문은 외교, 경제, 사회 등 분야별로 이루어지며 질문자 선정은 의원의 지원을 받는 방식으로 이루어진다.

회기가 열리면 상임위원회 전체 회의 일정, 논의할 안건을 정하고 다음 전체 회의 전까지 상임위원회 산하에 있는 소위들이 열린다. 소위에서 안건을 처리하면, 다시 전체 회의에 상정해 전체 의원들의 의견을 듣고 처리한다. 안건이 법안인 경우엔, 통과된 법안을 법제사법위원회로 예산안은 예산결산특별위원회로 이송시키고, 예산이나 청원 등 그 외 안건은 본회의로 이송한다. 전체 회의에서 상임위 위원들은 소관 부처의 국무위원에게 부처가 시행하고 있는 사업의 진행상황, 그때그때 발생하는 이슈에 대한 대처 등 주요 현안 보고를 받는다. 의원들의 질의와 국무위원의 답변이 오가는 회의가 이때 이루어진다.

· 국회 상임위원회 ·

*정부 부처가 개편되면, 위원회 명칭과 위원회의 소관 부처가 바뀜.

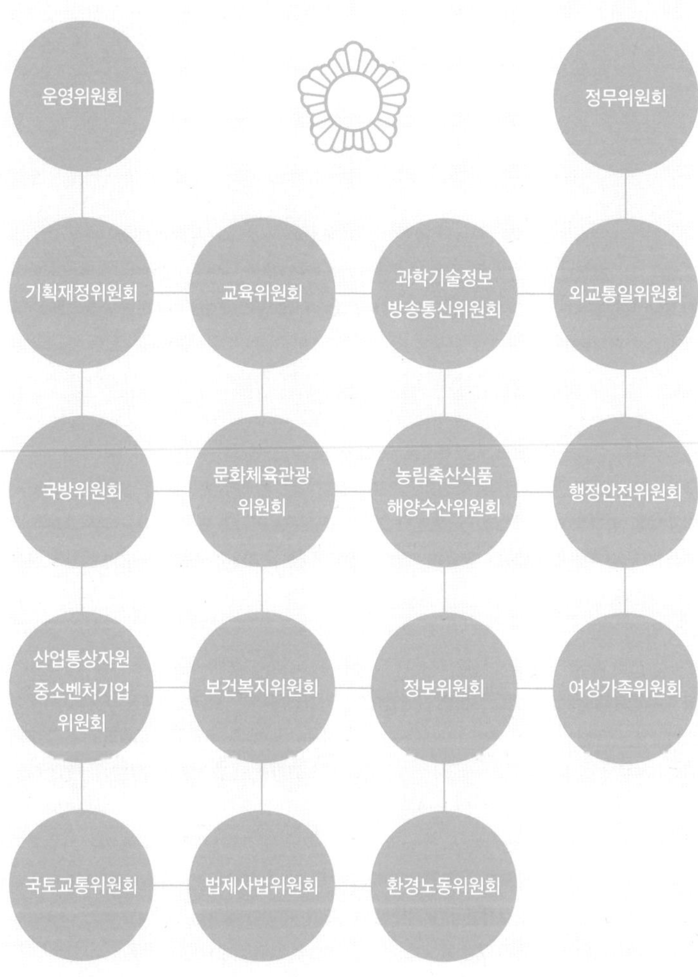

입법부인 국회는 법안을 깊이 있게 심의하고, 행정부를 효율적으로 견제하기 위해 분야별로 상설 위원회를 운영한다. 주요 정부 부처를 중심으로 17개 상임위원회가 있다. 국회의원은 이 중 1개 이상 위원회에 소속해 입법 및 행정부 감사 활동을 한다. 그 외에 법률에서 정하는 직무(국정감사, 예산 및 결산안 심사)를 행하는 임무를 부여받고 있다.

운영위원회

각 교섭단체(국회의원 20명 이상을 가진 정당) 원내대표단으로 구성된 위원회로서 국회 사무처, 도서관, 예산정책처, 입법조사처 등 국회 운영과 대통령비서실과 경호실, 국가안보실과 인권위원회 운영과 일을 감사하고 관련법을 다룬다. 운영위는 다른 상임위에서 활동하면서 동시에 맡을 수 있는 겸임위원회다.

정무위원회

금융위원회, 공정거래위원회, 국무총리실, 국가보훈처, 국민권위위원회가 하는 일과 관련 법률안을 다룬다. 금융위원회 산하 및 출연기관으로 금융감독원, 한국자산관리공사, 산업은행, 중소기업은행 등 굵직한 기관이 많아 금융위원회 그리고 경제 경찰이라고 불리는 공정거래위원회와 관련한 이슈로 주로 주목받는다. 금융과 기업에 직접적 영향을 미치는 기관을 소관하는 만큼 경제 관련 국정 운영을 경험할 수 있고, 또 국회의원이 후원금을 모으기에도 유리한 면이 있다.

기획재정위원회

국가 재정·경제정책에 관한 의사결정을 수행한다. 기획재정부와 국세청, 관세청, 조달청, 통계청 그리고 한국은행과 수출입은행, 한국투자공사, 조폐공사 등에 관한 업무와 법률안을 소관한다. 기획재정부에서 담당하는 국가 예결산과 기금 등 재정, 외환 정책 그리고 한국은행에서 결정하는 금리 등 경제 정책의 핵심을 견제하는 역할을 한다.

교육위원회

교육 전반에 관한 정책을 결정한다. 교육부를 중심으로 40개에 달하는 국립대와 국립교육대, 교육청, 국립대병원, 교육 관련 재단 등 90개가 넘는 기관의 업무 감사와 관련 법률을 소관한다.

과학기술정보방송통신위원회

과기정위원회라고 부른다. 긴 이름만큼 명칭이 여러 차례 바뀐 역사를 갖고 있다. 1990년대 말 문화관광위원회에서 방송 산업이 커지며 방송통신위원회라는 부처가 신설되고 과학기술과 정보가 중요해지면서 오늘날의 이름에 이르렀다. 과학기술정보통신부가 담당하는 우체국을 비롯해 과학, 정보통신, 인터넷 등과 관련된 68개 기관, 방송통신위원회 소관의 KBS, MBC 등 8개 기관 그리고 원자력안전위원회 소관 5개 기관을 다룬다.

외교통일위원회

외교부, 통일부 및 민주평화통일자문회의 사무처에 속하는 법률안, 예결산안, 청원 등을 심사하고 감사 등을 수행한다. 주로 다선의 중진 의원이 위원으로 활동하는 경우가 많은 편이다. 상임위 권한이 지역과 관련된 경우가 거의 없어 의원들이 기피하려는 것도 있지만, 외교는 국내 경제와 사회 전반에 대한 파악을 바탕으로 국제 정세까지 읽을 줄 아는 통찰력이 필요한 만큼 오랜 의정 활동으로 국정 운영에 대한 감각을 요구하기 때문이 아닌가 한다.

국방위원회

국방부를 비롯해 병무청, 방위사업청과 육해공군, 현충원과 국방대, 국군간호사관학교 등 국방부 소관에 속하는 사항에 대해 의사결정을 한다. 수억 원에 달하는 무기와 작전 등 기밀 사항이 많아 국방부에서 제출하는 자료 중에는 국방부 직원이 지켜보고 있는 데서 검토하고 다시 돌려줘야 하는 경우도 있다. 물론 복사나 메모도 허용되지 않는다.

문화체육관광위원회

문화체육관광부, 문화재청에 속하는 의안과 청원 등의 심사 기타 법률에서 정하는 직무(국정감사 및 조사 등)를 행하고 있다. 문광위도 소관 기관이 많은 상임위다. 문광부와 문화재청 외에 한국예술종합학교와 국악중고등학교 등 학교와 각종 박물관·미술관, 영화진흥위원회, 저작권보호원, 여상물등급위원회, 대한체육회, 국립합창단과 발레단, 오페라단 등 예술 극단과 정동극장, 현충사관리소, 유적본부 등 80개에 가깝다.

농림축산식품해양수산위원회

농림축산식품부, 해양수산부 소관 법률안, 예산안, 청원 등의 안건을 심사하고, 국정 감·조사 및 정책질의 등을 통하여 행정부의 정책을 감시 비판하고 대안을 제시한다. 2개 부처 외에 농촌진흥청, 산림청, 해양경찰청 그리고 마사회, 농어촌공사, 각종 진흥원, 부산·인천·여수·울산의 항만공사들, 해운조합, 수산자원관리공단 등 많은 부처 산하 및 유관기관을 소관한다. 농협 은행과 금융지주사, 수협 은행 등 관련 금융기관도 이 위원회에서 감사한다.

행정안전위원회

행정안전부 소관에 속하는 사항, 중앙선거관리위원회 사무 및 지방자치단체에 관한 사항에 속하는 의안과 청원 등 심사, 감사를 한다. 행정안전부와 선관위를 비롯해 경찰청, 소방청, 공무원연금공단 등을 소관하는데, 행정안전부를 통해 예산 지원을 받는 지방자치단체가 증인으로 출석하는 경우도 있다. 개헌 등을 논의하는 것으로 알려진 정치개혁특별위원회도 구성하고 있다.

산업통상자원중소벤처기업위원회

산업통상자원부, 중소벤처기업부, 특허청 소관에 속하는 사항에 관한 의사결정을 수행한다. 3개 부처 외에 한국전력공사, 가스공사, 석유공사 등과 발전소들, 강원랜드, 산업기술과 자원과 관련된 공단과 진흥원, 중소기업연구원 등을 소관한다.

보건복지위원회

보건복지부 소관 및 식품의약품안전처 소관에 속하는 의안과 청원 등의 심사, 기타 법률에서 정하는 직무를 수행한다. 2개 부처의 소속 기관으로는 질병관리본부와 각 지역의 국립병원, 국민연금공단과 건강보험공단, 보험심사평가원과 암센터, 적십자사 그 외에 노인, 장애인, 보건의료 관련 재단과 개발원 등이다. 복지 예산이 전체 예산에서 차지하는 비중이 커지고 사회적으로 복지의 중요성이 커지면서 국회의원 사이에서 인기 있는 상임위로 대두됐다.

정보위원회

국가정보원 소관에 속하는 의안과 청원 등의 심사·기타 법률에서 정하는 직무를 한다. 국가의 기밀정보를 다루는 국정원을 소관하는 만큼 다른 상임위와 달리 정보위 회의는 비공개로 이루어진다. 회의 준비나 국정원장과 질의응답이 오가는 회의장 안에서 알게 된 사항을 공개하거나 타인에게 누설하는 것 또한 금지한다. 정보위원회 업무를 지원하는 국회 직원은 신원조사도 받아야 한다. 운영위원회처럼 다른 상임위와 겸임한다.

여성가족위원회

여성가족부 소관에 속하는 의안과 청원 등의 심사 및 기타 법률에서 정하는 직무를 수행한다. 가장 역사가 짧은 위원회다. 1994년에 상설 특별위원회로 설치돼 여성 관련 법률안 및 청원을 소관 상임위에 제시하는 역할을 했다. 이후 2002년에 여성부가 생기면서 상임위원회로 신설됐다. 이후 가족 업무를 보건복지부에서 여성부로 가져오는 부처 직제 개편에 따라 여성가족위원회로 이름이 변경되었다가 2008년에 다시 여성위원회로, 그리고 2010년에 또다시 여성가족위원회로 바뀌어 오늘날에 이르고 있다. 운영위, 정보위와 함께 다른 상임위에서 활동하면서 겸임하는 겸임위원회다.

국토교통위원회

주택·토지·건설· 수자원 등의 국토 분야, 철도·도로·항공·물류 등의 교통 분야에 관한 국회의 의사 결정 기능을 수행함으로써 행정부의 정책을 감시·비판하고 대안을 제시하는 역할을 한다. 행정 부처 국토교통부 이외에 2개의 공항 공사, 도로 공사, 교통안전공단, 주택관리공단, 코레인 관련 등이 이에 속한다. 주택에 관한 사항을 담당하기에 집값 상승 등으로 여론의 주목을 많이 받는 상임위 가운데 하나다.

법제사법위원회

법무부, 법제처, 감사원, 헌법재판소 등이 하는 일을 감사하고, 관련법의 제·개정안을 심사한다. 법사위는 소관 기관과 관련한 법률뿐만 아니라 국회 모든 상임위원회에서 통과시킨 제·개정 법률안의 체계와 형식, 자구 등을 검토하기도 한다. 국회 본회의에서 통과시키고자 하는 모든 법안은 해당 상임위를 통과하고 난 뒤 법사위 통과를 거쳐야 한다.

환경노동위원회

환경부 및 고용노동부의 소관에 속하는 사항의 법률·청원 등 의안의 심사와 기타 국정감사, 국정조사, 예산안 및 결산안 예비심사 등의 직무를 수행한다. 2개 부처 외 소관 정부 기관으로 기상청이 있다. 각 부처의 소속기관과 산하 공공기관에 관한 사항을 다룬다. 최저임금위원회, 고용보험심사위원회, 국립공원공단, 상하수도협회, 폴리텍대학, 잡월드 등이다.

· 국회 1년 타임라인 ·

6월
국회 개원
(4월 선거, 6월 개원)
및 임시 국회

7~8월
국정감사 준비

9월
정기국회 시작 및
국정감사

10월
국정감사 및
이듬해 예산안 심사

11월
예산 정국 시작

12월
예산 및 결산 마무리,
의정 보고서 작성 및 의정 보고회 기획

1월
지역구 활동 및
의정 보고회
(선거 해에는 공천 지원서 준비)

2월
임시 국회

3월
토론회 등 국회의원실
주최 행사 준비 및
개최

4월
임시 국회

5월
정부의 예산 집행에
따른 결산 심사 준비

상시
국회의원 대표 발의안
준비 및 법안 발의

1장

국회에는 국회의원이 없다

지고는 못 사는 사람들 300명이 모여 있습니다

나태하면 도태되는 국회

사람들은 국회의원이 노는 줄 안다. 정말 설렁설렁 일하며 국회의원 배지를 폼으로 달고 다니는 의원이 있다면, 국회에서 그들을 위해 일했던 나 같은 보좌관은 얼마나 편했을까. 나는 국회에 있는 10년 동안 국회의원 5명과 일했다. 그중 2명은 임기를 거의 함께했고, 나머지 3명은 1년 정도씩 일했다. 그들의 소속 정당, 일하는 방식 등은 저마다 달랐지만 편하게 대충 일한 곳은 한 곳도 없었다. 오히려 일 욕심 많은 국회의원을 만난 적이 더 많다.[1]

잠깐 스쳐 지나가듯 일한 의원실도 있었다. 대학 졸업 후 국회에서 처음 일하기 시작하고 반년 정도 지났을까, 업무에 적응하려나 싶을 때 국회 임기가 끝났고 당시 비례대표였던 그 의원은 다음 선거에서 공천[2]을 받지 못했다. 내 첫 직장은 6개월 만에 끝났다. 그때 어렴풋이 알았다. 국회의원과 보좌진은 흡사 얇은 종이로 만들어진 바람개비 같은 관계라고도 할 수 있다는 것을. '국회'라고 쓰여 있는 작은 의원 배지는 바람개비의 구심점이고 보좌진은 각각의 날개들이며, 그 바람개비가 돌아가게 만드는 바람은 유권자의 지지라고나 할까. 바람개비의 구심점 역할을 하던 의원 배지가 사라지자 의원과 직원은 모두 뿔뿔이 흩어지는 처지가 됐다.

상황과 역량에 따라 보좌관들의 재취업 방법은 다양한데, 국회의원은 자기를 위해 일했던 직원들에게 책임감을 느껴 다음 일을 찾는 것을 적극적으로 돕는 경우가 있다. 선거에 처음 당선되어 국회에 들어오는 초선 의원[3]은 국회를 떠나는 의원 중에서 친분이 있는 사람에게 보좌진을 소개해달라고 하는 경우가 있는데, 이럴 때 자신과 일했던 직원을 추천하기도 한다. 그때 나도 이전에 함께 일한 의원을 통해 다음 국회에서 의정활동을 하게 된 초선 의원과 면접을 봤고 함께 일하기로 했다.

초선 의원은 개학 후 첫 시험을 앞둔 학생 같은 면이 있다. 유권자의 의사를 반영해 국정을 운영하는 의정활동이라서일까, 이번 학기에는 계획대로 잘해보겠다며 주먹을 불끈 쥐는 학생처럼 의욕이 넘친다. 자신이 온 나라를 바꿀 듯이. 나와 함께 일하기로 한 의원도 그랬다. 임기 시작이 한참 남아, 나 역시 보좌 직원으로 등록할 수 없는 상황이었는데도 함께 일하기로 구두 결정한 다음 날부터 일을 시키기 시작했다. 의원실을 배정받기 전이었으니 국회 안에서 일할 사무실도 없었고 그 의원이 어떤 상임위원회[4]에서 일하게 될지도 알 수 없는 상태였다.[5] 하지만 그런 환경적 제약은 저돌적인 초선 의원의 의욕 앞에서 조금도 문제 될 일이 아니다. 그는 본격적인 의정활동을 앞두고 헌법이나 국회법에 대한 연구 요약처럼 원론적인 자료 준비를 지시했다. 그땐 나도 국회에서 일한 지 얼마 되지 않은 사회초년생이었던 터라 의원 못지않게 의욕이 넘쳤다. 지시받은 일을 열심히 했다. 하지만 시일이 지날수록 하루가 멀다 하고 쌓이는 요청 사항을 전부 감당하기엔 역부족이었다. 국회가 시작하지도 않았는데 벌써 지쳐 번아웃 증후군에 걸릴 것만 같았다.

국회 개원을 며칠 앞두고 사무처에서 의원실을 확정해 통보했다. 나를 비롯한 보좌 직원들이 의원실에 모였다. 서둘러 살림살이를 뺀 이전 의원의 씁쓸한 마음이 남아 있는 듯 빈 사무실은 어수선했다. 그러나 이내 새 주인의 설렘이 공간을 채웠다. 사무실에 가보니 의원실 소파에 의원과 의원의 부인이 앉아 있었다. 셋방살이를 끝내고 처음 내 집을 마련한 신혼부부처럼 부부의 얼굴이 약간 상기된 듯 보였다. 초선 의원으로서 부부가 이 자리에 오기까지 얼마나 고생했을까. 그들이 좋아하는 모습을 보니 순간 내 기분도 들떴다. 동시에 아직 서먹한 상사에게 잘 보이고 싶은 의욕도 불쑥 솟아 그 자리에서 의원을 친근하게 대했다. 스스로 약간 과하다 싶은 느낌이 살짝 들긴 했지만 초심자의 욕심을 적절히 조절하기 어려웠다. 며칠 뒤, 의원에게서 연락이 왔다. 함께 일하기 어렵겠다고 했다. 구체적인 이유는 말하지 않았다. 잘해보자는 의욕에 순간적으로 선을 넘었던 걸까, 오만 가지 추측을 하자 자책과 후회가 밀려왔다. 그러면서 황당하고 분한 마음도 들었다. 임기 시작 전부터 그동안 내가 열심히 일했던 것이 한순간에 물거품이 된 기분에 힘이 쭉 빠졌다. 낙동강 오리알이 따로 없었지만 다행히 오래지 않아 나는 다른 의원실에서 함께 일하자는 제안을 받았다.

억울했던 마음도 잠시, 임기 시작 몇 달이 지나자 그 의원에게 '팽' 당한 게 새삼 고마웠다. 의원회관에서는 평소 의원실 출입문을 활짝 열어놓고 일한다.[6] 의원회관을 증축하기 전에는 사무실이 작아서 복도를 지나가면서 고개만 돌리면 다른 의원실의 분위기를 어렵지 않게 감지할 수 있었다. 그러다 우연히 그 의원실 앞을 지나가게 되었는데 책상과 옆 테이블을 가득 메운 서류더미 속에서 얼굴이 벌겋게 달아오른 직원들의 표정이 보였다. 십중팔구 일에 치여 있다는 걸 알 수 있었다.

국회에서 일하며 내가 겪은 의원들은 하나같이 일 중독자 같았다. 나를 국회와 인연 맺어준 첫 의원은 구상하고 있는 일이 어찌나 많던지 사비를 들여 직원을 추가 채용할 정도였다. 좁은 사무실이 말 그대로 미어터졌다. 사무실은 의원이 근무하는 공간(의원실)과 보좌진이 근무하는 공간(사무실 혹은 비서실)으로 나누어져 있는데, 결국 직원의 책상 하나를 의원실 안으로 들여 의원의 책상 옆에 두는 방법을 강구해야 했다.

다른 한 의원은 수전증이 있었다. 낮엔 외부일정을 소화하고 밤이 돼서야 사무실에 들어와 늦게까지 데스크 업무를 하느라 커피를 너무 많이 마셔서 생긴 증상이었다. 옆 의원실의 의원 중에는 교수 출신이 있었는데 강의하는 것처럼 꼼꼼한 자료 준비를 요구해서 보좌관들이 애를 먹었다. 안일한 태도의 의원이 있다면 일하기 쉬운 의원실이라고 소문이 났을 텐데 그런 얘기는 아직 들어보지 못했다.

이들은 왜 이렇게 일할까? 우리 사회의 모든 문제를 자신이 해결할 수 있으리란 순진한 의욕 때문에? 여러 가지 이유가 있을 것이다. 사회에 기여하고자 하는 순수한 열정도 있고, 국회의원끼리 경쟁심도 영향이 있다. 그런데 또 다른 원인도 있다고 생각한다. 국회의원은 대부분 국회에 입성하기 이전에 이미 다분히 일에 중독되었다고 할 수 있다. 지역 활동을 통해 국회에 들어온 사람이라면 지역의 정치적 경쟁자, 당내 경선, 그리고 총선까지 수많은 경쟁을 하는 동안 일에 몰입하게 됐을 가능성이 높다. 교수나 기자, 의사나 변호사, 관료 또는 기업 등 전문 분야에서 명성을 쌓아 의원이 된 경우도 비슷하다. 다른 사람보다 훨씬 오랜 시간 동안 많은 에너지를 쏟지 않으면 정당이나 대중에게 어필할 만큼 업적을 쌓기 어렵다. 이미 그들에게는 일이 곧 삶이고 삶이 곧 일이었던 것 아닐까.

그런 만큼 국회의원 300명은 제각기 자부심이나 자존심이 상당하다. 자신이 동료 의원보다 뒤처지는 걸 견디지 못한다. 동료가 어떤 성과를 냈단 소식을 들으면 자신도 적어도 그만큼 해야 하는 게 당연하고, 실은 그보다 더 앞서야 만족한다. 지고는 못 사는 사람들의 경쟁이다.

수년 전, 어느 금융기관의 불완전 판매가 문제가 된 적이 있다. 한 금융사에서 부실 가능성이 큰 기업의 회사채를 충분한 설명 없이 판매해 개인투자자 몇만 명이 피해를 본 사건이었다. 국정감사 직전에 뉴스가 보도되어 그해 감사는 온통 그 이슈에 집중했다. 언론과 대중의 관심도 컸다. 의원과 보좌관 사명감 역시 남달랐다. 국회의원들은 소위 '한 건' 해야 한다는, 즉 뭔가 심각한 문제점을 새로이 밝혀내야 한다는 열의에 불탔다. 이런 열의는 언론과 대중의 관심을 한 몸에 받을 만한 문제를 밝혀내라는 압박으로 직원에게 고스란히 전달된다.

그런 분위기 속에서 내가 다른 의원실보다 비교적 앞서 '한 건'이 될 만한 자료를 준비해 언론의 주목을 받았던 적이 있다. 자랑처럼 들릴 수 있지만 국회에서 이런 일은 자랑거리가 아니다. 그저 내가 조금 먼저 찾아냈을 뿐 직원으로서 당연히 해야 할 일이다. 이것이 곧 국회의원의 의정활동 성과가 되기 때문이다.

국정감사 회의 자료를 준비하느라 야근하던 중 같은 상임위원회에 속하는 다른 의원실 직원의 전화를 받았다. 회의장에서 종종 마주치고 대화도 나눴지만 속내를 털어놓고 고충을 나눌 만한 사이는 아니었다. 전화도 일 관련된 용건이리라 짐작했는데 그가 하는 이야기는 의외였다. 일 얘기는 하지 않고 하소연뿐이었다. 내게 어떻게 그런 걸('한 건') 찾았느냐, 좋겠다고 부러워했다. 수화기 너머로 그의 조바심, 해내야 한다는 압박이 느껴졌다. "의원님이 어서 우리도 뭐 크게 터트려야 한다고 안달복달이에요. 하아…." 동병상련을 느끼지 않을 수 없었다. 며칠 뒤, 그 의원실에서 정부의 큰 실수를 찾아내는, 진짜 제대로 된 '한 건'을 해냈다. 그렇게 모두가 목을 매듯 경쟁하며 찾아내는 그 '한 건'이 곧 제도를 점검하고 문제를 개선하는 일이 된다.

성에 차지 않는 정치 행태, 미흡한 국정 운영 등에 실망한 나머지 사람들은 국회의원이 열심히 일하지 않는다고 말한다. 비난하는 마음은 충분히 이해하지만 실제로 국회의원이 일을 게을리하는 건 불가능하다. 의원 본인의 태도와 성향, 나아가 정치 구조 또한 국회의원이 단순히 의원 배지 단 것에 만족하고 천하 태평하게 지내는 걸 허용하지 않는다. 국회의원은 일종의 계약직과 같기 때문이다. 계약되어 있는 동안에 일정 수준 이상 성과를 내고 고용자를 만족시키지 않으면 재계약이 어렵듯 4년 동안 성과를 내고 유권자에게 인정받지 못하면 국회의원회관에서 방 빼야 하는 시스템이다. 4년 뒤에 미련 없이 국회를 떠나겠다고 작심하면 모를까, 지역 관리를 태만하게 하고 정당에 기여하는 일에도 관심 없으며, 언론의 주목을 받아 유권자에게 이름을 알리고, 인정받는 일에 신경 쓰지 않고, 하고 싶은 일만 하면서 임기를 보내면 정치 생명은 단박에 끝이다.

선거에서 이기는 건 둘째 문제고, 그 전에 당에서 공천을 주지 않는다. 당은 유권자의 선택을 받을 만한 사람에게 기회를 줄 수밖에 없는 처지 아닌가. 당의 권력자에게 아무리 줄을 잘 서도 경쟁력 없는 사람에게 공천을 줬다가는 경쟁 당에 패권을 빼앗기기 십상이다. 따라서 국회의원은 국회에 입성한 순간 더 치열한 경쟁 구도에 얽힌다. 공천을 받아 다시 또 유권자에게 선택돼야만 정치 생명을 이어갈 수 있다. 비례대표도 마찬가지다. 주요 정당들은 당 규칙에 비례대표 재공천을 금지하는 규정을 두고 있고, 따라서 비례대표 의원을 다음 선거에서 또 비례대표로 공천하는 경우는 거의 없다. 비례대표는 지역구 후보로 나가야 살아남을 가능성이 생기기 때문에 기존의 지역 의원 또는 활동가와 경쟁해야 한다(물론 국회의원이 됐다는 것 자체가 신진 정치인에 비해 유리한 점은 많다. 여기서는 이를 부인하는 게 아니라 의원이 의정활동을 게을리할 수 없는 현실을 말하고자 하는 바이다). 재선이든 3선이든 4선이든 국회의원 배지를 아무리 여러 번 달았어도 마찬가지다. 다음 국회까지 살아남으려면 똑같은 과정을 거쳐야 한다.

국회의원 300명의 모습은 피라미드와 같다. 비례대표 의원을 비롯한 초선 의원이 포진한 아래쪽은 넓고 재선, 3선 등 위쪽으로 올라갈수록 좁아진다. 피라미드 안에서 의원들의 위치는 고정돼 있지도 않고, 순차적으로 움직이지도 않는다. 맨 아래 칸(초선)에 있든, 두 번째 칸(재선) 또는 세 번째 칸(3선)에 있든 위 칸으로 올라가야만 살아남는다. 올라가지 못하면 피라미드 밖으로 추락한다. 국회는 대표적인 기득권 기관이지만 그 안을 들여다보면 그만한 정글이 또 있을까 싶다. 그 덕에 국회의원은 경쟁력을 잃지 않기 위해 노력하지 않을 수 없다. 비록 사람들의 기대엔 미치지 못할지언정….

휴대폰 벨 소리 트라우마

주말 오후에 울리는 야생동물의 포효

"띠리리리리 띠리리리리~."

주말 오후, 창문 안으로 쏟아지는 햇살을 받으며 노곤하게 늘어져 있던 휴대폰이 갑자기 찬물 맞고 정신이 번쩍 든 것마냥 몸을 부르르 떨며 소리를 낸다. 아기가 울면 달려가서 일단 달래주듯 벨 소리가 울리면 즉각 달려가 받아야 하건만 반사적으로 반응하는 것은 정작 내 몸이 아니라 머릿속이었다. 머릿속에서 시냅스가 전기 스파크처럼 튀기 시작했다. 누굴까? 발신자를 추측하기 위해 시냅스가 서로 반응을 주고받는 사이에 그만 비상경고등이 커졌다. 의원 아닐까? 의원이면 어떡하지? 또 의원일 것 같아! 심장이 벌렁벌렁 뛰기 시작했다. 두근거리는 심장이 엉

뚱한 희망을 자극했다. 어쩌면 지난주에 소개팅했던 그 남자일지도 몰라. 마치 네트 위를 맞고 허공으로 튕겨 올라간 공이 어느 쪽을 향하느냐에 따라 승부를 결정하는 매치포인트 상황처럼 뜬금없이 전화벨이 울릴 때마다 나는 분홍빛 설렘과 흙빛 경직 사이에 놓였다. 전화기를 집어 들어 발신자를 확인할 때, 불안정했던 들숨은 절망의 한숨으로 내쉬어졌다. 받을까 말까. 창문 안으로 쏟아지는 따사로운 햇살이 원망스럽다. 조금 더 뜨겁게 타올랐다면 휴대폰이 폭파됐을지도 모르는데…. 당치 않은 상상을 하면서 시간 끌기도 잠시뿐, 결국 가증스러운 하이톤의 내 목소리가 주말의 한가로움에 종말을 고했다. "네, 의원님~."

몇 해 전, 스마트폰 덕에 수월해진 의사소통 방식 중 역효과가 이슈화된 적이 있었다. 발단은 업무 시간 외에 상사에게서 온 연락을 거부할 권리를 법으로 보장하는 내용인 근로기준법 일부 개정안 발의다. 언론에서도 관심이 컸고 한 방송사에서는 뉴스 속 코너를 통해 취재 기자가 이 내용을 따로 소개하기도 했다. 상사의 무분별한 연락에 부하직원의 스트레스가 이만저만 아니라는 어느 연구 결과를 전하는 기자의 말에, 기자의 직속 상사이기도 한 앵커가 마치 도둑이 제 발 저려 하듯 뜨끔하는 모습이었다. 그 모습을 보면서 어느새 부하직원인 기자에게 감정이입이 됐다. 나 역시 일하는 내내 시도 때도 없이 연락을 받았다. 휴일에 직장 상사에게 받는 연락이 어느 정도의 스트레스를 주며 삶의 질을 떨어트리는지 내가 이해하지 못하면 누가 알랴.

자신이 지금 일정표를 갖고 있지 않아서 확인할 방법이 없다며 며칠 뒤나 몇 주 뒤 일정을 알려달라고 연락하는 건 약과다. 1년에 한두 번 정도 의원실에서 주최하는 국회 행사가 있는데, 시간, 장소 또는 초청자 등을 변경하거나 추가하기 위해 생각날 때마다 끊임없이 전화하는 경우도 있었다. 밤 10시에 벨이 울린 적도 있다. 이불을 덮고 설핏 잠들었는데 전화가 왔다. 단순 문서(입력) 작업이 필요하니 사무실로 오라는 것이었다. 누가 내 모습을 봤다면 자다 깨 이불 위에 앉아서 휴대폰을 귀에 대고 있는 내 머리 위로 모락모락 피어오르는 뜨거운 김이 분명 보였을 것이다.

의정활동을 보좌하는 사람으로서 보좌관은 의원과 한 몸처럼 움직여야 한다지만 긴급한 일이 아닌데 늦은 시간에 불러내는 건 너무하다 싶었다. 그날 나는 나가지 않았다. 뭐라고 둘러댔는지는 기억나지 않는다. 너무 화난 나머지 곤란하다고 둘러대며 거절했던 정황만 기억난다. 휴가 때도 휴대폰을 놓지 못하고 좌불안석하느라 제대로 쉬지 못한 적도 적지 않다. 자라 보고 놀란 가슴 솥뚜껑 보고 놀란다고 이런 일이 쌓이자 퇴근 후 또는 주말에 휴대폰만 울려도 심장이 벌렁거렸다.

의정활동 특성상 낮엔 본회의,[7] 상임위 회의[8]뿐만 아니라 지역 방문 등 다양한 외부 일정을 소화해야 하니 사무실에 있을 시간이 부족한 건 사실이다. 사무실에 있어도 정책 설명하러 오는 행정부 관료, 유관기관 관련자 등이 끊임없이 찾아오고, 그 외에 다양한 사람들을 만나야 한다. 국회의원과 보좌관은 업무 특성상 근무시간을 칼 같이 지키고, 일과 사생활을 싹둑 분리하는 데 한계가 있다. 가령, 메르스 사태나 화재 사고, 지하철 교통사고 등 각종 사건은 퇴근 시간이나 주말을 피해서 일어나지 않는다. 사전에 예고하고 터지지도 않는다. 누군가 큰 피해를 보거나 많은 사람이 관심 두는 일이 발생하면 국회의원도 가족과 시간을 보내고 있든 집에서 공부하고 있든, 하던 일을 제쳐두고 당장 사무실이나 현장에 가야 한다. 보좌관도 마찬가지다. 기본적으로 늘 어느 정도 긴장 상태로 있어야 하는 건 어쩔 수 없다. 하지만 휴대폰이 울릴 때 열에 일고여덟은 급하지 않은 일인데도 그저 자기 편의에 따라 했던 연락인 것도 사실이다.

영국의 신경과학자 데이비드 루이스(David Lewis) 박사의 연구 결과에 따르면, 갑자기 상사의 연락을 받을 때 부하직원이 받는 스트레스가 번지점프나 배우자와 다툴 때 느끼는 스트레스 이상이라고 한다. 사실 그 스트레스가 얼마나 큰지는 과학적 연구 결과가 아니더라도 직장인이라면 알 것이다. 문제는 왜 그렇게 스트레스를 받느냐다. 내 경험처럼, 루이스 박사의 연구에서도 근무시간 외에 휴대폰으로 받는 업무 지시 가운데에는 문서 파일을 어느 폴더에 저장했는지, 프로젝트 진행 상황이 어떤지 등 급하지 않은 연락이 대부분이고, 심지어 사무기기 다루는 방법, 사무실 화분 물 줬는지 같은 사소한 사항을 확인하려는 때도 많다고 한다. 상사의 연락이 어렵고 난처한 업무 지시가 아니라 이처럼 단순한 사항인데도 불구하고 그토록 강도 높은 스트레스를 받는 게 의아하다.

뇌 과학은 우리가 이렇게 스트레스 받는 이유를 인간의 뇌가 아직도 원시인 상태와 크게 다르지 않기 때문이라고 진단한다. 인간이 위기 상황에 닥치면, 재빨리 대처하기 위해서 뇌의 교감신경이 흥분한다. 교감신경이 흥분하면 근육이 긴장한다. 벨소리에 내 심장이 두근거리기 시작한 건 근육에 산소를 공급하기 위해서였다. 혈압도 상승한다. 몸에서 땀이 나기 시작하고, 모든 혈액이 근육에 집중되기 때문에 소화가 잘 안 되고, 손발이 떨리기도 한다. 그러다가 위기 상황이 끝나면, 흥분했던 교감신경이 다시 정상 수치로 되돌아온다. 그런데 위기 상황이 자주 발생하면 재빠르게 대처하기 위해서 교감신경이 평소에도 어느 정도 흥분한 상태를 유지한다고 한다. 그러면 별것 아닌 일에도 쉽게 흥분하고 스트레스를 받는다. 쉽게 자주 스트레스를 받다 보니 일상 상태에서도 교감신경 수치가 올라가 있다. 악순환 상태가 되는 것이다. 이런 작용이 원시 시대부터 훈련되고 점점 강화된 상태라는 것이다.

원시 시대의 대표적인 위기 상황이란 갑작스러운 야생동물의 출현과 공격이다. 현대인은 이제 위협적인 야생동물에게서 자기 자신을 보호할 필요가 없다. 그래도 돌발 상황은 여전히 있다. 뇌는 이 돌발 상황을 원시 시대의 위기 상황처럼 인식한다는 것. 퇴근 후 또는 주말에 편안하게 여가를 보내고 있는데 별안간 휴대폰에서 울리는 소리를 뇌는 갑자기 들려오는 짐승의 포효 소리와 구분하지 못하는 것이라고나 할까.

교감신경을 안정시키기 위해서는 의식적으로 경쟁심을 내려놓는 것과 더불어 가능한 예측 가능한 생활을 하는 게 좋다고 전문가들은 조언한다. 밥 먹고 잠자리에 드는 시간을 규칙적으로 지키는 것은 물론 계획을 세우는 습관도 좋다. 다만 이런 노력은 갑자기 상사에게서 날아온 문자 메시지, 전화 한 통으로 순식간에 수포가 되기 십상이다. 겨우 잠잠해지려던 교감신경이 깜짝 놀라 돌기를 바짝 세우는 것이다. 업무 시간 외에 상사 연락을 받지 않을 권리를 굳이 법에 명시하려고 했던 건 아마 이런 불상사를 막기 위한 방책이 아니었을까.

소랄하고 싶은 국회의원들

손뼉도 마주쳐야 소리가 난다

직장 생활을 하다 보니 문득 성수기 대란은 여름 휴가철이나 명절 연휴의 전유물이 아니란 생각이 들었다. 그저 매일 일어나는 일이기 때문에 익숙할 뿐 일상에서 매일 겪고 있다 해도 과언이 아니었다. 대표적인 것이 점심시간이다. 낮 12시에서 1시, 대부분의 직장인은 거의 이 한 시간 안에 일제히 밥을 주문하고, 기다렸다가, 먹고, 사무실로 돌아간다. 매일 그 시간 동안 웬만한 식당 풍경은 극성수기 휴가지 또는 명절 고속도로 대란을 방불케 한다.

회사 복도에서부터 길거리 골목까지 통로란 통로를 가득 메운 직장인 부대는 흡사 육지를 덮치는 해일 같다. 해일이 국회만 피해갈 리 없다. 타 기관 사람들과 약속이 있거나 모처럼 새로운 음식을 먹고 싶다는 등의 이유로 국회 밖에서 식사하는 사람들은 분수대와 해태상이 있는 국회 앞마당을 채우고, 별다른 약속이 없거나 점심시간을 아껴 쉬고 싶은 사람들은 사무실 사이 복도를 점령한다.

의원회관 식당은 그야말로 인산인해다. 손에 쥐고 있는 식권을 식판과 숟가락으로 바꾸려고 기다리는 줄이 식당 문 밖으로 끝없이 이어진다. 만약 의원회관 1층 대회의실에서 토론회 같은 행사가 있다든지, 지역 주민이나 단체 등 어느 의원실에서 초대한 사람들까지 있으면 밥 먹기를 포기해야 할 때도 있다. 도저히 엄두가 안 나 본청[9] 식당, 도서관 식당으로 가거나 아니면 본청과 의원회관 사이에 있는 후생관[10]에서 분식으로 간단히 때우기로 마음을 바꾼다. 아무튼 용케 식권을 식판과 숟가락으로 바꿨다면, 이젠 밥과 반찬이 담긴 식판을 들고 앉을 자리를 찾아 기웃기웃 거릴 차례다. 동료들과 함께 왔다 해도 같은 테이블에서 먹으리란 보장은 없다. 자리가 나는 대로 뿔뿔이 흩어져 먹는 게 예삿일이다.

어느 날, 겨우 빈자리에 앉아 밥과 반찬을 한 움큼 입에 물고 씹다가 근처 테이블에서 낯익은 얼굴을 발견했다. 당시 3선의 중진 국회의원이었다. '아, 저 의원은 직원 식당에서 밥을 먹네. 나이도 꽤 많은데 조금 소탈한 성격인가보다.' 한 번 본 건 자주 눈에 띄기 마련인 걸까. 그날 이후, 직원 식당에서 식판을 들고 있는 의원을 종종 발견했다. 아마 북적북적한 구내식당에서 정치인이 식사하는 모습을 찍어 언론이나 소셜미디어 등에 공개하면, 많은 사람이 소탈하고 친근하다며 좋아할 것이다. 나 역시 의원을 식당에서 처음 봤을 때 순간적으로 그렇게 생각했다.

그런 모습이 정치인의 인성을 판단하는 중요한 기준이라면 한국에는 이미 그런 정치인이 적지 않다. 내가 함께 일했던 의원 가운데 한 명은 떡볶이와 순대, 김밥 같은 분식을 즐겨 먹었다. 혼자 있는 걸 좋아하던 그 의원은 오찬 약속이 없는 날 점심 즈음엔 종종 검은 봉지를 앞뒤로 흔들면서 사무실에 등장해서는 "난 오늘 이거 먹을 거야" 이 한마디를 남기고 의원실로 들어가곤 했다. 물론, 직원이 포장해서 가져다준 적도 적지 않았지만 중년 이상의 나이에서 그 의원처럼 점심 대신으로 분식을 즐겨 먹는 사람을 본 적은 없다. 의원과 함께하는 사무실 회식 장소도 소박했다. 곧 쓰러질 듯 오래된 김치찌개 가게, 곱창 가게 같은 곳을 즐겨 찾았다. 비단 그 의원뿐만 아니라 다른 의원들도 대개 사무실 회식은 국회의원이 되기 전 직장 근처 같은 평범한 단골 음식점에서 했다.

분식을 좋아하던 그 의원은 때때로 운전도 직접 했다. 공식 일정이 있어도 주말이면 수행 비서 없이 혼자 다녔고, 평일에 수행 비서가 피치 못할 일이 있을 때도 내근하는 정책 비서에게 수행 역할을 맡기지 않았다. 물론 흔한 모습은 아니다. 그렇다고 유일한 모습이라고도 할 수 없었고, 심지어 더한 의원실도 있었다.

언젠가 우리가 농담 삼아 그 수행 비서에게 다른 의원실에 비해서 근무환경이 좋은 것 아니냐고 했더니 수행 비서가 말하기를, "다른 의원실 중에는 수행 비서도 내근직과 똑같이 오후 6시에 퇴근하는 곳도 있어!"라고 말해 깜짝 놀랐다. 국회의원의 모든 스케줄에 맞춰 보조하는 수행 비서가 정시퇴근이라니. "와, 그런 의원실만 같으면 수행이 제일 좋은 업무겠어요. 우리도 일이 많아서 야근하는 날이 허다한데…." 정시퇴근을 할 수 없는 걸 불만스러워하는 우리 사무실 수행 비서의 투정을, 그건 지나친 바람인 것 같다고 도리어 위로해야 했다. 오래전에는 소형차인 프라이드를 직접 운전하고 다니는 의원도 있었다. 듣기엔 훌륭한 태도 같은데, 사실 행사장 같은 곳에서는 종종 의전팀이 오히려 애를 먹기도 한다고 하고, 기타 여러 현실적인 제약 때문에 결국에는 그 의원 역시 수행 비서를 뒀던 것으로 안다.

정치인의 이런 모습을 소박하며 권위적이지 않아 좋다는 사람들과 달리, 막상 직원들의 입장은 약간 복잡하다. 쉽게 포장할 수 있는 분식처럼 의원실에서 자신이 좋아하는 메뉴를 혼자 먹거나 때로 직접 운전하고 다니는 건 상관없지만 사람 많은 직원 식당에서 밥을 먹거나 아예 수행 비서를 두지 않는 건 달가운 일이 아니다.

내가 그 어느 날 중진 의원을 직원 식당에서 처음 발견했을 때 뒤늦게, 다음 찰나에 그 주위에 있는 사람들이 눈에 들어왔다. 밥 먹는 표정과 몸짓에 미묘한 긴장감이 흘렀다. 한눈에 그들은,

마치 원자핵과 그 주위를 이루는 전자처럼, 의원을 중심으로 각자 일정하게 더 멀지도 가깝지도 않은 거리를 두고 움직이는 사람들이란 사실을 깨달았다. '직원들이구나! 저런, 쯧쯧….' 표정과 몸짓에서 풍기는 그 미묘한 긴장감이 내 눈에는 역력히 보였다. 지척에서 그 모습을 보는 것만으로도 나까지 소화불량에 걸릴 것만 같았다.

의원 식당이 가격보다 식사의 양이나 맛이 별로라는 얘기가 있던 시기였다. 반면, 회관 직원 식당 밥은 맛있다고들 했다. 오찬 일정이 없어 사무실에 있던 의원이 의원 식당에서 먹느니 사람이 많아도 직원 식당이 낫겠다고 생각했던 것 아니었을까. 만약 의원이 의원 식당에서 먹겠다고 했으면 통상 보좌하는 직원 한두 명만 동석하면 될 일이다. 그러면 나머지 직원들은 직원 식당에서 따로 먹을 텐데, 의원이 직원 식당으로 간다니 사무실의 전 직원이 꼼짝없이 상사와 식사를 같이 해야 했던 것이리라. 의원의 오찬 일정이 없는 날이 드물어서 다행이지, 매일 그런 식이라면 업무 외 스트레스가 적지 않을 것이다. 대표이사와 같이 식사하는 자리를 상상해보라.

어느 의원은 정책 업무에 인력을 집중하겠다고 하면서 수행비서를 따로 두지 않았다. 수행 비서를 따로 두지 않는다고 해도, 큰 행사나 의원이 준비할 사항이 많은 회의 또는 장거리를 이동해야 하는 경우엔 옆에서 의원을 보조할 사람이 필요하다. 그 의원은 사무실을 나서다 말고 문 앞에서 멈춰 서서, 일하고 있는 직원들 가운데 한 명을 임의로 호명했다고 한다. 그런 행사나 외부 일정에 다녀오는 건 상당한 시간을 소요한다. 불려 나간 직원 입장에서 그날은 그 수행으로 일 다 했다고 봐도 무방할 정도다. 그래서인지 의원이 나가다 말고 문 앞에서 돌아설 때마다 직원들은 책상 위에 잔뜩 몸을 웅크리고 자기 이름이 불릴까 봐 조마조마한 마음이었다고 한다. 이런 일이 있으면 보좌관 사이에서는 '다시 일자리를 구해야 하는 상황이 되더라도 그 의원실은 반드시 피하라'는 소문이 돈다.

까다로운 상사의 수행을 꺼려서만이 아니다. 보좌관의 정책 업무는 상당한 집중과 시간을 요구하는데, 위의 의원실처럼 예측할 수 없는 다른 업무가 불시에 떨어지면 정책 업무의 질이 떨어진다. 반면, 정책에 자원을 쏟기 위해 수행 비서를 두지 않고 의정활동을 한다고 하면 열에 아홉은 그를 탈권위적이며 열심히 일하는 바람직한 정치인이라고 생각할 것이다. 물론 좋은 모습이 의정활동의 능력과 비례한다면, 힘들어도 감수해야 할 것이다. 그러나 정작 의정활동의 성과가 될 직원의 일, 즉 정책 업무의 능률성 측면에서는 오히려 해롭다.

수행 등 의전과 관련한 부분은 의원 개인의 성격이나 의식, 의지보다 그 사회의 문화 영향을 더 많이 받는다. 문화적으로 권위주의적인 격식이 존재하는데 혼자 다른 모습을 보인다면, 그 차이를 보완하기 위해서 보이지 않는 다른 부분에서 희생과 비효율을 치르고 있을 가능성이 크다.

좋은 상사와 좋은 정치인은 다르다

정치인의 인간성

국정감사(일명 국감) 기간에는 국회의원이 부처 장관(국무위원)[11]에게만 질의하지 않고, 특정 이슈와 관련 있는 민간인을 증인이나 참고인으로 불러 질문한다. 교수나 지식인, 자영업자 또는 사건의 피해자 등 그 대상은 다양하다. 대기업 대표이사나 유명인, 연예인이 국감 출석을 요구받아 화제가 되기도 한다.

어느 해의 국정감사에서는 증인으로 한 외국 기업의 임원이 참석했다. 그를 국정감사에 출석하도록 요구한 의원이 그 기업의 잘못된 관행을 따져 물었다. 국무위원을 비롯해 증인으로 출석한 사람들은 대개 국회의원의 질의에 동의하지 않거나 질의 내용에 사실과 다른 부분이 있어도 에둘러 답하는 등 조심스러운 편인데, 그 임원은 조목조목 가차 없이 반박해 이목을 끌었다. 보통 이런 경우엔 국회의원이 자신의 주장을 단호하게 설명하고 반박하면서 공방이 치열해진다. 따라서 그 단호한 답변에 의원이 다시 반박하며 맹렬하게 질의를 이어나갈 차례였다. 그런데 의원은 "아니, 그게 아니라… 내가 가진 자료에 의하면…"이라고 하면서 자료만 뒤적거렸다. 질의서를 준비한 보좌관이 사실 확인을 충분히 하지 못한 것이다. 결국 당황한 의원이 중언부언하는 가운데 질의 시간이 끝났다.

국정감사장에서 이런 상황은 있어선 안 될 일이다. 국회의원 개인의 실력과 체면을 실추시키는 문제만이 아니다. 보좌관의 실수로 허무하게 끝나버린 질의는, 유권자의 대표이자 대의기관으로서 소임을 다하기 위해 의원이 배당받은 귀한 발언 시간을 무용지물로 만드는 것이기 때문이다. 그 광경을 지켜보던 사람들, 전해 들은 사람들 모두 담당 보좌관은 이제 큰일 났다고 생각했다. 그러나 의원은 보좌관의 실수를 너그러이 용서해줬다. 물론 화가 났겠지만 혼자 삭히고 담당 보좌관에게는 아무 일 없는 듯 대했다고 한다. 얘기를 듣는 순간 진심으로 그 의원실에서 일하는 직원들이 부러웠다. 중대한 실수를 해도 아무 일 없었던 듯 무마하며 넘어가는 의원이라면 적어도 직원이 일에 대한 책임 때문에 받는 스트레스는 적으리라 생각했다.

직원 입장에서는 그런 의원이 좋을지 모르지만 유권자의 대의기관으로서는 아쉬운 모습이다. 그곳이 만약 국정감사장이 아니라 외교 회의 자리였다면 어땠을까. 한국인을 대표해서 나간 자리에서 정보 부족으로 일어나는 실수는 곧 한국의 수준이 그 정도 수준이라고 여겨지는 것일 수 있다. 국회 회의장에서 하는 질의 역시 의원이 해당 지역을 대표하고 대신하는 자라는 점에서 질의의 수준이 그 지역 유권자들의 수준으로 보일 수 있다. 그렇다면 과연 좋은 상사, 즉 사람 좋다는 식의 인간성이 좋은 정치인을 담보한다고 할 수 있을까. 거꾸로 상사로서 바람직하지 않은 사람은 정치인으로도 바람직하지 않을 것이라고 단정 지을 수 있는 일일까.

언젠가 어느 정치인과 일했던 보좌관이 그 가족의 사적인 일까지 수행했다고 폭로해 논란이 된 적이 있다. 그 정치인이 선거에 출마해 다른 후보와 경쟁하고 있는 가운데 벌어진 일이어서 떠들썩했다. 보좌관의 폭로가 주목받았던 건 상사로서 바람직하지 않은 행위였으니 정치인으로서도 부족하지 않을까 하는 우려 때문이었다. 나 역시 일하는 동안 의원의 사적인 일도 도와야 하는가에 대한 문제로 수없이 고민했다. 상사의 공적인 의정활동과 사적인 일을 어떻게 구분해야 할까. 그만큼 의정활동을 돕는 비서실 조직으로써 보좌관 일은 경계가 애매하다. 의원이 의정활동을 원활히 하도록 돕는 일 전부가 업무라고 한다면, 집을 이사하거나 관혼상제처럼 가족과 관련된 일이 있을 때, 사적인 일 몇 가지를 대신 처리해줌으로써 의원이 조금 더 의정활동에 집중할 수 있게 해야 하는 것일 수도 있다.

국회의원과 일하면서 적어도 한 가지 깨달은 점은 상사로서 바람직하지 않다고 해서 정치인으로서도 꼭 저평가할 수는 없다는 사실이다. 정책 업무를 가장 많이 배우고, 정치인으로서 가장 이상적이고 바람직하단 생각이 든 의원과 일할 때, 그의 사적인 일을 처리해야 했던 경우도 가장 많았기 때문이다. 의원은 정책에 대해서 가장 원칙대로 결정하고, 여러 사항을 신중하게 고려해서 판단했다. 의정활동을 하는 동안 대중과 대세에 휘둘리지 않고, 개인적 이익을 위해 정치적 입지를 계산하는 모습도 보이지 않았다. 만약 그 의원의 공사 구분이 약하던 모습을 알게 된다면 대중은 그의 정치적 자질을 의심할 수도 있겠지만, 실제로 그는 좋은 정치인이라 할 수 있었다.

보좌관들 사이에서 선호하는 의원과 기피하는 의원은 유권자의 입장과 다르다. 유권자 입장에서 본 국회의원의 자질 기준이 아니라 직장인으로서 함께 일하기 힘들거나 편한 성향을 가진 의원을 고려하게 된다. 의원의 전직 중에 선호하는 출신이 있는데 정치인, 기업인이다. 정치인은 자신이 정치를 잘 아는 만큼 국정 운영에 관해 프로세스를 알기 때문에 보좌관이 비교적 수월하게 일할 수 있게 하고, 기업인은 신속하게 결단한다는 점과 더불어 경제적으로도 넉넉할 가능성이 크기 때문이다. 언젠가 동료들과 너무 좋겠다며 박수치면서 부러워한 의원실이 있다. 상임위 회의 일정이 잡히면, 사무실 문을 닫고 몇 시간 동안 의원이 직접 질의서를 준비한다는 얘기 때문이었다. 질의의 퀄리티가 좋을지, 나쁠지는 조금도 고려하지 않았다. 그저 보좌관의 할 일이 덜어진다는 사실이 부러웠다. 이 외에도 사비로 직원들 해외 연수를 시키거나, 자기 밑에 데리고 있으려고만 하지 않고 좋은 자리가 있으면 직원을 추천해 이직시켜주는 의원도 보좌진 사이에서는 좋은 의원으로 평가받았다. 국회의원이 부하직원을 아껴주는 미담은 훈훈하다. 하지만 가까운 사람이 말하는 의원의 인간성과 정치 능력을 인과 관계로 볼 수는 없다. 주변인에게 잘하고 함께 일하기 좋은 의원이라고 해서 반드시 유권자에게도 좋은 정치인인 것은 아니기 때문이다.

정치인의 인간적인 면모는 대개 사적인 모습을 담은 사진 또는 주변 사람들의 말, 즉 이미지를 통해서 접하는 경우가 많다. 정책이나 갈등 중재 능력처럼 공적 업무와 무관한데도, 많은 사람이 이런 모습을 좋아하고 심지어 중요시하는 경향이 있다. 한편으로는 그만큼 우리 사회에서 법치가 미흡하다는 의미가 아닐까 하는 생각도 든다. 법치 수준이 높으면 정치인의 인성이 정치에 그리 크게 영향을 미치지 않을 것이다. 자유민주주의에서 법치란 최악으로 나쁜 사람이 최고 권력을 갖더라도 큰 문제 없이 국가가 운영될 수 있도록 만든 장치이기 때문이다. 법치가 충분히 작동하지 않고 정치인이 임의로 권력을 사용(인치)할 여지가 있다 보니 유권자는 정치인의 인격이나 인성 같은 게 드러나는 인간적인 모습을 중요하게 여기게 되는 것은 아닐까.

호통치는 국회의원

유권자를 의식하는 국회의원들

국회에서 일하는 사람들 어깨에 들어 있는 햄버거가 가장 커지는 시기는 국정감사 때다. 대중의 관심을 끌 절호의 기회이기 때문이다. 국정감사를 앞두고 감사에서 할 질의 준비에 이런 스트레스까지 더해져 눈 밑에 다크서클이 점점 내려앉지만 유독 국회 직원들의 어깨만큼은 빅맥 햄버거를 얹은 듯 부풀어 올라 자못 거만한 분위기마저 풍긴다. 평소 정부 관료를 상대로 한 질의에서 벗어나 민간의 목소리를 직접 들음으로써 감사를 더 제대로 수행하기 위해 마련한 증인 신청 제도 덕이다.

오늘날 증인 신청 제도는, 언론과 대중의 관심이 높아지면서 국회의원을 언론과 대중이 주목하게 만들 기회로 여겨지고 있다. 증인 신청을 위해서 각 정당의 상임위원회 간사는 같은 당 소속 의원실로부터 각각 출석을 요청하고자 하는 사람들의 명단을 취합한다. 신청 대상에는 제한이 없다. 보통 빠지지 않고 등장하는 대상은 내로라하는 기업의 대표이사들이다. 이를 막기 위해 기업의 대관 업무 담당자들은 보좌관이든 인턴이든 직급에 상관없이 의원실 직원들에게 허리를 숙인다. 대중의 주목을 많이 받는 또 다른 증인은 연예나 스포츠 산업과 관련된 인물들이다. 오래전 방송인 홍석천 씨가 증인으로 국정감사장에 왔던 경우에도 그랬고, 최근 백종원 씨도 주목을 받았다. 스포츠 스타와 국회의원의 공방도 화제였다.

이때 늘 빠지지 않고 등장하는 논란이 있다. 질의의 논점이 아니라 국회의원의 태도에 관한 부분이다. 증인을 꾸짖듯 호통치고, 때로는 말대꾸하는 아이에게 부모가 소리치는 듯한 모습을 종종 보게 된다. 이런 질의 태도에 대부분 증인은 자신의 의견을 굽히고 마는데, 간혹 어떤 이는 당혹스럽고 의아한 마음을 숨기지 못하거나 불쾌함을 노골적으로 드러내기도 한다. 아마 대중이 주목하는 증인은 그만큼 자기 분야에서 일가를 이룬 경우가 많고, 자존심과 자부심도 강해서일 테다. 국회의원 금배지만 달지 않았을 뿐 증인석에서 답변하는 사람도 의원석에서 질의하는 사람 못지않게 자신의 분야에선 권위자일 가능성이 높다. 단지 정계와 거리를 두고 자기 일에만 몰두하다가 증인석에 불려나와 막무가내식 호통과 질책을 받으니, 일면 어이없을 수 있는 것이다. 아이러니하게도 바로 그 때문에 의원은 화내듯 언성을 높이고 보는 것일지도 모른다. 분노나 화에는 에너지가 있다. 언성을 높이는 힘도, 낮은 수준일지언정, 분노나 화의 에너지에서 나오는 것일 테다.

고대 전투에서는 분노 에너지가 무기나 전략 역할을 대신했다. 고대 이집트와 그리스 사이에서 벌어진 트로이 전쟁을 그린 호메로스의 『일리아스』에서는 전투를 앞두고 군사 사기를 진작하는 귀족 지휘관의 일장 연설이 자주 등장하는데, 그 연설이란 군사들의 화를 돋우는 것이었다고 한다.[12] 특별한 무기나 전략이 발달하지 않았던 시대인 만큼 어느 쪽 군사가 더 많이 화가 나 있느냐에 따라서 승패가 갈렸기 때문이다. 자연히 지휘관의 능력은 군사들의 화를 돋우는 말을 얼마나 잘하느냐로 평가했다고 한다.

이처럼 자기주장을 관철하려 할 때 화나 분노는 유용하다. 하지만 가진 것이라곤 몸뚱이밖에 없던 고대인이 그랬듯이, 분노에 기댄다는 건 합리성이 떨어지기 마련이라 역으로 전략 없음을 드러내는 것이기도 하다. 의원의 고성이나 호통이 다짜고짜 윽박지르는 것처럼 보이는 경우가 많고, 또 불편해 보이는 게 이런 이유 때문 아닐까. 전문가인 증인의 답변에 반박할 충분한 지식이나 합리적 문제 제기가 어려워도 어쨌든 자기주장을 밀고 나가거나 또는 자기 체면을 지키기 위해 권위의 햄버거 어깨에서 화나 분노 에너지를 뿜어내는 것이랄까.

보좌관으로 일하다 5년 동안 휴직했던 적이 있는데, 다시 국회에 왔을 때 이전과 다른 변화를 크게 느낀 몇 가지 중 하나가 바로 회의장에서 걸핏하면 소리치고 화내는 의원들의 모습이었다. 처음에는 성정이 다혈질인 의원이 그러는 모습을 봐서 의원 개인의 문제인 줄 알았다. 그런데 평소 합리적이고 차분하다는 인상을 받았던 다른 의원도 질의하다가 점점 열을 내며 화내는 것이 아닌가.

의원이 권위적으로 호통을 치는 데는 개인적 이유만 있으리라 생각하지 않는다. 일하는 동안 나름대로 내린 결론이다. 국회, 특히 회의장에서 의원은 사적 개인이 아니다. 자기 지역 유권자(지역구) 또는 전체 유권자(비례대표)를 대표하면서 동시에 대리하는 사람이다. 국무위원이나 증인으로 참석한 인사가 의원에게 깍듯한 태도를 보이는 건 의원 개인을 존경해서가 아니라 유권자가 부여한 권위에 대한 존중이자 예의다. 의원 본인도 기본적으로 유권자를 의식하기에 의원의 발언이나 태도는 유권자를 대변한다. 따라서 의원이 회의장에서 화를 내는 건 그 이슈에 대해서 화가 난 유권자의 분노를 대신 표현한다는 의미도 있을 것이다.

우리가 사회에 분노할 일은 얼마나 많은가? 국회의원을 마음에 들어 하지 않으면서도 때때로 어떤 이슈에 대해서는 우리가 뽑은 대표자가 다소 거친 말을 하면서 그 분노를 직접 표현할 때 우리는 속이 시원하다고 느낀다. 짜증을 유발하는 이슈에 대해서 문제를 세밀하게 짚고 따지면서 물고 늘어지는 것보다 화내고 소리치면서 따끔하게 말하는 모습을 볼 때 사람들은 더 강렬하게 반응한다. 다수의 호응과 지지에 따라 정치 생명을 좌우당하는 정치인은 유권자의 이런 반응에 민감할 수밖에 없다. 국무위원이나 증인에게 호통치는 모습에 대한 반응이 좋은 경우가 하나둘 생기기 시작하자 의원 사이에서 격한 태도가 퍼지고, 이젠 질의가 잘 안 풀릴 때도 쉽게 고압적으로 태도를 보이게 되는 것 아닐까.

사람들이 대부분 그런 식으로 질의하는 걸 싫어한다면, 의원들은 그런 태도를 취하기 어렵다. 버럭 화내기보다 오밀조밀 끝까지 물고 늘어지면서 수준 있는 질문으로 따지는 모습에 사람들이 반응한다면, 의원은 그렇게 하려고 애쓰기 마련이다. 우리는 국회를 멀게 느끼지만, 국회에서는 늘 유권자를 예의주시할 수밖에 없다. 자기 정치 생명줄을 쥐고 있는 사람들이니까. 그런데 어떤 사람에게는 의원이 호통치는 모습을 보고 통쾌하다면서 그 의원을 칭찬하고 스타로 만들고, 어떤 호통은 꼴 보기 싫다는 식으로 비일관적 시그널을 보내면 의원 입장에서는 어떡해야 하는지 알기 어려울 것이다.

무대 공포증을 겪는 국회의원들

말발과 실력이 비례하는 것은 아니다

함께 일했던 의원 중 한 명이 상임위 회의장에서 문학인 출신 의원 옆에 앉았던 적이 있다. 상임위 회의가 열릴 때마다 우리 의원이 서류를 뒤적거리면, 조금 부산스러웠는지 문학인 출신의 그 의원은 곧잘 고개를 쓱 돌려 우리 의원 손에서 이리저리 들춰지는 종이 더미를 향해 목을 쭉 내밀곤 했다. 그런 모습이 목격될 때마다 우리 사무실 직원들은 다급히 호루라기를 불며 옐로카드를 날리고 싶었다. 그 의원이 고개를 제자리로 돌려놓도록. 임기 중반이 지나자 그 문학인 출신 의원에 대한 소문이 무성했다. 임기가 끝나면 국회를 소재로 한 작품을 쓸 거라는 내용이었다. 우리는 지레 겁냈다. 한 선배가 말했다. "혹시 우리 의원 얘기도 나오는 거 아니야? 약간 어이 없는 케이스로… 정말 그러면 어떡해."

나와 일했던 의원은 지방에서 성공한 굴지의 기업가 출신이었다. 노년기에 접어드는 나이긴 했지만, 그가 젊었을 시절 사회 분위기를 고려하면 여성으로서 그의 사회활동은 괄목할 만했다. 하지만 언변은 그렇지 않았다. 가끔 음성과 발음이 약간 어눌하게 들리는 때도 있었고, 줄곧 지방에서 생활해서인지 사투리 억양도 강하게 묻어나는 편이었다. 그는 상임위 회의장에서 질의할 때마다 긴장했다. 마치 무대에 서는 신인배우처럼.

보통 질의서는 의원마다 서술하는 형식이 다르다. 의원이 편하게 여기는 방식을 고려해 작성하기 때문이다. 현상, 문제점, 질의 요점 및 방향을 중심으로 간단하게 작성한 질의서부터 대본처럼 일일이 할 말을 세세하게 쓰는 형식까지 다양하다. 그때 그 의원의 질의서는 말하는 그대로 자연스럽게 옮겨 적은 대본형이었다. 이런 방식의 질의서를 준비할 때 상대의 답변을 가능한 한 정확히 예측해서 질의 사항을 이어가야 하기에 까다롭고 어렵다. 국무위원에게 하는 질의는 연설이 아니라 문답이다. 질문과 답변, 또 질문과 답변을 주고받는 것이다. 따라서 질의서 준비는 일종의 5분짜리 시나리오를 쓰는 것과 비슷한 느낌이었다.

의원이 질문할 부분은 보좌관이 준비하므로 쉬운 편이다. 문제는 국무위원이 어떻게 답변할지 알 수 없다는 데 있다. 정부 정책 가운데 문제가 되는 부분을 파악하면서 관련 부처 담당자와 충분히 얘기하고 의견을 나누면서 국무위원의 예상 답변을 추측하지만, 국무위원 또한 자신의 직원들이 써 준 답변대로 대답하리란 보장이 없다. 질의서에 써 놓은 것과 다른 답변을 하는 경우가 생기는데, 긴장해서인지 우리 의원은 상대의 답변 내용과 상관없이 질의서에 쓰인 대로 읽어 내려가는 실수를 가끔 했다. 옆자리 의원이 우리 의원의 질의자료를 자꾸 흘긋흘긋하는 걸 언짢아했던 건 그 때문이었다. 질의서를 그대로 읽는 걸 들키면 한심하게 볼까 봐.

보좌관은 질의자료를 준비해서 의원에게 전달하면 일단 자신의 할 일은 다한 것이다. 질의가 사실과 다른 내용이 아닌 한, 이후의 일은 의원의 몫이다. 그러나 실제로는 그렇지가 않다. 내가(보좌관) 준비한 질의자료를 들고 질의하기 때문에 질의가 성공적이면 의원 덕이면서도 또한 나의(보좌관) 공이라 할 수 있다. 거꾸로 질의를 제대로 마치지 못했다면 내(보좌관) 탓처럼 느껴지기도 한다. 더욱이 회의장에는 질의를 지켜보는 눈이 한둘이 아니다. 다른 의원들과 그들의 보좌관, 국무위원과 그 휘하의 부처 직원들은 물론이고 기자나 관련 기업, 단체 사람들까지 회의장 안과 회의장 문밖에서, 또 중계로 많은 사람이 주목한다. 이런 환경 때문에 의원석 뒤에 마련된 보좌관 자리에 앉아서 의원의 질의 순서를 기다리는 내 심장은 점점 수축하다가 마침내 의원의 질의가 끝나면 고요한 밤하늘에 별안간 폭죽 터지듯이 급격한 해방감에 젖었다.

나는 나와 일하는 그 의원이 나이가 많고 언변이 그렇게 중요하지 않은 직업을 거쳐 와서 눌변이었던 걸까 싶었다. 그런데 학생들에게 강의할 일이 많은 교수 출신 의원도 별반 다르지 않은 것을 보았다. TV 토론에도 나간 적이 있는데 전문 분야와 관련된 주제였는데도 긴장한 나머지 준비한 만큼 말하지 못한 것 같아서 안타까웠다.

어느 특별위원회 회의장에서는 웬일인지 모처럼 한 거물급 정치인이 참석해서 놀랐던 적이 있다. 정당에서 고위 직책을 맡을 정도로 거물급인 경우에는 대개 서면질의로 대신하는 경우가 많아 상임위 회의에는 참석하는 일이 드물기 때문이다. 그가 질의를 어떻게 하는지 궁금했다. 그의 질의가 끝나고 나서 나는 사뭇 충격이었다. 믿을 수 없을 정도로 질의를, 즉 말을 잘 못했기 때문이다. 국회의원들, 특히 박학다식하고 평소 말하는 것에 친숙했을 것 같은 의원도 긴장한다는 사실을 몇 번 겪으면서 생각했다. 사람들 앞에서 질의하고 말하는 일이 보통 일은 아니구나, 국회의원도 불안해하고 긴장해서 실력을 발휘하지 못하는구나.

몇 해 후, 정당의 일로 그 거물급 정치인이 의원직을 중도에 자진해서 사퇴했다. 그러면서 보궐선거 전까지 그의 지역구를 나와 일하는 의원이 맡았다. 비례대표였지만 고향뿐만 아니라 국회에 오기 전까지 활동 지역이 그곳이었기 때문이다. 의원도, 직원들도 지역 관리가 처음인지라 적잖이 힘들었다. 특히 그 지역은 당시까지만 해도 사무실을 오가는 유권자들이 금전 지원 같은 것을 은근히 요구했고 태도도 점잖은 편은 아니었다. 기업가 출신인 의원도 강단 있는 사람이었는데 그런 그가 난감해할 정도였다. 그런 사람들을 (중도 사퇴한) 그 의원은 무리 없이 관리해왔다니, 질의하는 모습과 다르게 정치적으로는 내공이 있나 보다, 대단하다 생각했다. 지역 사람들에게서 들은 바, 그 의원은 검소했고 여러모로 지역 유권자에게 상당히 인정받는 듯했다.

정치인이라면 당연히 말을 잘하리라 여긴다. 그러나 실제로 국회의원 300명이 다 말을 잘하는 것은 아니다. 특히 TV로 송출되는 카메라가 있거나 많은 사람이 지켜보는 앞에 서면, 자신이 알고 있는 수준에 미치지 못하는 눌변도 있고 알고 있는 것보다 더 근사한 표현으로 능수능란하게 말하는 달변도 있다(여기서 말하는 것은 언변술을 의미한다. 자신의 생각이나 입장에 관해 설명조차 못하는 수준을 말하는 것은 아니다). 긴장해서 자기 실력을 잘 발휘하지 못하는 경우는 대개 초선 의원이고, 선수를 거듭하고 정치 경력이 쌓일수록 대개 잘 대처하는 편이다. 정치인에게는 말을 잘하는 능력이 중요한 게 사실이다. 사람들을 설득해서 갈등을 해결하고, 또 자기 세를 확장하는 데 유용하기 때문이다. 언변이 좋은 것 자체가 반드시 정치 실력을 증명하거나 좋은 정치를 담보한다고 기대하기는 어렵다.

회의를 전부 공개하지 않는 이유

법안 심의를 하다가 얼굴이 새빨개진 의원

한때 어떠한 문제가 크게 이슈된 적이 있다. 공정거래위원회 소관 법률 등을 중심으로 국회에서는 그 사업 활동을 규제하려는 각종 법안이 쏟아졌다. 법안심사소위원회 의원들은 머리를 맞댔다. 문제가 되는 부분을 법으로 잘 막을 수 있는지, 그로 인해 또 다른 피해가 생기지 않을지, 경제에 미치는 악영향은 없을지. 이런 점들을 검토하려면 오랜 시간과 많은 에너지가 필요하지만 의원들은 법안을 한시라도 빨리 통과시키기 위해 최선을 다했다.

법안에 대한 논의를 시작할 때, 법안소위 의원들은 가맹 형태의 특정 사업 모델을 규제하는 특별법 제정에 대해서 고민했다. 그즈음 그와 비슷하면서도 조금 다른 형태의 사업 모델과 관련한 문제도 언론에서 언급하기 시작했다. 한 의원은 특별법 제정과 더불어 또 다른 문제 사업도 따로 규제해야 한다고 주장하면서 목소리를 높였다. 그러자 가만히 듣고 있던 다른 의원이 조용히 말했다. "한시적으로라도 새로운 법을 만들어야 한다는 입법 취지나 당위성에 충분히 동의합니다. 그런데 새로운 사업 모델이 등장하면 시장에서는 늘 문제가 발생하기 마련일 텐데, 새로운 사업 모델이 나올 때마다 해당 사업 모델을 규제하는 특별법을 일일이 만들어야 하는지 한 번 생각해 볼 필요가 있지 않을까 합니다."

사실 특별법은 자연재해나 재난처럼 예측 불가능한 일로 갑작스럽게 피해를 보거나 문제를 겪게 됐을 때 필요에 따라 한시적으로 제정하는 수단이다. 하지만 그런 법도 시행되기 시작하면 기간 만료가 될 즈음엔 법을 폐지하지 않고 다시 시행 기간을 연장하는 경우가 허다하다. 또, 문제가 있다고 해서 새로운 법을 만들어 섣불리 개입했다가는 역효과가 더 클 수 있다. 시장의 문제를 행정 권력이 전부 통제하는 것은 불가능하다.

다들 특별법 제정은 지나친 조치라고 생각했는지 회의실 안은 조용했다. 이의를 제기하는 목소리가 전혀 들리지 않자, 나는 처음에 특별법 제정을 강하게 주장했던 그 의원에게 시선을 돌렸다. 깜짝 놀랐다. 열변하느라 살짝 상기됐던 얼굴이 불타는 고구마로 변해 있었다. 아차, 경솔했단 생각에 혼자 뜨끔했던 것일까. 결국 특별법 제정을 주장하는 대신 기존의 관련법을 개정하는 방향에 동의했다.

만약 상임위 전체 회의에서 다른 의원에게 합리적인 문제 제기를 받는 일이 있었다면, 그 의원이 자기주장을 순순히 철회했을까. 자기에게 감사를 받는 행정부 직원들과 의원들 발언을 보도하는 기자, 그리고 TV 카메라까지 한 공간에 있었다면, 자신과 다른 의견이 자기 의견보다 낫다는 생각이 들어도 보는 눈 때문에 일부러 고집을 부렸을지 모를 일이다. 유권자를 대표·대리하는 국회의원의 상징성 때문에 상임위 회의장에서 의원 발언은 대개 옳아야 하는 것이라는 분위기가 있다. 이를 고려하면 뜨끔해 했던 반응이 자칫 발끈하는 태도로 돌변할 가능성도 크지 않을까 싶다.

김주성 한국교원대 교수에 따르면, 18세기에 미국 의회제도 기틀을 마련한 정치학자이자 미국의 제4대 대통령 제임스 매디슨(James Madison)도 비슷하게 생각했던 것 같다. 그는 당시 의회나 마찬가지였던 연방 헌법 제정 회의를 비밀회의로 해야 한다고 강력하게 주장했다고 한다. 반면, 미국독립선언문 기초를 작성했으며 미국의 제3대 대통령이자 매디슨의 정치 동료였던 토머스 제퍼슨(Thomas Jefferson)은 "공공 토론의 가치를 무시하는 가증스런 선례"라며 비밀회의를 반대했다. 정치인의 비밀회의에 대한 시선이 곱지 않은 요즘처럼 당시에도 비밀회의에 대한 비난이 있었던 듯하다. 하지만 매디슨은 "자기 의견을 고집하지 않을 수 있고, 설득력 있는 주장에 귀 기울여 적절하고 진실된 의견"을 찾으려면 비밀회의로 해야 한다고 맞섰다고 한다.[13] 매디슨은 비공개 회의에서 의원들이 더 심도 있게 사안을 심사하고 토의할 수 있다고 생각했던 것이다.

어느 사회에서든 국회에서 하는 회의를 전부 다 실시간으로 공개하지 않는 데에는 이런 배경이 있다. 물론, 본회의와 예산결산특별위원회,[14] 각 상임위원회와 산하의 각 소위원회[15]까지 국회의 모든 공식적인 회의는 속기사가 동석해 기록물로 남기고 있으며 누구나 이를 열람할 수 있다. 요즘에는 상임위 회의가 국회 인터넷 홈페이지에서 실시간으로 중계되기도 한다. 국민들의 관심이 쏟아지는 회의나 국정감사 때는 여야 국회의원석 의자 뒤쪽에 방송국 카메라가 몇 대씩 설치되기까지 한다. 하지만 소위원회는 속기 회의록을 남기는 것 외에는 기본적으로 비공개다. 많은 사람이 관심을 두는 이슈가 안건으로 상정돼도 소위 위원장이 모두 발언하는 동안만 취재 및 카메라 기자에게 공개할 뿐이다. 모두 발언을 끝낸 위원장이 나가달라고 요청하면, 국회 상임위 소속 전문위원과 보좌진, 정부 부처 직원, 속기사를 뺀 나머지 사람들은 퇴장한다. 그런 후에 전문위원의 검토보고서를 중심으로 국회의원과 부처 관련 국장, 전문위원이 법안이나 청원, 예산 등을 본격적으로 검토하기 시작한다.

여기서 국회의원의 발언은 자유롭게 이루어진다. 이는 상임위 전체 회의에서 지켜야 하는 발언 순서, 발언 시간의 제약뿐만 아니라 수많은 사람들의 시선과 그 시선에서 지켜야 할 체면에서 자유로운 것을 의미하기도 한다. 덕분에 의원은 완벽한 의견을 내거나 주장을 해야 한다는 강박에서 벗어난다. 모르는 것은 격의 없이 물어보며 전문위원이나 부처 국장에게 자세히 설명해 달라고 요청하고, 상대 의견에 귀 기울이며 더 좋은 의견을 받아들이기도 하면서 다른 이의 주장을 자기 입장과 조율한다. 상임위 전체 회의나 TV 카메라 앞에서 긴장하던 의원들도 소위원회에서는 자기 실력을 거리낌 없이 발휘하는 경향이 크다. 이처럼 회의가 실시간으로 중계되지 않으면, 의원이 열린 마음으로 안건에 집중하는 데 도움이 되는 면도 있다. 즉, 비공개 회의는 의회의 심의 기능 확보를 위한 장치 가운데 하나인 것이다. 물론 이 소위원회에서 다양한 의견을 적절히 아우르는가의 문제는 또 다를 것이다.

알아서 기는 사람들

코트를 들어주는 사람도 필요한가

국회에서는 회의가 많이 열린다. 상임위원회와 특별위원회의 전체 회의나 국정감사, 국정조사,[16] 청문회, 공청회[17] 등 본청에서 열리는 회의 외에 의원 모임과 연구단체 또는 각 정당의 정책위원회, 의원실 단독 혹은 공동으로 주최하는 토론회 형식 등이 있다. 회의는 주로 의원회관 1층에 있는 대회의실이나 소회의실, 국회 도서관 지하 대회의실 등에서 이루어지는 대규모 회의부터 본청 귀빈식당에서 조찬이나 오찬을 겸하여 이루어지는 소규모 회의까지 다양하다. 이 때문에 국회 회의실은 늘 몇 달 전부터 예약해야 할 정도로 치열하다.

국회의원은 이런 행사 및 자료집에 사용할 수 있는 지원금을 배정받는데, 경험에 의하면 그 지원금을 다 쓰지 않을 시 의원 스스로 의정활동을 잘하지 못한 것으로 인식하는 분위기가 있었다. 자연히 보좌관들에게는 회의를 기획하는 것 또한 중요한 업무 가운데 하나다. 이런 회의는 어떤 형태든, 주최하는 입장에서는 행사 성격이 강하다. 토론회 기획에서부터 발제자와 토론자 및 참석자 등을 초청하고 당일 준비까지 해야 할 일이 많기 때문이다. 그날 사무실 직원들은 거의 행사에 동원된다고 해도 무방하다.

그날의 행사는 다른 의원실과 공동주최였던 것으로 기억한다. 내가 속한 의원실에서 주요 발제자 섭외를 맡았다. 이 행사를 위해 특별히 초청한 인사가 있었다. 그는 당시 정부에서 장관직을 수행한 사람으로서 대중에게 잘 알려진 인물이었다. 행사 당일 그가 국회에 도착할 때쯤 되자, 의원이 내게 그를 맞이하라고 지시했다. 나는 기꺼이 회관 1층 현관으로 달려 나갔다.

검은색 차가 현관에 들어섰고 그가 내리는 모습이 보였다. 유리로 된 자동문이 양쪽으로 스르륵 열리는 모습이 마치 홍해 갈라지는 것 같았다. 그의 코트 자락이 정강이까지 내려와 양쪽 다리를 앞으로 쭉 내디딜 때마다 펄럭이는 모습이 어찌나 멋있던지. 나는 얼른 다가가 꾸벅 인사하며 내 소개를 하고 행사장으로 안내했다. 몇 걸음 되지 않지만 그와 보폭을 맞춰서 걸을 때까지만 해도 정말 즐거웠다. 행사장 근처는 사람들로 북적북적했다. 행사 열기가 문 앞까지 넘쳐흐른 나머지 겨울인데도 후덥지근한 느낌이 들었다.

행사장 안으로 들어가려던 찰나, 공동주최한 다른 의원실의 누군가가 갑자기 어디선가 나타났다. 그는 내 옆에 서 있던 그 인사에게 허리를 꾸벅 굽혔다가 펴면서 말을 건넸다.

"불편하실 텐데 코트를 벗고 들어가시죠."

"아, 그럴까요?"

그는 코트를 벗는 동안 잠시 들어달라는 듯 손에 들고 있던 가방을 내밀었고, 얼떨결에 내가 가방을 받았다. 그때까지는 별 문제가 없었다. 그러나 다음 상황은 전혀 다른 양상으로 펼쳐졌다. 두꺼운 겨울 코트를 벗어 양손으로 코트의 양쪽 어깨를 포갠 그가 그것을 자신의 왼쪽 팔에 걸치려는 순간, 그 정체 모를 직원이 갑자기 코트를 자기에게 달라면서 손을 내밀었다. 그리고 코트를 건네받더니 곧바로 팔을 내 쪽으로 뻗는 것 아닌가. "좀 들고 있어 줘요."

어느 순간, 내 손에는 가방 대신 코트가 들려 있었다. 두껍고 긴 겨울 코트는 두 손을 포개 한 아름 안아서 들어도 무거웠다. 행사하는 동안 나는 그 무거운 코트를 들고 오가느라 땀을 뻘뻘 흘렸다.

코트를 벗으면 당사자가 적당한 곳에 놓으면 될 일이다. 하지만 옆 사람들이 나서서 내게 들고 있으라고 하거나 아니면 엘리베이터를 미리 잡아놓고 기다리고 있으라는 등, 주변 사람이 미리 서두르며 부산하게 행동하는 경우가 내 경험으로는 더 많았다. 여러 사람이 사용하는 엘리베이터를 한 사람을 위해 계속

잡아두고 있으면 얼마나 마음이 초조한지 아는가. 보좌관의 일 자체가 옆에서 일을 거드는 것이기는 하지만 불필요한 과잉 의전이 합당한 일은 아니다.

한국 정치인은 평소 웬만해선 자신의 권위를 내세우지 않아도 된다. 존재만으로도 주위가 소란스러워지기 때문이다. 권력자의 등장만으로 저절로 주변이 소란스러워진다는 것은 권위나 그에 따른 힘을 주위 사람들이 스스로 따른다는 징표이다. 철학자 한병철은 『권력이란 무엇인가』에서 "자신을 드러내야 하는 권력은 이미 약화된 권력"[18]이라고 말한다. 그가 인용한 독일의 사회학자 울리히 벡(Ulrich Beck)에 의하면, "아무도 권력에 대해 말하지 않는 곳에서 권력은 물어볼 필요도 없이 존재하며 그 자명성으로 인해 확실하고 거대"하기 때문이다. 권력이 강력할수록 그 권력의 영향권 안에 있는 사람은 권력을 공기처럼 당연하게 받아들이고 저항하지 않는다. 만약 권력의 존재가 드러난다면, 오히려 권력이 도전받고 약해졌기 때문이라는 것이다. 권위주의 사회에서는 권력자가 자신을 굳이 내세울 필요가 없다. 알아서 따르기 때문이다.

그 일이 있은 지 수년 후, 비슷한 경험을 했다. 경쟁 당과 합의가 원활히 되지 않는 법안에 대해서 같은 당 소속 법안심사소위 의원들과 논의하는 자리에 가기 위해 의원과 함께 길을 나섰다. 논의가 끝나면 소위에 바로 참석할 수 있도록 본청에 있는 공간에서 모이기로 했고, 법안에 관해 얘기하면서 목적지까지 걸어

갔다. 그런데 본청 회의실에 다다르자 나도 모르게 의원보다 앞서가서 사무실 문을 열어젖혔다. 그러곤 문고리를 잡은 채 의원이 들어가기를 기다리고 서 있었다. 의원은 약간 의아한 듯 나를 쳐다보고 들어갔고, 그 순간 나도 당황했다. '내가 왜 이랬지?'

나와 일하는 의원은 평소 의전이나 격식을 따지지 않고, 수행하는 사람 없이 혼자 다니는 걸 개의치 않아 하는 사람이었다. 나의 행동은 의원의 보좌관으로서 그다지 어울리지 않았다. 무엇보다 나도 모르게 그토록 싫어하던 과잉 의전을 하고 있다는 사실에 스스로 놀랐다. 당사자가 요구하지도 않았는데. 엘리베이터 열림 버튼을 누르고 있거나 무거운 겨울 코트를 들고 돌아다니느라 주위의 따가운 시선을 맞아가며 식은땀 나게 만드는 사람들의 행태에 분노했으면서, 아무도 시키는 사람이 없는데도 그와 비슷한 행동을 하고 있었다.

서울여대 사회학과 이선미는 "권위주의 인성이 사회적 상호작용을 통해 내면화되는 핵심적 심리 과정은 합일화"[19]라고 설명한다. '합일화'란 한마디로 동일시다. 즉, 가까이에서 함께 지내는 의원이나 고위 인사의 직위와 권위 등을 마치 나도 가진 것처럼 살짝 착각하는 것이다.

다시 국회로 돌아왔을 때 국회의 분위기가 권위주의적으로 퇴행했다고 느꼈다. 이전에는 비례대표 의원의 절반을 여성에게 할당하는 제도를 처음 시행하면서 여성 국회의원이 대거 증가했고, 동시에 남성 의원의 연령도 낮아지면서 권위주의적 분위기도 완화됐다. 돌아온 국회는 다시 권위주의로 돌아간 것 같았다. 상임위 전체 회의에서 호통치는 목소리가 자주 들렸고 피감기관[20]인 정부나 관련 민간기관에서 국회 업무를 담당하는 사람들의 태도가 달라진 게 보였다. 보좌관을 대하는 그들 자세가 이전에 비해 현저히 공손했다. 마치 국회의원이나 유명 인사라는 이유로 주위에서 알아서 과잉 격식을 차려주듯 단지 의원실에서 일한다는 이유로 직위와 관계없이 다소 과하게 대접하고 예의를 갖춘다고 느꼈다.

친절을 받는 입장에서는 기분이 좋긴 했다. 성인군자가 아닌 이상 과한 태도라는 생각이 들어도 남모르게 우쭐해지는 것이 사실이다. 자신이 등장하는 것만으로 주위가 소란스러워지는 걸 보는 기분이 어떨지 알 것도 같았다. 내가 그런 기분을 느낄 수 있었던 건 전적으로 내 뒤에 국회의원이 있는 덕이다. 마치 국회의원의 존재감이 그 뒤에 있는 유권자들 덕분이듯이. 나는 국회의원이라는 권위와 조금씩 합일화되었던 것 같다. 그러면서 나도 모르게 의원의 권위에 복종하고, 그 권위를 받들수록 나도 높아질 수 있으리라 여겼던 것 아닐까.

이런 교묘한 심리는 그들 일을 옆에서 돕는 보좌관의 전유물은 아닌 듯했다. 의원의 지인이나 의원실을 찾아오는 지역 유권자 등 권력과 관련 있는 평범한 사람들도 크게 다르지 않았다. 학자들의 지적처럼, 권위주의 인성이 타고나는 것이 아니라 처벌이나 위협 같은 양육방식에 의해 후천적으로 갖게 되는 것이라면, 사회생활을 하면서 무의식적으로 또는 반쯤은 의도적으로 이루어지는 권력 또는 권위와의 합일화 또한 권위주의를 대물림하는 기제일 것이다.

얼굴 마담 정치인

퍼포먼스만 할 수 있도록 해달라던 의원

함께 일한 의원 중에 외국의 대학에서 오랫동안 교원 생활을 하다가 국회에 입성한 사람이 있었다. 그는 자신의 전공 분야에서 새로운 이론을 정립해 세계적으로 인정받는 학자이기도 했다. 정합성과 합리성이 중요한 연구와 논문 다루는 일을 주로 해서였는지 국회에서 일할 때도 상당히 꼼꼼했다.

법을 공동 발의할 때도 그랬다. 개정법률안을 발의(법안 발의)하려면 그 법안을 만든 대표 발의자 국회의원 이외에, 법안을 지지한다고 의사 표명하는 공동 발의자 의원이 최소 9명이 되어야 한다는 요건을 충족해야 한다. 이때 공동 발의는, 법안에 논란이 될 정도로 크게 문제되는 점만 없으면 보통 가깝게 지내는 의원실에서 공동 발의에 동의해주는 게 관례다.

공동 발의에 관한 사항을 제안받으면 선임 보좌관이 판단해 결정하는 경우가 많다. 하지만 그 의원은 그렇지 않았다. 공동으로 발의해야겠다 싶은 법안이 있으면, 그 분야 담당 직원이 직접 의원에게 보고해야 했다. 의원은 마치 자신이 대표발의자인 것처럼 꼼꼼했다. 법을 발의하면 예상되는 역효과가 있는지, 있다면 어떻게 보완할 것인지 따져 물었고 조금이라도 부족하다 싶으면 공동 발의에 이름을 올리지 않았다. 직원으로서는 일이 두 배로 늘어났다. 대표로 발의할 법안을 검토하고 준비하는 일도 시간이 많이 소요되는데, 공동 발의 법안에 대해서 이런저런 문제를 따져보고 대안까지 준비해야 하니 대표로 발의하는 법안을 준비하는 것이나 마찬가지였다 해도 과언이 아니었다.

법안이나 상임위 회의뿐만이 아니었다. 각 정당에는 소속 국회의원으로 구성된 정책위원회가 있다. 여당의 경우 당정협의회라고 하여(행정부 규칙인 당정협의업무 운영 규정에 따라 기본적으로 여당과 한다) 정부 정책에 관해서 해당 부처와 당 정책위 소속 의원이 만나 의견을 나누는 회의도 자주 열린다. 그는 당정협의회 같은 비공개 회의까지 마치 상임위 회의 준비하듯 했다.

힘들었다. 그런데 의원 본인도 스스로 힘들었던 모양이다. 어느 날 의원실에서 그가 보고를 받다가 문득 말했다. “이런 것까지 내가 일일이 다 해야 하나… 직원들이 좀 알아서 해야 하지 않나. 미국 의회 같은 경우엔 직원들이 세팅해놓으면 의원은 그냥

가서 연기하듯이 퍼포먼스만 취한다고. 앞으로는 나도 그렇게 할 수 있도록 해줘요." 열려 있던 의원실 문밖으로 그 말이 가감 없이 들려오자 사무실 내부가 더 조용해졌다. 잠시 후, 다음 일정을 수행하기 위해 의원이 사무실에서 나갔다. 의원을 배웅하고 돌아서자마자 보고했던 선임 보좌관이 하소연을 터트렸다. "우리가 어떻게 그렇게 하냔 말이야. 본인 성격에 일일이 다 확인하지 않으면 못 배기면서…." 순간 다른 직원들이 일제히 맞장구치듯 웃으며 사무실의 무거운 정적이 깨졌다.

의원이 얘기한 방식은 실현 불가능하다고 생각했고 정말로 그랬다. 그런데 한편으로 내 능력이 부족해서 못하는 것 아닐까 자책하는 마음도 들었다. '미국 의원들은 정말 그렇게 한단 말이야? 직원들이 일을 모두 준비해둔단 말이야?' 아무리 생각해도 그게 어떻게 가능한지 감을 잡을 수 없었다.

매체를 통해 미국 정치인의 활동 모습을 엿본 바로는 그때 그 의원이 머릿속으로 그렸던 퍼포먼스 방식은 적어도 미국 의원들 모습과는 다른 것 같다. 국가 회담 후 대통령이 하는 기자회견이나 서구 정치인들이 기자회견에서 답변하는 모습을 보면 해당 사안에 대해서 얼마나 확실하게 파악하고 있는지 알 수 있다. 내용이나 쟁점이 옳으냐 그르냐를 떠나 대답이 구체적이고 명료하며 자신감 있어 보인다. 사안을 자신이 직접 다 확인하고 검토하지 않으면 불가능한 일이다. 지금 생각해보면 꼼꼼하게 일일이 확인하고 검토하느라 본인도 힘들고 직원들도 힘들게 만들었던 방식이 맞았구나 하는 생각이 든다.

허구가 섞여 있지만, 미국의 정치 드라마 〈하우스 오브 카드〉를 보면서도 나는 그와 비슷한 모습을 발견할 수 있었다. 주인공 프랭크는 비현실적으로 탐욕적인 캐릭터로 최고 권력 그 자체를 쟁취하기 위해 물불 가리지 않는 최악의 인간인데도, 사안을 파악하고 결정하는 복잡하고 어려운 일들을 부하 직원한테 넘기지 않고 모두 직접 한다. 아랍계의 테러로 미국인 가족이 납치되자 중압감 속에서 비상사태를 직접 진두지휘하며 중요한 결정들을 혼자 고심하는 장면에서는, 국가적 재난이 발생할 때의 우리 모습과 많이 다른 듯해 씁쓸했다.

그 국회의원이 보좌관에게 바랐던 방식은 차라리 어쩌면 한국의 정치 권력자들 모습과 더 가까운지도 모른다. 기자회견이나 토론을 꺼리고, 보좌관이 세팅해 놓고 자료를 쥐여주지 않으면 능숙하게 말하지 못하는 모습이. 정치인이라고 해서 모두가 말을 잘하는 것은 아니라는 사실을 알고 있으며 달변이어야 좋은 정치를 하는 것도 아니라고 생각한다. 하지만 기자 앞에 서길 꺼리고 설명을 잘 못하는 게 내용 숙지가 덜 되어서라면 이것은 전혀 다른 문제다. 한국을 대표하는 정치인은 왜 서구 권력자와 다를까. 물론 유권자가 정치인을 실력보다 이미지로 판단하고 선출하는 탓도 있고, 어릴 때부터 쓰기와 말하기 같은 자기표현을 등한시하는 교육과 문화 영향도 있겠지만, 사회 문화가 얼마나 권위주의적인가 하는 차이도 있지 않을까.

회사 같은 민간의 일반적인 조직에서와 똑같이 국회나 정부 등에서도 고위직이 직접 일하는 걸 등한시할수록 윗사람은 허수아비로 전락하고 밑에서 일을 돕는 사람들이 권력을 누리게 된다. 공동 발의 여부를 의원이 직접 하면 보좌관은 그저 메신저에 불과하다. 반면, 결정을 보좌관이 하면 공동 발의를 요청하는 다른 의원실 직원들은 그 보좌관 마음을 설득하는 데 노력을 기울인다(이해를 돕기 위해 예를 든 것일 뿐 공동 발의 검토와 결정을 보좌관이 하는 관행을 문제 삼을 의도는 없다). 결국 권력자는 실질적인 힘이 없는 '얼굴 마담'밖에 되지 않는데, 이럴 때 서구권에선 권력자의 권위가 유지되지 않는 경향이 있는 것 같다. 권위와 힘은 그에 합당한 실질적인 일들을 하는 데서 나오는 것이지 권위 자체에 있는 게 아니기 때문이다. 따라서 사안을 결정하거나 문제를 해결하는 일을 정치인이 직접 해야 본인이 힘겹게 얻은 힘과 권위를 지킬 수 있을 것이다.

반면 높은 위치에서 행사하는 힘과 권위의 발원이 그 위치에서 해야 하는 일이 아니라, 높은 자리 그 자체라면 굳이 당사자가 직접 일할 필요가 없다. 사람들이 권위를 부여하는 것은 권력자나 정치인이 하는 일의 내용이나 성과가 아니라 '지위' 그 자체이기 때문이다. 높은 자리에 오르기만 하면 당사자가 열심히 일하지 않아도 특권이 유지되는 건 바로 이 때문일 것이다. 엘리베이터를 미리 잡아두는 행동이나 유명 정치 인사의 코트를 들어주는 모습처럼 등장만으로도 알아서 불필요한 수선을 떠느라 주위가 소란스러워지는 현상도 같은 이유다.

내가 함께 일했던 의원 중에는 사무실에 들어오면 의원실 문을 닫고 들어가 늘 스스로 이슈를 파악하고 분석하는 사람도 있었다. 직원 입장에서 그런 의원은 녹록지 않다. 의원보다 더 많이 공부해야 하기 때문이다. 적어도 의원이 알고 있는 수준 이상의 자료를 준비해야 한다. 그런 의원의 의정활동은 세팅해 놓은 대로 퍼포먼스하는 정치인의 것보다 더 좋을 수밖에 없을 것이다.

너무 열심히 하다가 혼쭐 난 초선 의원

권위를 따라야 하는 국회의원들

상임위원회 전체 회의에서는 논의가 되는 사안을 두고 국회의원과 국무위원 사이에서 공방이 치열하다. 여러 사람이 지켜보는 공개 회의이기 때문에 국회가 정부를 어떻게 견제하는지, 국회의원이 열심히 일하고 있는지 보여줄 수 있고, 또 의원이 제기하고 싶은 문제를 부각하기에 좋은 기회이기 때문이다. 이때 국무위원과의 공방은 여당 의원보다 야당 의원이 더 맹렬하다. 한국 정치 구조에서는 정부 여당을 견제하는 일이 야당의 존재감을 드러낼 수 있는 몇 안 되는 길이다. 그러다 보니 정부 감사의 책임을 지고 있는 국회의원으로서 야당 의원은 더 공격적 태도를 보이는 경향이 있다. 반면 여당은 정부를 두둔할 때도 있고 국무위원에게 정부의 입장을 설명하도록 은근히 유도하는 질의를 하기도 한다. 그래서 여당 의원의 질의는 느슨한 편이고, 야당 의원의 질의가 더 날카롭고 예리한 편이다. 회의장에서 국무위원을 상대로 비교적 점잖은 모습을 보이는 사람들은 주로 여당, 불만스러운 목소리를 높이는 사람은 야당 의원일 때가 많다.

어느 날에 있었던 상임위 전체 회의에서도 그랬다. 회의가 끝나갈 무렵이었다. 마지막 질의순서였던 국회의원이 질의를 마치자 미진한 점이 남았던지 야당 측 의원 몇 명이 추가 질의를 요청했다. 위원장은 요청을 받아들였다. 그런데 추가 질의를 마쳤는데도 여전히 불만스러웠던지 한 의원이 의사진행 발언을 했다. 의사진행 발언이란 회의에 상정된 안건에 대한 질의나 의견 표명이 아니라 회의 참가자로서 회의 진행 자체를 위해 요청하고자 하는 부분을 밝히는 것이다. 의사진행 발언은 위원장의 허락하에 이루어지지만, 허락은 형식적이다 싶을 정도로 별다른 제지를 받는 경우는 거의 없다. 의사진행 발언은 대체로 짧게 끝나서 회의 시간을 지체시키지 않기 때문이다.

그런데 그 의원은 초선이었기 때문인지 열의에 넘쳤다. 국회의원으로서 정부의 잘못된 점을 짚고 넘어가야 할 뿐만 아니라 잘못된 일인 만큼 국무위원에게서 원하는 대답을 들어야만 한다고 믿었던 것 같다. 그러나 모든 사안을 회의장에서 결정할 수 없는 한계가 있다. 정부로서는 바로 조치를 취할 수 없는 일도 있다. 다른 부처와 논의해야 할 일도 있고, 시장이나 민간의 상황을 검토해야 할 일도 있다. 의원이 잘못을 지적했고 지적이 바람직하다 해도 정부 또는 한 부처가 독단적으로 처리해서는 안 되는 일도 있을 테니까. 이때 위원장이 나섰다.

"자, 하시고자 하는 말씀을 국무위원도 알아들었을 것입니다. 국무위원, 그렇죠? 요청하는 걸 잘 준비해주세요."

"네, 알겠습니다."

국무위원이 마이크에 몸을 기울이며 대답했다.

"아닙니다! 위원장님! 그렇게 넘어갈 일이 아닙니다!"

웬만해선 지칠 줄 모르는 어린아이처럼 생동하는 의욕에 가득 찬 나머지 초선 의원은 위원장의 중재가 어떤 시그널을 보내는 것인지 미처 알아차리지 못했다. 아주 씩씩하고 야무지게 위원장 말에 반박하면서 국무위원석을 향해 따지는 발언을 이어갔다. 위원장은 의원에게 몇 번을 점잖게 타이르듯 이제 그만하면 됐다고 했다. 그래도 물러서지 않았다.

"그만하세요!"

급기야 위원장이 버럭, 아주 짧고 강한 소리를 냈다. 아차! 놀랐는지 그제야 초선 의원의 패기가 사그라졌다. "의원은 위원장의 회의 진행을 존중해주시기 바랍니다!" 위원장이 근엄하고 단호한 목소리를 낸 후, 의사봉을 두드렸다. "정회를 선언합니다." 탕, 탕, 탕!

호통을 치지는 않았지만 자리에서 일어나면서 위원장은 그제야 약간의 감정을 실어 위원장 권위에 도전하는 초선 의원의 태도를 짧게 나무라고 돌아섰다. 위원장 말이 끝나자마자 초선 의원은 자리에서 벌떡 일어나 위원장 뒤를 쫓아 나갔다. "의원님~ 아니, 저는요…."

당시 위원장은 상대 정당에도 평이 좋았다. 그 즈음 그는 정치에 입문하기 전에 모은 자신의 재산을 상당 부분 사회에 환원하겠다고 선언한 바 있고, 국회에서도 위원장으로서 평소 회의도 적절하게 중재해가며 공정하게 잘 진행해서 괜찮은 의원이라는 인상을 받고 있었다.

상임위원회 위원장은 회의장에서 주로 의원의 발언을 끊는 역할을 한다. 그럴 수밖에 없다. 시간은 한정돼 있는데 질의할 의원이 연이어 기다리고 있기 때문이다. 의원과 위원장의 관계는 마치 연말 시상식의 수상자와 시상식 PD 같다. 자신의 소감과 고마운 사람들의 이름을 일일이 호명하고 싶어 하는 연기자, 그와 정반대로 무대 밖에서 수상자를 향해 팔을 휘휘 저으며 끊어, 끊어, 그만해 신호를 애절하게 보내는 프로그램 통솔자의 관계라고나 할까. 질의하려는 의원은 할 말이 많아 늘 시간이 부족하고, 위원장은 아쉬워하는 의원의 입장을 헤아려가며 회의를 진행해야 한다. 대개는 발언 시간을 이삼 분 정도 추가해주지만 어느 때는 나중에, 자기 순서를 기다리고 있는 의원들 질의가 끝나고 나면, 추가 질의로 하시라고 타이른다. 그래야 의원들이 공평하게 정부를 감시하는 자기 역할을 다할 수 있기 때문이다. 또 흥분한 의원이 품위를 잃지 않도록, 그 때문에 국무위원이나 증인 또는 참고인이 당황하는 일이 없도록 중간에서 잘 조율하는 역할도 중요하다. 가끔 보이는 호통치는 의원과 쩔쩔매는 국무위원 모습은, 의원이 질의 도중 갑자기 소리를 지르면 어쩔 수 없지만, 위원장의 회의 진행 능력이 아쉬운 경우도 있다.

물론 회의가 원만하게 잘 진행되게 만드는 건 위원장의 능력만으로는 부족하다. 먼저 국회의원들이 위원장의 권위를 존중하고 따라야 한다. 행정 집행이라는 권력 행위에 정당성을 부여하는 수단이라는 점에서 법 자체가 권위이며, 의원은 그 하나하나가 각각의 입법기관인 만큼 그 자체로 권위체다. 그런 권위체가 모여서 회의를 하는 곳에서 질서를 담보할 수 있는 유일한 장치는 더 큰 권위인지도 모른다. 그런 권위 존중은 자율적으로 이루어져야만 한다. 그런 면에서 권위를 존중하고 따르라고 요구할 대상은 국무위원이나 증인 또는 참고인으로 나온 민간이 아니라 의원 자신이다.

한편 위원장은 국회의원의 진짜 실력이 드러나는 역할이라고 생각한다. 국회의원 본연의 임무가 각종 갈등을 중재하고 설득해서 화합하게 만드는 일이라면 위원장이야말로 회의장 안에서 아웅다웅하는 의원들을 중재해 회의를 진행할 책임이 있는 자리이기 때문이다. 말처럼 쉬운 일이 아닐뿐더러 권위기관 집단을 통솔할 수 있는 더욱더 큰 권위를 필요로 하므로 최소 3선 이상, 즉 10년 가까이 의정활동을 한 사람이 맡도록 하는 것이리라.

청탁과 민원 그 오묘한 경계

국회의원이 나를 커피숍에 데려간 이유

의원이 나를 불렀다. 오후에 약속이 있는데 동석했으면 좋겠다고 했다. 그러면서 가능한 일인지 한 번 검토해보라며 서류 봉투를 건넸다. 어느 회사의 설립에 관한 내용이었다. 당시 가격 인상 추세가 지속되던 수입 원자재를 수입·가공해서 제공하는 일을 하려는 회사였는데, 사업 자금을 마련하는 단계였다. 그런데 이를 주식 공모로 조달하려고 했다. 그 내용을 보고 의원이 만나야 할 사람이 누군지, 왜 만나는 것이며, 왜 나를 데리고 가려고 하는지 알 수 있었다.

그 기업에서 주식 공모를 할 수 있도록 도와달라는 것이다. 당시 그 의원이 주식 공모 허가를 결정하는 기관에 대한 감사 및 관련 법률 심사 권한을 갖는 상임위 위원이었고, 내가 그 업무를 담당하고 있었기 때문이다. 만남을 요청한 사람은 그 회사 설립을 주도하는 사람이었고 의원의 지인이었다. 그저 단순한 지인이 아니라 의원이 쉬이 거절할 수 없는 선배였던 것 같다.

고풍스러운 인테리어의 조용한 커피숍에 들어가니, 구석에 앉아 있던 노신사가 우리를 보고 손을 흔들었다. 인사를 나누고 자리에 앉으니 사업의 필요성과 공익성을 설명하기 시작했다. 이어서 주식 공모 신청을 해놓았는데 이번에 통과돼야 한다고 강조했다. 의원은 가만히 듣고 있다가 입을 열었다. "선배님, 제가 해당 상임위원이기는 하지만 이쪽 일에 대해서 잘 몰라요. 이쪽 분야는 우리 직원들이 도와주는 대로만 하고 있어요. 그래서 직원들이랑 같이 온 거고요. 같이 온 이 사람이 그 기관을 담당하고 있거든요." 나를 보며 말을 이었다. "잘 들었죠? 각별히 애 좀 써 줘요." 소대장 질문에 대답하는 신병만큼은 아니겠지만, 빠릿빠릿하게 대답했다. "네! 말씀을 들어보니 가능할 것 같은데요. 걱정하지 마세요."

사무실로 돌아오자 함께 배석했던 선임 보좌관이 나를 불렀다. "그런 자리에서는 될 것 같다느니 그런 말을 쉽게 하면 안 돼요. 될 것처럼 말했다가 안 되면 의원 입장이 난처해집니다. 열심히 알아보겠다는 정도의 태도만 보이는 게 좋아요." 자료만 봤을 땐 별문제 없는 것 같았고, 더욱이 의원과 가까운 사람인 것 같아 일부러 긍정적으로 호응했던 것인데 아차 싶었다. 역시나 제대로 알아보니 어려운 일이었다. 기관에서는 주식 공모를 반려했는데, 절차나 이유 면에서 타당했다. 이제 공은 선임 보좌관에게 넘겨졌다.

해당 기관 담당 업무를 맡은 내가 사안을 검토했지만, 민원인에게 결과를 얘기하는 건 대개 의원실 조직에서 의원 다음으로 직위와 책임이 큰 선임 보좌관의 몫이다. 결과를 국회의원에게 직접 듣고 싶어 하지만 그러지 못해 아쉬워하는 민원인에 대한 예의 혹은 의원이 민원인의 체면을 세워주고 성의를 보였다고 여기는 마지노선이랄까. 선임 보좌관의 공손한 목소리가 들렸다. "선생님, 의원님이 직접 담당 국장과 통화해보고 애를 많이 쓰셨는데요. 규정상 이런저런 부분이 도저히 안 된다고 합니다. 저희도 더 어떻게 할 수가 없네요. 죄송합니다." 그제야 나는 의원이 나를 그 자리에 데리고 나간 진짜 이유를 깨달았다. 자칫 (부정) 청탁이 될 수 있는, 하지만 직접 거절하긴 어려운 지인의 민원에 대해서 자신이 가진 공권력 남용을 방지하기 위한 나름의 묘책이었다.

민원 처리는 국회의원이 수행해야 할 중요한 역할 가운데 하나이고, 부정 청탁은 반드시 멀리해야 할 일이다. 하지만 받는 입장인 국회에서 보면 실제로 민원과 청탁은 백지장 한 장 차이다. 의원실을 찾는 사람 입장에서는 전부 민원이다. 문제가 있으니 안타까운 마음으로 도움을 구하는 것이니까. 하지만 추호도 청탁할 의도가 아닌데도 불구하고, 그 민원이 청탁이 될 수 있다.

이것을 판단하는 건 의원이나 직원들 몫인데, 사실 애매한 부분이 적지 않다.

개인적으로는 민원인지 청탁인지를 구분하는 방법 가운데 하나로, 민원을 처리한 결과가 법이나 규정을 바꾸는 것으로 이어지는가를 살펴본다. 정부나 지자체 등 국가기관은 기본적으로 법이나 규칙, 규정에 따라 일을 수행하는 곳이다 보니, 민원 창구가 있어도 규정의 구속 때문에 해결할 수 없는 일들이 있다. 그런 곳에서 안 되는 일을 국회가 처리하는 것인 만큼 민원은 문제가 되는 법의 개정으로 이어질 것이다. 그러나 변화 없이 딱 그 민원만 해결된다면 그것은 사실상 특혜에 가깝고 청탁일 가능성도 커지기 마련 아닐까. 법이나 규칙, 규정 또는 적어도 관행이 바뀐다면 혜택을 국회에 직접 찾아온 민원인 외에 다른 사람들까지 받게 될 것이다.

국회의원에게 유권자는 그야말로 자기 명줄을 쥐고 있는 사람들이고 자신의 지인 역시 개인적으로나 업무적으로나 야박하게 굴 수 없는 대상이다. 사람들의 평판이 생명인 의원은 누구도 소홀하거나 매정하게 대할 수 없는 입장이다. 더구나 민원인은 억울하고 막막한 마음을 품고 온 사람들 아닌가. 또 한국의 정서상 국회의원이라고 하면 대단한 권력을 행사하리란 기대가 있다. 그들의 입장에서는 뉴스에서 보니 국회에서 부정 청탁에 연루되는 경우가 있던데(그런 뉴스를 보며 욕하면서도) 이까짓 일 하나 처리해주지 못할까 싶어 하는 마음이 생기는 것일 테다. 더군다나 이토록 (자신이 생각하기엔) 억울하고 불합리한 일이니.

정치인 입장에서는 미디어에 그런 불미스러운 일이 보도될수록 자기가 부정 청탁에 연루될까 몸을 사리게 된다. 연루됐다가는 정치 생명이 위협받기 때문이다. 또 의원이나 사무실 직원들과 사소하게라도 친분이 있는 사람 중에는 민원을 핑계로 동네에서 향응 접대를 받으며 거들먹거리는 사람도 간혹 있다. 그래서 매체를 통해 드러나는 모습과 달리 실제로는 많은 정치인이 상당히 조심한다. 지인이 뭔가 부탁을 할 것 같은 눈치면 직원과 함께 만나든지, 지역 사무실에서 민원의 날 같은 정기 행사를 통해 공식적으로 접촉하거나, 지역 보좌관이나 선임 보좌관을 통하도록 하는 경우가 많다.

그럼에도 종종 정치인의 부정 청탁 논란이 일어난다. 언론에 보도되는 건 정치인 자신이나 가족과 관련한 청탁이지만, 사무실에 있으면 민원이 아니라 정말 그와 비슷한 종류의 부탁 요청을 적잖이 접한다. 일하는 동안 그런 부탁에 대해 죄송하다고 하면서 에둘러 거절하는 선임 보좌관의 모습을 수없이 보니, 이런 일이 비단 정치인과 기업 또는 기타 기관이 반성하기만 하면 될 일인가란 의문이 생기지 않을 수 없었다. 부탁하는 사람 입장에서는 절박하고, 권력자를 지인으로 둔 인맥을 이용하고 싶은 유혹이 있겠지만, 별것 아닌 것 같은 부탁은 비단 어떤 일의 공정성만 해치는 게 아니다. 정치인이 어떤 기업이나 기관에 부탁하고 그 부탁을 들어주면 과연 그걸로 끝일까. 세상에 공짜는 없다. 그런 부탁은 정치인이 빚을 지는 것이나 마찬가지다. 정치인은 그 빚을 무엇으로 갚을까. 누군가 정치인의 부탁을 들어준다면 그건 그가 공권력을 행사할 수 있는 위치에 있기 때문이지, 사적 개인으로서 그를 보고 들어주는 게 아니라는 사실에 답이 있을 것이다.

고상한 일만 하던 사람은 국회의원 못 한다

수화기 너머의 욕설 한바탕

언젠가 지역 주민에게서 걸려온 전화를 받았다. 그가 전화를 걸어온 건 불만을 토로하기 위해서였다. 보통 유권자인 지역 주민이 말하는 불만은 행정이나 제도의 미비 또는 부족, 실수 등 구체적인 사항에 관한 것도 있지만 언론을 통해 연일 접하는 정치적 이슈 때문에 그 불만을 의원실 전화기에 쏟아붓는 경우도 종종 있다. 여성 의원실에서 일했을 땐 의원이 여성인 데다가 미혼인 걸 꼬투리 잡아서 입에 담기 어려울 정도로 심한 욕을 들은 적도 있다. 당시 사회생활을 시작한 지 얼마 되지 않은 시기였는데, 어린 마음에 수화기를 든 채 굳어 버렸다. 국회에서 일한다는 게 이런 더러운 꼴도 참아야 하는 것이라는 생각을 그때 처음 했다. 그날 지역에서 걸려온 전화의 육성도 막연한 불만을 거칠게 표현하는 종류의 것이었다. 상대가 거칠게 불만을 말할 때는 내용을 갖고 논할 필요가 없다. 오히려 긁어 부스럼이 될 가능성이 크다. 보통 이런 전화는 국회라는 권위 기관에 감정을 내뱉었다는 자기만족일 수 있다. 그렇다면 듣고 있다는 반응을 보이는 것으로 족하다. 말하고 싶은 만큼 말했는데 상대방이(내가) 별다른 반박을 하지 않으면 그냥 뚝 끊어버린다.

이런 감정 노동에 익숙해지고 적당히 대응해야 한다는 것을 깨달은 건 거듭된 경험을 하고 나서다. 경험치가 낮아 발신자의 불만스러운 태도에 나도 반발감이 한껏 고조된 상태였을 때, 나는 불만의 내용을 갖고 반박하거나 변명 아니면 수긍하거나 달래려고 하지는 않았지만 그렇다고 덤덤한 반응을 보일 수는 없었다. 언젠가는 비아냥거리는 듯한 어투로 응대해버렸다. "네, 네. 아~ 그러셨어요~." 상대방은 더 언성을 높이고는 전화를 끊었다. 나는 아무 일 없었다는 듯이 수화기를 내려놓고 다시 하던 일을 했다.

며칠 뒤, 지역 일정을 마친 의원이 사무실에 왔다. 의원실을 향하다가 말고 발걸음을 내 쪽으로 돌리더니 내게 말했다. "지역에서 온 전화는 친절하게 잘 받아주세요." 뜨끔했다. 담담한 목소리였으니 꾸중이라고까지 할 수는 없지만 어쨌든 의원에게서 특별히 주의를 받은 것이었다. 의원이 어떻게 알았을까. 당사자에게 직접 들었거나 그가 누군가에게 말한 게 의원 귀에 들어간 것이리라. 직접 전했든 아니든 "그 의원실은 전화 받는 태도를 고쳐야겠어요"라며 점잖게 말했을 리 없다. "아주 전화를 싸가지 없게 받아. 거기 왜 그래? 그런 직원을 뽑는 국회의원이 제대로 된 사람이겠어?" 이런 어조에 가깝지 않았을까. 조금 화가 나면서도 반성했다. 그 뒤로 나는 전화기 너머에서 아무리 고래고래 언성을 높이며 막무가내로 윽박질러도 차분히 대꾸했다. "아, 그러시군요. 저런, 저희가 잘못했습니다."

처음 국회에서 일하게 됐을 때, 나는 사무실에서 누가 무슨 말만 하면 스프링 튕기듯 자리에서 벌떡벌떡 일어났다. 사회초년생이자 국회 생활의 말단으로서 사소한 잔심부름일지라도 주어진 모든 일에 열과 성을 다했다. 처음 시작하는 사람, 새로운 직장에서 일하는 사람은 무슨 일을 맡게 되든 대개 몸을 불사를 듯한 기세를 보이지 않던가. 국회의원도 그렇다. 국회가 개원하는 해 6월의 풍경은 특히 파릇파릇한 새싹처럼 생동감으로 가득하다. 초선 의원이라면 더욱더 그렇다. 제도권 정치를 통해 국가 발전에 기여할 수 있다는 생각에 의욕이 한껏 부풀어 있다. 국가와 사회를 위해 일하고자 하는 국회의원의 진정성만큼은 사실이다. 함께 일했던 의원 가운데에도 그런 진정성과 열의가 으뜸인 사람이 있었다.

그렇다고 국회의원이 해야 하는 모든 일에서 한결같이 의욕적인 것은 아니다. 국회의원의 대표적인 임무가 법을 만들고 예산을 심사하며 정부를 감시하는 것이지만 그게 전부는 아니다.

그를 의원으로 만들어 준 지역구를 관리하는 일이 때로는 더 중요하다. 지역구 업무는 기초의회 의원들과 소통하고, 도청 등을 비롯한 지자체와의 업무 협조에 이르기까지 다양하다. 그중 지역 당원 및 주민과의 교류도 업무의 상당 부분을 차지한다. 옆에서 지켜본 바로는 법안 입안이나 정부 감사, 예산 심의 등 국회에서 하는 활동과는 비할 수 없이 에너지가 많이 드는 것 같았다. 지역구에서는 국회의원에게 너무 공손한 사람들도 있지만, 얼굴 보고 직접 이야기할 수 있는 자리이다 보니 때로는 감정이 격해져 삿대질하는 사람도 있다. 지역구에 가면 주민들의 다소 거친 태도에 동요하기보다, 의원실에 걸려오는 불만 전화를 감정적으로 대응하지 않고 적당히 받았듯이 그들을 달래면서 잘 응대해야 한다.

보통 국회에서는 기자를 제외하면 대부분의 사람이 의원에게 아쉬운 게 많아 호의적인 태도라면, 지역구에서는 의원이 그들에게 아쉬울 게 더 많다는 구조적 영향도 있고, 무엇보다 지역에서는 특유의 문화에 따른 비언어적인 의사소통 방식이 존재한다는 것도 무시 못할 원인이다. 언젠가 사무실에서 어느 민원인들을 설득하느라 혼쭐나는 모습을 본 지역 담당 보좌관과 수행비서가 말했다. "여기서 만나는 사람들은 그래도 점잖은 편이야. 지역 현장에 가면 별별 사람 다 있어." 당시 의원이 정책이나 중앙 정치에 더 비중을 뒀던 건 그런 영향도 있었다. 남편의 의정활동을 달가워하지 않는 국회의원의 부인이 있다면 그 또한 이런 부분 때문일 수 있다. 특히 지역구에서는 의원의 부인이 사람들과 잘 어울리는 게 중요한 요소로 작용해서 이를 힘들어하는 국회의원 부인이 종종 있다.

정치 권력을 얻으면 그 권력을 맘껏 휘두를 수 있다고 생각하지만 의외로 힘들고 거친 일을 웃으면서 감내해야 할 일이 적지 않다. 정치를 한다는 건 나름대로 그 개인에게 또 다른 도전의 연속이다. 편안하게 국회 안에서만 일하고 싶어도 정치를 하려면 그럴 수 없는 것처럼. 스스로 한계 지은 자신의 깜냥을 깨거나, 익숙하지 않아 불편하고 싫은 일들이 끊임없이 닥친다고 해도 그것을 피하지 않고 도전해야 하는 것이다. 다른 일도 그렇듯 도전을 받아들이고 자기 한계를 깨야만 살아남아서 그다음을 넘볼 수 있는 건 정치판도 예외가 아니다.

떨어질 게 뻔한 경선엔 왜 나가는 걸까

실패의 인센티브

일하는 동안 친하게 지냈던 다른 의원실의 직원을 오랜만에 만났다. 결혼 후 아이를 낳고 배우자가 해외발령을 받은 데다가 그와 일했던 의원이 재선에 실패해 몇 년간 국회를 떠났다가 힘들게 복귀했던 친구였다. 다시 일하게 된 소감이 어떤지 묻자 대뜸 일복이 터졌다고 볼멘소리로 말했다. 의원이 몇 달 뒤에 있을 당 대표 선거에 출마하겠다는 것 때문이었다. 그 의원은 이미 지난번에도 도전장을 내밀었던 적이 있다. 그때 실패했는데 또 도전하려는 것이다.

국회의원은 국회의원 선거에 당선됐다고 끝이 아니다. 임기 동안 다른 선거가 계속 기다리고 있다. 당 대표처럼 주요 당직자

선거, 각 당의 원내대표 등을 뽑는 선거 그리고 지방선거까지. 이 선거에 의원이 출마하겠다고 하면 직원들은 고달프다. 선거 준비 기간이 국정감사 같은 정기 국회, 임시 국회와 기간이 겹치기라도 하면 낭패다. 회의 준비와 선거 준비를 동시에 해야 해서 몸이 열 개라도 모자라다. 그 친구는 업무에 다시 적응하는 것까지 포함해 부담이 이중, 삼중으로 쌓일 지경이니 힘든 소리가 나올 법도 했다.

"화장실 들어갈 때 마음, 나올 때 마음 다르다더니 지금 그런 거 아니야? 그래도 원하던 복귀를 했다는 게 어디야." 이곳저곳 이력서를 넣을 땐 아무리 일을 많이 시켜도 무슨 일이든지 다 할 태세여도 막상 일하게 되면 어김없이 불만이 생기기 마련이다. 그는 억울한 듯 결국 소리치며 토로했다. "아니, 어차피 떨어질 텐데 왜 나가는 거냐고! 돈 쓰고 개고생만 하는데." 풉, 나는 웃음을 터트렸다. 수긍할 수밖에 없었다. "맞아, 그건 그래!"

유력한 후보가 아닌 이상, 선거에서 나머지 후보는 들러리에 지나지 않는다. 특히 정당 관련 선거에서는 대개 누가 당선될지 뻔히 그려지는 경우가 많다. 가령, 언론에 자주 회자되어 정치에 관심 없는 사람도 한 번쯤은 이름을 들어봤을 만한 사람이랄까. 그런데도 선거에 도전하려는 의원들은 존재한다. 이런 모습만 봐도 낙하산 타고 내려앉듯 대중의 인기 등으로 갑자기 국회에 입성한 경우가 아니라면, 의원들은 편하게 있는 것보다 치열한 승부에 익숙한 사람이란 생각이 든다. 적어도 경쟁과 도전을 꺼리지 않는 성향인 것 같다. 그러나 성향이 그렇다 해도 실패할 가능성이 작지 않은 일에 도전하는 것을 합리적이라고 보기는 어렵다. 비용, 시간, 에너지 등을 정책이나 법안 상정처럼 다른 일에 쏟을 때 얻는 기회비용이 더 크기 때문이다. 그렇다면 혹시 실패해도 기회비용을 상쇄할 만한 어떤 득이 있기 때문은 아닐까.

실패할 줄 알면서도 도전하는 의원은 또 있었다. 다른 의원실의 직원이 하는 말도 비슷했다. 초선이었는데도 소속된 당의 중진 의원들을 제치고, 당 대선 후보의 비서 노릇을 자신이 하고 싶어 주변을 열심히 기웃거린다는 얘기였다. 당의 대선 후보가 되면 당에서 최고 권력을 가질 가능성이 가장 크기 때문에, 국회의원들이 그의 눈에 띄기 위해서 경쟁적으로 노력한다. 자신보다 큰 권력을 가질 의원의 수행 비서가 되기를 자처한다. 대선 후보의 유세에 그렇게 많은 의원이 쫓아가는 것도 그 때문이다. 퀸카 주변에 모여들어 구애하는 남자들처럼 현장에서 대선 후보의 가까이에 있으려는 소리 없는 싸움이 치열하다. 당연히 초선 의원은 뒤로 밀리기 쉽다. 그런데 그 의원은 종종 후보 옆에 있는 모습이 매체 사진이나 화면에 잡혔다. 보통 사람이 아니다 싶은 인상을 받았다. 하지만 후보가 선거에서 당선됐는데도 별다른 전리품을 하사받지 못했다. 그러자 그 의원은 당의 최고위원을 뽑는 경선에 도전했다. 실패했다. 존재감이 크지 않은 의원이었으니 당연한 결과라고 생각했다. 이런 일이 지나고 몇 해 뒤, 나도 그 친구도 일을 그만뒀는데 어느 날 TV 뉴스 화면에서 그 의원을 발견하고 깜짝 놀랐다. 원탁에 둘러앉은 주요 당직자 사이에 그가 있는 것 아닌가. 수없이 도전한 결과 결국 해낸 것이다.

국회의원 선거나 지방선거와 비교해 당내 선거는 실패해도 당 소속 국회의원 사이의 경쟁에서 한 계단 위로 올라갈 수 있는 발판 역할을 하는 것 같다. 물론 경쟁을 치렀다는 것만으로 대뜸 당내 주요 인물이 되는 것은 아닐 테다. 선거를 거듭하면서 요령을 익히고, 유세 훈련도 될 것이다. 무엇보다 당원 사이에서 자기 세력을 만들 수 있는 기회가 되는 게 성장 포인트다. 그런 점에서 당선이라는 목표를 달성하지는 못해도 도전은 정치인에게 중요한 경험이 되는 것이다. 위험을 감수하는 도전에 무턱대고 덤빌 수는 없겠지만, 국회의원의 경쟁에는 어느 정도 실패의 인센티브가 있는 것 아닐까 하는 생각을 해 본다.

여성 의원에게도 인기 없던 여성위원회

유리천장과 여성 의원, 여성 보좌관, 여성 정책

"당에서 나보고 여성가족위원회에 들어가라고 권하네. 신청한 의원이 별로 없다고. 하지 뭐. 그 일은 주현 씨가 맡아야겠어."

국회가 개원하면 가장 먼저 이뤄지는 일은 국회의원들의 역할 분담이다. 국회의원(실에서)은 분야별 연구단체와 대륙별, 국가별 의원 외교(친선)단체 등에 가입 신청서를 작성하듯 희망 단체를 써서 제출한다. 그중 제일 중요한 것은 모름지기 희망하는 상임위원회다. 상임위원회 17개 가운데 소속 위원이 되어 일하고 싶은 상임위를 써낸다. 많은 의원이 활동하고 싶어 하는 상임위가 있기 때문에 보통 3지망 정도까지 선택할 수 있다. 당연히 의원들이 선호하지 않는 비인기 상임위도 있다.

기획재정위원회(기재위), 정무위원회, 산업자원위원회(산자위) 등 주로 경제와 관련된 위원회가 인기가 높은 것으로 알고 있다. 기업 활동과 연관되어 있어 후원금을 모으기 유리할 뿐만 아니라 훗날 큰 정치인으로 성장하기에도 보탬이 되기 때문이다. 경제 활동은 국가 사회 활동의 기본이기 때문에 일종의 공부가 된다. 지역구 관리에 효과적인 국토교통위원회와 교육위원회도 인기 상임위다. 그 외에 다른 상임위와 겸임해서 활동할 수 있는 국회운영위원회(운영위), 정보위원회(정보위), 여성가족위원회(여가위)가 있는데 정보위는 재선 이상 중진 의원이 맡고, 운영위는 각 정당의 원내대표단이 맡는 게 관례이며, 여가위는 다른 상임위처럼 희망 신청자로 구성한다. 이렇게 정해진 상임위에서 국회의원은 임기 전반기 2년 동안 활동하고, 후반기에는 다른 상임위로 바꿀 수 있다.

함께 일했던 의원 중에는 기업가 출신이라 산자위를, 또 다른 의원은 경제학자 출신이라 기재위를 1지망으로 신청했지만 둘 다 1지망은 떨어져서 2지망으로 신청한 상임위에서 전반기 활동을 했다. 후반기가 돼서야 1지망으로 신청했던 상임위에서 활동할 수 있었다. 그리고 두 의원 다 여가위를 겸임했다. 기업가 출신 의원은 사업을 하면서 동시에 여성단체에서 오랫동안 활동했던 터라 스스로 여가위에 지원했다. 하지만 경제학자 출신 의원의 경우는 아니었다. 사회에서 활동할 때 여성 문제에 큰 관심을 두고 있었던 게 아니어서 여가위에 들어가게 될 줄은 생각지 못했다. 여가위를 권하는 당의 연락을 받았을 때 의원도, 직원들도 뜻밖이라 어리둥절했다.

나는 여가위를 담당하라는 제안이 달갑지 않았다. 당시 솔직한 심정으로 커리어 면에서 '여성'을 멀리하고 싶었다. 면접을 볼 때도 되도록 남성 의원과 일하고 싶다고 대답했다. 이미 이전 임기들 모두 여성 의원과 일했던 터라 또 여성 의원과 일하게 되면 나의 커리어에 여자 상사(의원)하고만 일하는 사람이라는 고정관념이 생길 것 같았다. 내가 남자라면 내 커리어의 이미지를 우려하지는 않았을 것이다. 하지만 내가 여자인 이상 계속 여성 의원과 일하면, 그들에게 고용된 이유가 실력보다는 나의 성별 때문인 것처럼 보이지 않을까 생각했다(동성이 더 편하다는 편견 같은).

남성 의원도 남자 직원을 선호할 수 있고 실제로 그런 일이 비일비재했다. 예전 국회 업무 중에는 물리적인 완력을 요구하는 일이 종종 있었기에 남성 직원이 선호될 때도 있었다. 하지만 여자 직원을 고용하는 건 실력 외에 납득할 만한 요인이 없었다. 그런 환경에서 내가 여자라서 고용됐다고 여길 만한 상황은 좋지 않다고 생각했다. 실력이 아닌 요인으로 일할 기회를 얻는 건 개인적으로도 자존심 상하는 일이었다. 뿐만 아니라 다음 직장을 구하기 위한 면접 인터뷰이 등 외부인의 시각에서 실력이 부족한 사람으로 비춰질까 신경 쓰였다.

여가위 업무에 선뜻 반가움을 표하지 못했던 이유도 비슷한 맥락이었다. 여성 권익을 침해하는 불합리하고 불공정하게 설계된 제도를 개선하기 위해 설치된 위원회지만 여성을 사회적 약자로 전제하고 있는 시각이다. 남성과 동등하게 자신의 삶을 영위하고 자기 행위에 대한 책임을 질 수 있는 주체인 여성에게 권익 침해가 발생하고 있으니 이를 바로잡아야 한다고 보는 것과, 이들을 사회적 약자로 여기고 권리를 보장해줘야 한다고 보는 것은 다른 문제라고 생각한다. 전자의 경우라면 권익 증진이 그 책임에 따른 정당한 대가가 된다. 후자의 경우는 약자이기 때문에 보살펴야 하는 보호와 배려, 특별한 또는 예외적인 혜택이 된다. 사람들은 여성위원회에서 활동하는 남성을 약자와 동일시하지 않는다. 그러나 여성위원회 위원으로 일하는 여성은 약자와 동일시되기 쉽다. 반면 나는 여성인 나 자신을 약자라고 생각하지 않는다. 이미 남성과 동등하게 경쟁하고 있고, 결과에 대한 책임도 질 수 있는 사람이다. 이런 관점 차이와 상황 등이 부담스러웠다.

경험상 국회에 입성한 많은 여성 의원이 나와 비슷한 태도를 보였다. 여성단체 활동을 했던 사람이 아니면 여가위 지원을 자처했던 사람은 드물었던 것으로 기억한다. 그때는 정당에서 비례대표의 공천 절반을 여성에게 할당하는 여성할당제를 처음 시행해 그 전 임기에 비해 여성 의원의 수가 두 배 넘게 늘었다. 하지만 남성 의원과 마찬가지로, 그들은 남성 직원을 선호하는 경향이 별반 다르지 않았다.[21] 여성위원회를 기피하는 현상도 비슷했다. 여성위원회는 '겸임위원회'인데 지금도 여전히 비인기 상임위원회다. 제20대 국회 하반기(2018.6~2020.5)를 구성할 때도 문제가 되었다. 아무도 여성위원회 위원장을 맡으려고 하지 않은 것이다. 결국 여성위 위원장을 하는 대신, 다른 상임위원장을 함께 맡도록 유인책을 써서 수습했다. 여성위 위원장과 행정안전위원회 위원장을 1년씩 번갈아 맡도록 한 것이다.[22] 여가위 기피 현상은 지역 활동 등에 유리한 요인이 적어서라고 하지만 여성위원장과 번갈아 맡기로 한 행정안전위원회 역시 그다지 인기 상임위가 아닌 건 마찬가지다. 더군다나 하반기 국회 구성을 논의하던 시기는 페미니즘이 사회적으로 중요한 이슈였다. 여성이라는 성별 덕에 특별한 제도의 혜택을 얻어 국회의원이 된 사람도 이후 의정활동을 할 때는 자기 정체성을 성별에 두지 않는 경향이 있는 것이라고 하면 비약일까.

여가위 기피 현상에 대해서 언뜻 남성 중심 구조나 분위기 때문에 여성 의원이 남성화되는 것 아닌가 추측할 수도 있다. 내가 처음 국회에서 일하던 시기엔 그랬다. 1990년대 말에서 2000년대 초, 여성 할당제가 없거나 30% 인원 할당을 권고해 여성 의원의 수를 손으로 꼽을 수 있던 시절이다. 여성 의원은 일명 '마초' 아니면 가부장적인 남성이 선호할 만한 '참한 스타일' 둘 중 하나였다. 남성 의원보다 더 거친 여성의원이 많았다. 같은 자리에 오르기 위해서 여성은 남자보다 더 경쟁적으로 분투해야 했고, 그 과정에서 남성화됐기 때문일 테다. 여전히 미약하지만 현재 여성에 대한 의식 수준이나 환경이 그 시절과 같다고 하기 어렵다. 옛날처럼 마초 같은 여성 의원을 보편적이라고 할 수는 없는 것이다.

여성 의원 행태의 원인 가운데에도 여성이라는 성별 자체를 약자로 전제하는 시각에 있다고 생각한다. 앞서 설명했듯이 국회는 구조 자체가 치열한 경쟁의 장이다. 더욱이 그 경쟁은 당의 공천을 받는 경쟁에서 이기고, 또 유권자의 선택을 받는 경쟁에서 이긴 사람들 사이, 즉 나름 강자의 경쟁이라고 할 수 있다. 이후에도 끊임없이 경쟁이 일어나고 있다. 약자가 그 사이에 끼어서 경쟁한다는 건 불가능하다. 약자가 강자 사이에서 우열을 가리는 장에 끼어서 어떻게 경쟁하며, 어떻게 그 결과에 책임질 수 있겠는가. 여성 정치인이 여성을 사회적 약자로 전제하며 보호와 배려를 외친다면, 아이러니하게도 대개 그 안에 자기 자신은 들어가 있지 않을 가능성이 크다. 그는 유권자의 대리인으로서 다수의 목소리를 거울처럼 비춰줄 뿐이지 그 개인은 그들에게서 타자의 입장이 될 수밖에 없다.

여성 의원이라고 해서 의정활동 때 자신의 대표성을 성별에 둔다고 기대하기 어렵다. 실제로 법안 발의 등에서는 여성 의원의 역할이 유의미하더라도, 의정활동의 최종 의사결정이라고 할 수 있는 투표에서는 '여성 의원이 남성 의원에 비해 적극적으로 여성을 대표한다고 보기 어렵다'는 연구 결과도 있다.[23] 최근 여성 운동의 흐름처럼 여성 의원이 자기 자신을 약자라고 생각하지 않을 뿐만 아니라 오히려 여성 상임위원회를 기피한다면, 이것은 제도적 한계일 것이다. 모든 여성을 약자로 규정하고 전개

하는 제도들은 결국 사회 고위직에 대한 할당제처럼 손쉽게 데이터로 측정이 가능한 방식으로만 이뤄지게 되는 것은 아닐까. 가장 눈에 띄는 대상에 관심을 집중시키면서 대부분의 보편적인 여성이 아닌 소수 기득권에게 혜택이 돌아가게 하는 일이 되어버릴 수도 있다. 일부만 수혜자가 될 수 있는 제도를 시행하고, 이를 모든 여성을 위한 제도적 개선이라고 착각하게 만드는 측면이 있는 건 아닌지 다시 살펴볼 필요가 있다.

한국에서 불합리하고 불균형인 권리문제를 해결하는 것은 대부분 그 대상을 강자와 약자로 상정하고 약자를 보호하는 방식으로 이루어진다. 여성 문제뿐만 아니라 노동, 중소기업, 농업 등도 비슷하다. 보조금이나 세금 감면, 할당제 등 특별한 혜택을 지원하는 방식의 이면에는 이들이 보호와 혜택 없이는 제대로 활동하지 못할 존재라는 시각이 있다. 이런 제도 자체는 불리한 출발선을 조정함으로써 공정성을 제고하는 데 유용하다. 다만 근본적인 문제 해결을 위한 주요 수단이 대부분 이렇다는 건 아쉽다. 보호와 배려는 일시적인 수단이 돼야 하는데, 그것이 중심이 되면 보호와 배려라는 혜택 없이는 성장은커녕, 존재 자체를 담보할 수 없는 지경이 된다. 강자에게 보호와 배려를 바라지 않아도 되는 대등한 존재가 되는 게 요원해지는 것이다.

야당 의원 같은 여당 의원, 여당 의원 같은 야당 의원

개인의 소신에 앞서는 지역 딱지

"어휴, 의원님은 꼭 야당 의원 같으세요."

의원실에 찾아온 정부 부처 직원이 농담처럼 아쉬운 속내를 털어놨다. 당시 내가 일하던 의원실이 속한 정당은 여당이었고, 정부 부처 직원은 우리 의원이 상임위 전체 회의 중에 국무위원에게 요구한 자료와 답변한 자료를 제출하려고 방문한 것이었다. 행정부를 견제하는 일이 국회의원의 주요 역할이지만, 상임위 전체 회의장에서 여당 의원은 때때로 정부에 대한 야당의 호된 질책 속에서 정부를 옹호하는 태도를 취하기도 한다. 야당의 공격을 방어해야 하는 정부로서는 행정부를 맹렬하게 견제하기만 하는 여당 의원이 못내 서운할 법도 하다. "좀 그런 면이 있죠.

워낙 소신이 강하시니까. 고생 많겠지만 열심히 해 주세요." 그 입장을 이해하는 우리는 적당히 에둘렀다.

그 국회의원은 강한 사명감을 가진 사람이었다. 국회 활동을 개인적인 권력 욕심보다 국가에 봉사할 기회라고 여기고 있다는 게 엿보일 정도로 순수한 면이 있었다. 그런 그가 야당 의원 같단 얘길 들을 정도로 정부를 질타했던 건 비단 정부 견제라는 소임을 다하기 위해 일부러 그랬다기보다 자기 소신에 따른 부분도 적지 않았다. 어느 부분은 당시 야당이었던 경쟁 정당의 성향에 가까웠다. 그러나 정작 자신은 조금도 그렇게 생각하지 않았다. 자신과 경쟁 정당 사이에 공통점이 있을 수 있다는 가능성은 추호도 하지 않았다.

"저는 이 국회의원이 교수 활동을 하던 시절에 기고한 칼럼을 보고 ○○ 정부에 합류할 줄 알았습니다. 그런데 나중에 보니 경쟁 세력의 책사가 되어 있더라고요. 의아했습니다." 어느 인사가 한 정치인에 관한 인상을 밝힌 내용이다. 그가 말하는 국회의원은 우리 의원이 소속된 정당의 경쟁 정당(당시 야당)에서 활동하던 사람이다. 당시 야당에 소속된 국회의원 중에도 의원의 개인 성향은 경쟁 정당인 여당에 가까운 경우가 있던 것이다. 국회의원뿐일까. 보좌관 중에도 비슷한 경우가 있다. 제3자의 눈에는 개인적인 성향 등이 반대 정당과 가까워 보이지만 당사자는 자신이 그럴 수 있다는 걸 조금도 생각하지 못한다. 그런 사람에게는 자신이 저쪽 정당 의원실에서 일한다는 건 꿈에서라도 있을 수 없는 일이다.

대중에게 정치인은 맨날 싸우기만 하는 사람들이다. 하라는 일은 제대로 안 하고, 서로 못 잡아먹어서 안달하는 구제 불능이다. 그만큼 한국의 대표적인 두 정당은 서로 완전히 다르고, 그들의 거리는 조금도 가까워질 수 없을 것처럼 보인다. 그러나 실제로는 오히려 정반대일지도 모른다. 두 정당(진영)의 이미지로 봐서는 도저히 상종하지 못할 정도로 다를 것 같은데, 정당 색을 지우고 국회의원 개개인을 보면, 서로 다른 정당의 이름이 무색해지는 경우가 적지 않다. 회의장 안에서 서로 마주 보고 앉아 목소리를 내는 의원들을 보면 볼수록 궁금했다. '이 의원의 생각이나 방향은 저쪽에 가까운 것 같은데… 저쪽에 있는 저 의원이 오히려 이쪽 이미지에 맞는 것 같은데… 이 의원은 왜 이쪽에 있으며, 저 의원은 왜 저쪽에 있는 걸까?'

유추해 보자면 '출신 지역' 외에는 마땅한 답이 없다. 나는 한국의 대표적인 두 정당 소속 의원과 두루 일했는데 정당별로 소속된 의원들의 공통점으로 꼽을 수 있는 부분은 이쪽이나 저쪽이나 '고향'이다. 다른 의원도 대부분 그렇다. 한국에서 정치인이 정당을 선택하는 기준은 자기가 추구하는 가치 또는 이상이기보다(가까이 지내던 정치인과의 연줄, 특별한 계기 등 소속 정당을 선택한 개인적 이유는 다양하겠지만 일반적으로) 자기 고향, 출신지다. 사회생활을 하면서 자신의 세계관과 가치관을 형성해도 정치에 입문하려는 순간엔 유년 시절을 보낸 출생지로 회귀한다. 그래야 정치

활동을 할 수 있다. 민주화 운동 경험도 두 정당을 구분하는 특징처럼 보이지만 꼭 그렇지만도 않다. 민주화 운동은 1980년대에 대학을 다니던 엘리트들의 일이었기 때문이다. 고향, 출신지에 따라 정당을 지지하는 현상은 비단 정치인만의 특징도 아니다. 일하면서 만난 사람들도 그렇고, 일을 그만두고 만나는 사람들도 그렇고 어느 한 정당을 조금 강하게 지지한다 싶으면 대부분 비슷하다. 대개 고향이나 배경(아니면 이미지) 때문이지, 정당이 추구하는 가치 때문인 경우는 드물다. 본인은 가치라고 믿어도 정작 정책 등에선 반대쪽과의 차이 등을 구체적으로 따져보면 특정 정당만 지지해야 할 이유가 희미해질 것이다.

한국의 정당들은 왜 서로 못 잡아먹어서 안달 난 것처럼 싸울까? 정치와 관련된 저술 활동을 하는 박상훈은 『정당의 발견』에서 한국의 갈등과 분열은 '유사 이념 대립, 유사 진영 갈등'에 지나지 않다고 지적한다. 우리나라 정치에서 분열과 갈등은 차이가 크고, 거리가 멀어서가 아니라 오히려 두 당 또는 두 진영 사이가 쉽게 구분하기 어려울 정도로 차이가 없고 가깝기 때문이다. 북한에 대한 태도에서만 두드러진 입장을 확인할 수 있는 정도이지, 나머지 정책이나 가치 지향에서는 변별력이 없으니 서로 대립각을 세우기가 애매하다. 따라서 내용이 아니라 태도, 표현 같은 형식을 꼬투리 잡는 식으로 대립 구도를 만들어낸다는 것이다. 반대를 위한 반대, 싸움을 위한 싸움이다. 화해하고 화합을 아무리 외쳐도, 애초에 불가능한 것이다.

정당이 추구하는 가치, 이념, 철학의 부재는 대중의 인기만을 위한 정치인 포퓰리즘으로 흘러가게 만든다. 대권 경쟁에서 지면, 우리나라 정당들은 유독 크게 휘청거린다. 의원들이 자멸을 우려할 정도로 위기를 느끼기 때문이다. 불과 몇 해 전 야당일 때만해도 왼쪽 진영은 불리한 상황을 타개하려면 자신들이 오른쪽으로 가야 한다고 외쳤고, 지금은 정권을 빼앗긴 오른쪽 진영이 그와 같은 처지다. 나는 이런 모습이 살아남기 위해서는 유권자 다수가 쏠려 있는 방향을 지향할 수밖에 없는 정당·정치의 구조적 한계라고만 생각했다. 그러나 정당의 가치·이념·철학이 선명하다면, 중심을 잡지 못해 정체성이 모호해질 만큼 휘청거리지는 않을 것이다. 반면, 정당을 지탱하는 철학이 뚜렷하지 않으면 기댈 것, 바라볼 것이라곤 오직 대중의 인기밖에 없다.

사회에 기여하고자 하는 자기 가치·이념·이상을 각자 가지고 있어도, 의원들이 같은 정당으로 뭉친 이유가 가치나 이념보다 고향이나 배경 또는 연줄이라면, 가치·이념·이상 같은 것은 그저 혼자 달성해야 할 개인적인 일로 전락한다. 정당은 의원의 개인적 이익을 위한 수단에 지나지 않고, 자연히 의원은 당권 경쟁에 치중하게 된다. 그래야 자기가 품은 가치를 실현하기에 유리해지기 때문이다. 이렇게 정치가 정치인 개인의 권력을 위한 사적 투쟁처럼 되어버리니, 유권자 입장에서는 신물이 날 수밖에 없다. 늘 새롭고 참신한 인물의 등장을 기대하기 마련이다. 정당이 구시대의 이념과 가치에 매몰돼 시대에 맞는 새로운 철학을 세우지 못하면, 지역이나 배경 따위가 미치는 영향이 커질 수밖에 없을 것이다.

정당 안에 다양한 가치와 이념, 철학을 가진 의원이 공존하는 상태에는 장점도 있다. 의원이 자기 생각을 자유롭게 말할 수 있는 분위기라면, 자신의 성향에 따라 당의 논의 방향에 이의를 제기하면서 당론이나 정책이 극단으로 치우치지 않게 만들 수 있다. 유권자가 정치인을 선택할 때 자기가 사는 지역의 이익에 얼마나 유리한가를 따지는 태도도 타당하다. 다만 무엇을 어떻게 하려고 하는지가 아니라 그가 자기 고향 출신인지 아닌지에 치우치는 게 문제다. 정당이 자기 생각과 다른 방향을 추구하는 것 같아도, 아무리 실망스러운 일이 벌어져도 다른 정당을 지지하는 건 감히 생각지 못하는 사람들을 볼 때마다 안타깝다. 자신이 정당을 선택하는 게 아니라 정당에 구속되어 있는 꼴이기 때문이다.

이것은 질의서인가 특종 기사인가

주목받고 싶어 하는 국회의원들

추석을 한 달 정도 남겨둔 어느 날, 갑자기 의원이 직원들을 불러 모았다. 국정감사 때 질의할 사안이 뭐냐고 물었다. 영문을 모른 채 모인 직원들 입장에서는 당황스러웠다. 아직 국정감사가 열리려면 시간이 남은 상태였고, 또 국정감사 때 무엇을 질의할지는 회의 며칠 전에 결정되는 경우도 부지기수다. 사안을 검토하고 파헤치다가도 질의할 만한 내용이 부족하다고 판단되면 꽝이기 때문에 대개 이거다 싶은 게 나오기 전까지 여러 사안을 동시에 조사한다. 의원은 국정감사를 본격적으로 시작하기에 앞서 직원들의 기강을 잡으려 했던 것 같다. 그리고 의원이 진짜 원하는 건 따로 있기도 했다. 의원실 소파에 나란히 앉아 중언부언하는 우리에게 한바탕 큰소리를 치고 나서 덧붙인 지시가 우리를 부른 진짜 이유였다. "명절 뉴스에 보도될 만한 자료를 만들어 봐!"

명절 기간의 뉴스에 보도될 만한 자료란 일반적인 기사를 위한 자료가 아니었다. 앵커가 뉴스를 브리핑하는 화면이나 기자가 보도하는 장면 하단에 컨베이어 벨트가 움직이듯 오른쪽에서 왼쪽으로 지나가는 한 줄 자막 뉴스에 나갈 만한 자료를 준비하라는 의미였다. 눈앞이 깜깜했다. 한 줄 자막 뉴스는 어떻게 해야 나가게 만들 수 있는 건지 한 번도 해 본 적도, 그것에 대해서 염두에 둔 적도 없었다. 그런 지시를 받은 적도 처음이었다. 무거운 마음으로 의원실을 나온 직원들이 서로를 멀뚱멀뚱 바라보는 눈빛에 탄식이 섞였다. "어휴~(이걸 어쩌나…)."

여름휴가 성수기인 7월 말에서 8월 초가 지나면, 의원실은 본격적으로 국정감사 준비에 들어간다. 국회법에서는 매년 9월 1일에 정기국회를 시작한다고 명시되어 있지만 실제로는 여당과 야당 원내대표단이 의사 일정을 합의하면서 국정감사 시기를 결정한다. 대개 10월, 빠르면 9월 말경인 추석 연휴 직후에 시작한다. TV 뉴스를 자주 본다면 추석 연휴에 '국회의원 ○○○에 따르면…'이라고 하면서 정부의 잘못이나 개선되어야 할 민간의 관행을 지적하는 브리핑이 빠지지 않고 등장한다는 것을 발견할 것이다. 추석 후에 시작할 국정감사를 준비하면서 나온 자료를 일부 활용해서 작성한 기사다. 국회의원 입장에서는 자신의 이름을 알릴 좋은 기회이기도 하다. 그때 그 국회의원의 지시도 이슈를 만들라는 뜻이었다. 추석 때는 친인척이 다 같이 모여 TV를 보면서 얘기를 나누는 모습이 일반적이고 또 민심 동향에 변화가 있을 정도로 정치 이슈에 관심을 두기도 하지 않던가. 명절에는 나도 거실 TV에서 뉴스 소리가 나면 어떤 의원의 이름이 어떤 내용으로 언급되는지 늘 귀를 쫑긋 세웠다. 앵커와 기자가 직접 설명하면 한두 번 언급되고 말지만, 한 줄 자막 보도에 실리게 되면 뉴스 내내 시청자에게 노출될 수 있다. 아무도 생각지 못했던 부분을 그 의원은 놓치지 않았던 것이다.

국회의원에게 언론은 비단 시민과의 소통 창구만이 아니다. 지역 유권자에게 발송하는 의정 보고서와 함께 의정활동을 홍보할 수 있는 중요한 수단이다. 의정 보고서는 지역 주민이라는 한정된 대상에게 배부하는데 이와 달리, 언론은 전국적으로 자신의 이름을 알릴 수 있다는 측면에서 종종 더 중요하게 여겨지기도 한다. 그래서 의원실에서는 개정안을 준비할 때, 국정감사는 당연하고 상임위 회의 질의서 쓸 때, 정책간담회 개최할 때 등 정책자료를 만들 때마다 보도자료도 함께 만들어 기자에게 배부한다. 그러면 기자가 보도자료를 그대로 보도해주든지 아니면 그 내용을 바탕으로 취재를 보강해서 완성도 높은 기사를 써 '준'다.

흔히 하는 비유로 언론에 대한 국회의원의 입장을 표현하자면, 정치인이 밥 사는 두 부류 가운데 하나가 기자다(다른 하나는 지역 유권자다). 그만큼 국회의원에게 기자는 함부로 할 수 없는 사람들이다. 의원 이름이 들어간 보도자료를 기사로 쓸지 말지가 기자 손에 달려 있기 때문이랄까. 의원실의 직원에게도 기자 응대를 잘하고 친분을 다지는 능력과 자질이 요구될 때가 있다. 훌륭한 질의서 열 개보다 언론에 보도되는 자료 하나를 의원은 더 좋아한다는 말이 있을 정도로 의정활동에서 언론과 기자는 중요한 존재다.

국정감사 외에, 청문회와 국정조사가 중요한 데는 국회의원의 임무라는 공적인 이유 외에도 의원이 언론의 주목을 받을 수 있는 기회라는 개인적인 이유도 크다. 국민이 알아야 할 내용이자 절차인 국무위원 인사청문회와 논란이 되는 사안이 있을 때 열리는 국정조사는 중요한 회의인 만큼 방송사 카메라가 빠지지 않는다. 의원실 사이에서는 경쟁이 치열해진다. 중복되는 질의를 피하면서도 대중의 이목을 잡을 수 있는 기발한 질의를 준비하기 위해 직원들은 다른 의원실 직원들과 협력하면서, 한편으로는 숨은 경쟁을 한다. 이 경쟁이 더 좋은 질의를 하려는 선한 의도 그대로 의미 있는 회의로 나타나면 더할 나위 없이 바람직하겠건만, 늘 그렇듯 선한 의도가 선한 결과를 가져오는 게 아니지 않던가. 카메라, 즉 대중을 의식하다 보니 주객전도가 되어 회의가 속 빈 강정이 되는 현상도 나타난다.

국회에서 개최하는 회의는 견제에 미비했던 입법을 점검 보완하기 위한 것이 1차 목적이다. 그러나 언론의 주목을 받아야 한다는 강박에 사로잡힌 의원들의 질의는 취조와 비슷한 양상으로 흘러가는 경향이 있다. 취조란 여태 밝혀지지 않은 새로운 혐의를 밝히거나 기존 의혹을 자백받는 것이다. 취조가 성공하려면 증거가 있어야 한다. 증거를 확보하려고 애쓰다 보면 어느 순간 내가 국회의원의 보좌관인지 특종 기사를 준비하는 기자인지 헷갈린다. 차라리 취재권이 있는 진짜 기자가 되는 게 나을 것 같단 생각이 드는 때도 있다. 정부 기관에 자료를 요청하는 것 외에는 아무런 권한이 없는 보좌관에게, 더구나 아직 수사 중인 사건이라면, 혐의나 의혹의 증거를 찾는 일은 거의 불가능하다. 도움을 받을 만한 시민단체나 기자 등 특별한 연줄이 있으면 모를까 대부분은 그저 정부에 요구한 자료를 가지고 머리를 쥐어 짜낸다.

국회의원으로서는 그렇게 해선 사람들이 회자할 만한 '한 건'을 터트리기가 좀처럼 어려우니, 나름대로 '사이다 발언'처럼 속 시원해지는 말이라도 해야겠다는 방향으로 흐른다. 시각적으로 인상을 남기기 위해 사진이나 그림 또는 패널을 들거나, 요즘엔 강의하듯 PPT 자료를 준비하기도 한다. 상황이 이러니 질의를 준비할 때마다 스트레스 지수는 높아져만 갔다. 알맹이 없이 자극적이기만 한 회의가 이어지면서 나는 무엇을 위해 이 회의들을 준비하는 건가 회의감이 밀려왔다. 그래도 일할 때는 회의를 끝내기만 하면 후련했는데, 일을 그만두고 나니 TV 브라운관에서 여전히 눈에 띄려고 서로 애쓰는 의원들 모습을 보면 맨입에 고구마를 먹은 듯 속이 꽉 막힌다.

국회의원이 훌륭한 질의서 열 개보다 언론에 보도되고 사람들이 회자하는 자료 하나를 더 좋아하는 건 그만큼 유권자 반응을 중요하게 여긴다는 의미다. 국회의원이 내실보다 유권자가 좋아하는 말을 하면서 눈에 띄려고 하는 것도 유권자에게 잘 보이고 싶어서다. 그렇다면, 국회의원이 진짜 일하게 만들 수 있는 확실하고 힘 있는 사람 역시 유권자일 것이다. 법적, 행정적 절차 보완을 위한 질의응답 과정에서는 사이다 같은 내용이 나오기 힘들다. 지루하고 싱거울 가능성이 크다. 그래도 유권자가 인내심을 갖고 국회 회의 본연의 목적에서 벗어나지 않는 선에서 문제 해결 과정을 지켜보려고 할 때 의원도 그에 상응하는 모습을 보여줄 것이다. 그저 호통이 아니라 진짜 알맹이 있게 논리적으로 질의하려고 서로 혈안이 되어 있는 국회의원 모습, 나도 정말 보고 싶다.

직업인으로서의 국회의원

입구는 있으나 출구는 없다

"나, 나중에 뭐 하지…."

회식 때면 종종 은퇴 후를 걱정하는 국회의원이 있었다. 여기서 은퇴 후란 다음 국회의원 선거에서 낙선했을 때를 의미한다. 선거에서 지면 그다음을 노리기 위해 기반을 닦으며 기다리는 경우도 있지만 그 의원은 더는 그러고 싶지 않아 했다. 패배 후 재야에서 4년을 버텨야 하는 건 생각하기도 싫었을 테다. 이미 그 의원은 초선 이후 한 번 쓴잔을 마시고 4년 뒤에야 다시 국회로 돌아온 케이스였다. 4년 동안 줄곧 의원을 보좌했던 선배 보좌관은 그 시간을 정말 견디기 힘들었다고 말했다.

국회의원은 유권자의 선택을 받아야 국회에 들어올 수 있다. 그래서 자신이 출마하려는 지역에 사무실을 마련해두고 사람들과 만나며 지지기반을 마련한다. 그러려면 일단 자금이 있어야 한다. 국회의원을 한 번 했으니 연금을 받지만, 한 달에 백만 원 조금 넘는 금액만으로는 의원과 가족의 일상 생활비를 충당하기엔 빠듯하다. 사무실 유지비용은 물론이고 사람들과 만나면서 드는 여러 가지 비용 역시 만만치 않다. 말이 좋아 와신상담이지 재야에 있던 4년은 조금 과장해서 죽지 못해 버티는 꼴이었다고 한다.

의원 옆을 떠나지 않았던 선배 역시 4년 동안 무급으로 일했다. 의원은 그런 힘든 시기를, 더욱이 아무것도 받지 않고 함께 있어 준 그를 특별히 신임했는데 충분히 이해하고도 남을 일이었다. 그런 비화를 들어서인지, 은퇴 후 걱정을 털어놓는 의원의 마음이 사뭇 무겁게 들렸다. 만약 낙선하거나 아예 정당에서 공천을 받지 못하면 그는 앞으로 어떤 일을 할 것이며 무엇으로 생계를 유지할 수 있을까. 직장을 그만두고 싶어도 딱히 할 일을 떠올리지 못하고 막막해하는 평범한 직장인과 다를 바 없었다.

그의 고생스러움은 선배에게 전해 들었지만 내가 가까이에서 본 경우도 있었다. 또 다른 국회의원은 미국 대학에서 석좌교수 지위를 갖고 있었다. 교수가 국회의원이 된 경우에는 대개 학교 활동을 중단하면 될 뿐 교수직을 완전히 내려놓지 않아도 된다. 하지만 최선을 다해 의정활동을 하고 싶었던 그는 학교에 사직서를 제출했다. 당시 보좌관을 비롯한 의원실의 직원들이 굳이 그렇게까지 할 필요 있냐며 만류했다. 그러나 순수한 신념에 따라 의정활동도 학자처럼 원리 원칙대로 했다. 안타깝게도 그는 다음 선거에서 공천을 받지 못했다. 하는 수 없이 서울과 지방을 오가면서 대학 강단에 섰다. 교수가 아닌 강사로. 부족한 생활비를 보태기 위해 의원의 부인도 어느 비영리단체 직원으로 취직해 일했다.

수년 뒤, 잠깐 그를 만나고 있는 자리에서 그가 휴대폰에 대고 부인에게 하는 말을 들었다. "(지원했던 대학) 교수로 임용됐어. 급여가 넉넉한 편인 것 같아. … 응." 다소 들뜬 목소리였다. 아무래도 옆에 내가 있어서 그런지 하고 싶은 말을 다 하지 않는단 느낌이 들었다. '이제 고생 끝이야!' 아마 다 하지 못한 말은 이런 것 아니었을까. 세계적인 학자로, 학계에서 존경을 받는 그가 정치 한 번 했다가 오랫동안 고생했던 것을 알기에 나도 진심으로 기뻐했다. 함께 일했던 직원들이 다 같이 모이는 자리에서 그의 부인이 했던 말이 머릿속에서 떠나지 않았다. "그때 정말 힘들었어. 남편이 다시 정치한다고 하면 기어코 못하게 할 거야."

근대 사회학의 기틀을 닦는 데 지대한 공헌을 한 독일의 사회학자이자 사상가인 막스 베버(Max Weber)는 『소명으로서의 정치』에서 정치인의 신념 윤리와 책임 윤리를 강조한다. 머릿속에서 그리는 이상(신념)과 실제 현실의 결과적 상황을 치밀하게 고려할 줄 아는 신중한 태도(책임)를 동시에 갖춰야 한다는 것이다. 이를 위한 기본 전제로서 정치인 개인의 환경적 조건에 관한 부분을 설명한다. 그는 정치를 직업으로 삼는 사람에게는 정치를 '위해' 사는 것과 정치에 '의(존)해' 사는 방식이 있다고 구분한다.[24] 이 둘 사이를 구별하는 기준은 경제적인 문제다. 일정한 급여를 받아야만 정치 활동을 할 수 있느냐 하는 것이다.

아무리 국가 사회 발전을 위해 소신껏 일하고 싶어도 '경제적 안정성'이 확보되지 않으면, 정치인이 부여받은 특권을 사적으로 유용하고자 하는 유혹이 언제든 손을 뻗친다. 이를 막으려면, 많은 시간을 쏟지 않아도 꾸준한 수입을 얻을 수 있는 직업이나 상당한 자산을 갖고 있어서 온전히 정치를 '위해' 살 수 있는 사람만 정치해야 한다는 말이 된다. 따라서 베버는 '정치 활동을 통해 정기적으로 확실한 수입을 얻을 수'[25] 있도록 보수를 줘야 한다고 주장한다. 그 주장처럼 오늘날 대부분 사회에서는 정치인에게 급여를 제공한다.

베버는 정치 활동을 하는 동안의 상태만 고려했던 듯하다. 오늘날 국회의원으로 일하는 동안 받는 각종 지원은 과도하다는 지적이 있을 정도로 풍족하다. 그런데 국회의원에 다시 당선되지 못하면 일상이 고달파지는 경우가 적지 않다. 국회의원 활동을 하던 '사람'의 삶은 이후에도 계속된다. 풍족한 지원 그 덕에 어떤 의원은 정치인으로서 소명을 다하기 위해 이전 식상에 사직서를 제출하기도 한다. 하지만 재선되지 않으면 그에겐 고생만 남는다. 이미 이를 경험한 사람은 국회의원이라는 직책에 매달리게 된다. 그 두려움은 어떻게든 국회에서 살아남아야 한다는 절박함을 불러와 유권자에게 버림받을까 봐 떨면서 일하게 만든다. 회사에서 잘리지 않기 위해 자신의 양심보다 상사의 비위를 맞추는 것을 우선하는 사람처럼 이런 두려움과 절박함은 의원 개인의 소명을 퇴색시키게 된다. 다음에도 유권자의 선택을 받아야 살아남을 수 있는 입장에서, 베버가 강조한 정치인 개인의 신념은 좀처럼 버티지 못하는 것이다.

심부름꾼 역할에만 몰입하는 국회의원은, 한편으로 유권자가 정치인에게 요구하는 또 다른 모습인 '리더'의 역할을 하기는 어렵다. 리더라면, 때때로 국가 미래를 위해 유권자 의향에 반하는 결정도 할 줄 알아야 하는데, 그런 결정은 자기 정치 생명까지 거는 일이 될 수 있기 때문이다. 유권자 눈 밖에 나는 짓처럼 보이지 않겠는가. 재야의 혹한 환경 속에서 4년을 버티고 다시 국회에 입성한 사람은 대개 더 충성스러운 유권자의 심복이 되지, 미래를 위해 필요해도 유권자가 주저하고 두려워하는 방향으로 사회를 이끌어갈 리더의 용기는 잃는다. 자기 소명이 아니라 유권자의 뜻을 대리하기만 하면서 마리오네트처럼 일하는 정치인은 당연히 일에 대한 '책임'도 지기 어렵다. 책임은 주인만이 질 수 있으니.

국회의원의 연금 지급액을 더 높여야 한다는 얘기를 하려는 게 아니다. 다만 정치인을 무엇으로 인식할 것인가 하는 문제는 생각해 볼 필요가 있지 않을까. 사람들이 쉽게 국회의원에게 기대하는 양립하기 어려운 모순적인 두 역할, 즉 리더이자 심부름꾼이 가능한 모습일까? 베버의 '소명으로서의 정치인'은 심부름꾼이라기보다 리더의 모습이다. 대중의 위상과 힘이 베버 시대와 같을 수 없는 오늘날에도 정치인이 리더일 수 있을까 진지하게 고민해 볼 필요가 있다고 생각한다. '시민'의 존재, '시민사회'의 역할이 미약했던 베버의 시대에 정치인에게 요구했던 태도 그대로를 현재에도 여전히 기대할 수 있을까.

왜 정치만 하면 사람이 이상해질까

말과 실천은 다르다

"내 학문으로 한 나라 국가 경제에 참여한다는 거, 이거 진짜 멋있지 않냐!" 영화 〈출국〉 초입에 나오는 주인공 대사다. 이 영화는 1980년대 중반 독일 유학 후 자리를 잡지 못하던 청년이 북한에 갔다가 다시 탈출하는 이야기를 그린다. 독일에서 아직 자리 잡지 못한 채 어중간하게 있는 경제학자 주인공이 북한 입국 권유를 받고 잔뜩 설레는 맘을 지인에게 털어놓는 장면이다. 영화를 보다 깜짝 놀랐다. 함께 일했던 국회의원들이 떠올랐다.

함께 일했던 의원 가운데에는 영화처럼 경제학자도 있었다. 의정활동에 대한 포부가 대단했는데, 옆에서 지켜보기에 딱 영화 속 주인공 같은 마음이었던 듯하다. 정치권 입성을 논리적으로 인정받은 자기 학문을 실제 현실에서 구현할 기회로 여기는 것일 테다. 국가 사회에 자기가 이보다 더 이바지할 방법이 있을까. 비단 학자만이 아니다. 경험상 국회에 처음 입성한 의원 가운데 애국심과 (베버의) 신념 윤리를 갖고 있지 않은 사람은 없었다. 비단 의원만이 아니다. 정책과 정치에 관심을 많이 두고 있던 사람이 보좌관으로 일하게 되면 의원의 일을 돕는 정도에 지나지 않으면서도 정치인의 신념과 윤리에 버금갈 만한 포부를 가진 경우가 있다. 자신이 직접 의정활동을 한다고 착각하는 것처럼 보일 정도다.

사회에서 인정받던 사람들인 경우 더 소명의식을 가지는 것 같다. 국회의원도 그렇고 의원인 양 착각하는 보좌관도 그렇고, 정치와 정책에 관심이 많은 만큼 정치와 관련해서 '옳은' 얘기를 많이 했을 테고, 자연히 주위 사람들이 정치해 보라고, 너 같은 사람이 정치해야 한다며 바람을 넣었을 것이다. 자기가 우리 사회 문제를 다 해결할 수 있는 대단한 사람이 된 것 마냥 자신감이 대단하다. 그러나 정작 국회 활동을 하면 할수록 하나같이 그저 그렇다. 기대했던 만큼 활약하지 못하는 정도면 그래도 양호하다. 이해하기 어려운 입장에 서거나 결정을 하는 것 같을 때는 실망하지 않을 수 없다. "사회에서 활동할 땐 출중했는데, 정치는 왜 그렇게 하는지…", "훌륭하고 좋은 사람인데, 왜 국회의원만 되면 이상해지는 건지…." 어떤 정치인을, 그가 정치인이 되기 전에 개인적으로 알고 지냈거나 사회에서 일하며 가까이에서 본 적 있는 사람은 더욱 의아해한다.

이런 현상은 왜 발생하는 것일까. 흔히 생각하듯 훌륭하고 능력 있던 사람이 정치인이 되면서 탐욕에 눈이 멀어 자기 능력을 스스로 떨어트리는 것일까. 그런 사람도 분명 있겠지만, 내가 봤을 땐 국회의원 300명 가운데 절대다수인 눈에 띄지 않는 사람은 대부분 진정성을 갖고 열심히 일했다. 그런데도 국회 안과 밖에서 이런 괴리가 생기는 건 여러 원인이 있을 테고 국회와 정치인들의 노력과 능력 부족 탓도 있을 것이다. 하지만 그들과 함께 일했던 나로서는 유권자 관점에서 정치에 대한 한 가지 오해도 있다고 생각한다. 나 역시 이 현상에 대해 오랫동안 궁금증을 품고 있었는데, 국회 일을 그만두고 나서 시작한 소셜미디어에서 한 가지 가설을 갖게 됐다.

소셜미디어를 시작할 때 나는 신세계를 만난 것 같았다. 업무 특성상 일할 때도 늘 방대한 자료와 의견을 접하기는 했지만, 그것은 전부 공식적인 자료였던 만큼 익숙한 논거나 주장인 경우가 많았다. 반면, 소셜미디어에는 자유로운 그 특성 덕에 새로운 관점에서 현상을 바라보고 해석하는 다양한 의견과 자료로 가득했다. 특히 우연히 발견한 어느 글에서 환호와 감탄을 금치 못했다. 정파에 치우치지 않고 합리적 근거를 제시하며 쓴소리를 곁들여 문제를 지적하는 내용이 나를 사로잡을 만큼 설득력 있었다. 무엇보다 평소 내가 생각하던 부분과 같아서 동지를 만난 것 같았다. 반가운 마음에 글쓴이가 누구인가 보니, 글쎄 아는 사람이었다. 그것도 꽤 잘 아는. 함께 일하던 상사였다.

어안이 벙벙했다. 정녕 이 사람이 그 사람이란 말인가. 모니터 앞에서 그의 생각에 열렬히 동조하는 모습과 달리, 실제로 그를 겪는 동안 나는 그에게 협조적이지 않았다. 내가 그를 만났을 때, 그는 재야에서 활동하다가 국회에서 처음 일하는 상황이었다. 오랫동안 사회 문제 해결에 관심을 두고 있다가 제도권 안에서 일할 기회를 얻게 된 사람(국회의원이든 직원이든) 대부분이 그렇듯 그도 과하다 싶을 만큼 정책 업무에 의욕이 넘쳤다. 진정성과 열정을 갖고 정말 열심히 일했고 성과를 내기도 했지만, 나는 그의 일에 선불리 동조하기가 어려웠다. 여론의 영향을 많이 받았고 빠른 성과를 내기 위해 조급하게 정책을 추진하는 경향이 있었기 때문이다. 나는 자꾸 그 방향과 속도에 제동을 거는 의문을 제기할 수밖에 없었다. 그런 그가 글로서는 이렇게 나를 사로잡다니! 그의 글을 사로잡은 건 나뿐만이 아니었다. 많은 댓글이 그에게 환호를 보냈고 국회로 가라, 당신 같은 사람이 정치를 해야 한다고 부추기고 있었다.

그가 일부러 말과 행동을 다르게 하는 것은 아닐 것이다. 그의 글은 진심이었고, 그의 정책 업무에도 진정성이 있었다. 그 괴리는 그의 도덕성 따위보다는 이론과 현실, 책과 행동, 말글과 실제 활동에서 기인하는 것 아닐까. 연애를 글로 배웠어요, 같은…. 출중한 능력으로 혜성같이 정치에 입문한 사람이 기대에 미치지 못하는 경우가 많은 것 역시 같은 이유가 아닐까 한다. 그런 사람들이 대중의 기대와 사랑을 얻게 된 계기가, 실질적 정치 활동의 성과물이 아니라, 주로 말글 같은 의견 표명이니까. 말글이 아무리 진정성 가득하더라도, 현실에서 그 의도와 생각대로 할 수 있는가 하는 건 전혀 다른 차원이다. 특히 정치는 더욱!

말글은 혼자 떠드는 것이지만, 정치는 혼자 하는 게 아니다. 자기 생각을 말하는 모습은 흡사 하늘을 나는 비행기와 같다. 구름 위로 날아오른 비행기가 아무런 지형지물의 방해 없이 목적지를 향해 거침없이 나아가듯 강연장에서 밝히는 자기 소신, 매체에 쓰는 자기 생각 앞에는 아무런 장애물이 없다. 마음껏 이상적인 얘기를 할 수 있다. 반면 그 말을 실행하는 일은 지표면 위다. 실행은 지표면 위에서 종이비행기가 나는 모습과 같다. 낮게 뜬 종이비행기는 다양한 지형이나 건축물 등을 피해 수없이 방향을 틀고 속도를 조절해야 하듯이, 실행은 생각이라는 비행기가 나는 높은 고도에서는 미처 보이지 않았던 수많은 변수를 끊임없이 고려해야 한다. 알다시피 현실은 얼마나 난잡한가. 인간은 얼마나 비합리적이며 또 충동적이던가. 높은 곳에서 보이는 몇몇 커다란 지형지물만 고려한 멋진 의견과 이상향을 접한 사람들은 그가 시원하게 창공을 가르는 비행기인 줄 알고 힘을 모아 열심히 띄워줬는데, 어라! 띄우고 보니 종이비행기라니, "그럴 리가 없는데… 저 사람이 저럴 사람이 아닌데…"라는 생각이 들 수밖에 없는 것 아닐까.

언젠가 함께 일하던 의원이 회식 자리에서 정치·사회 문제,

우리가 지향할 바 등에 대한 사회의 다양한 말글을 두고 토로하듯 말한 적 있다. "정치나 국가에 대해서 사람들이 지적하는 문제의식과 이상향을 갖고 있지 않은 정치인이 어디 있나, 다 그렇게 생각하고 그렇게 하고 싶지만 정치란 게, 현실이란 게 자기 생각대로 되지 않아서 못하는 것이지." 나도 그렇게 생각한다. 가령, 어느 정치인이 막연하게 지하경제 양성화 문제를 제기했을 때 비슷한 생각을 했다. '지하경제가 문제라는 걸 몰라서 다른 사람은 그런 얘기를 하지 않는 것이겠나. 다들 바보라 그 문제를 개선하지 못한다고 생각하는 건가.' 지하경제가 문제이고 축소시켜야 한다는 건 누구나 다 알고 있지만, 못하고 있는 건 결국 방법, 전략의 문제 아닌가. 그러나 방법이나 전략을 물으면 그는 다짜고짜 지하경제의 문제점을 강조하고, 양성화의 당위성만 얘기했고, 사람들은 호응했다.

희망 사항이나 당위성이라면 말하지 못할 사람이 누가 있을까. 그런 듣기 좋은 소리, 입바른 소리만 듣고 그가 문제를 개선할 능력이 있다고 기대한다면, 실망을 피할 수 없다. 우리에게 필요한 사람은 문제 해결을 위한 전략, 구체적인 방법을 제시하는 사람이다. 그런 면에서 정치 염증에 매번 말만 번지르르한 새로운 인물, 새로운 얼굴을 갈망하기보다는 이제는 사회적 문제 해결 경험이나 최소한 국가 운영에서 사회 각 분야가 서로 어떻게 영향을 주고받는지 구조와 관계에 대한 이해가 어느 정도 있는지에도 무게를 둘 때라고 생각한다. 국회의원이라면, 자신의 지역에서 공공의 일에 자기 발로 뛰며 활동한 사람을 우선하는 것이다. 지역 일꾼으로 삼는 일인데도, 특정 분야에서 명성이 있는 자나 유명인 등 어디 엄한데 있다가 온 사람에게 유권자도 혹하는 경우가 적지 않은 걸 보면, 낙하산 인사가 정부 기관이나 기업에서만 벌어지는 일이라고 할 수 없을 것이다.

2장

국회의원의 그림자, 보좌관의 세계

국회에 지하 통로가 있는 이유

진짜 있습니까, 어디로 통과합니까

국회에서 일하기 시작한 지 얼마 지나지 않은 어느 날, 사무실 전화가 울렸다. "○○위원회(상임위) 행정실인데요, 의원님 캐비넷이 가득 찼어요. 좀 비워주세요." 무슨 말인지 모르겠지만 일단 "네~" 대답하고 끊었다. 행정 업무를 담당하는 선배에게 얘기하니, 상임위 행정실에 가면 상임위 소속 의원들의 이름이 붙어 있는 캐비넷이 있을 것이라면서 우리 의원 이름이 있는 상자 안에 있는 것을 모두 가져오라고 했다. 그러곤 내 손에 수레(가정용 소형 핸드 카트)를 쥐여주며, 지하 2층에 있는 통로로 가면 수월할 거라고 알려줬다.

"여기에 지하 2층도 있어요? 지하 통로는 또 뭐예요?" 사무실이 있는 쪽이나 회관 정문의 현관 중앙에 있는 승강기에서는 지하 1층 버튼까지만 봤기 때문에 무슨 말인지 도통 알 수 없었다. "의원회관 정문 현관을 지나서 끝까지 가면 귀퉁이에 있는 승강기가 지하 2층까지 가요. 거기 도착하면 지하 통로가 나올 거예요."

사무실을 나와 정문 현관 근처에 다다르자 바로 아래층인 1층까지 이어진 통유리로 햇살이 들어왔다. 유리 너머 아래를 보니, 검은색 승용차들이 줄지어 있었다. 맨 앞차 뒷좌석에서 내린 의원이 걸어 들어올 때마다 가운데 자동문이 열렸다 닫혔다 하고 있었다. '와, 내가 이런 곳에서 저런 사람들과 일하다니….' 어린 마음에는 그저 대단하고 근사하게 보였다. 그런 겉모습에 휘황해 하면서 오른쪽 한쪽 귀퉁이 승강기를 탔다. 회관에 있는 어느 승강기에서도 보지 못했던 지하 2층 버튼이 있었다.

승강기 문이 열리니, 딱 그 승강기 두 대 그리고 더 구석에 있는 비상 승강기가 있을 만큼의 폭에 백 미터도 안 되는 거리가 벽으로 막혀 있는 공간이 나왔다. 고개를 살짝 왼쪽으로 돌리면 '체력 단련실'이란 팻말이 붙어 있는 문이 있고, 정면 멀찍이 방호원 한 명이 고개를 숙이고 왔다 갔다 하고 있었다. '뭐야 이거, 여기로 가는 게 맞을까?' 방호원에게 다가갔다. "안녕하세요~." 어리둥절한 눈으로 인사를 하니 방호원은 내 목에 걸려 있는 인턴증을 한 번 보고 목례를 했다. 속으로는 '뭐야, 뭐야…' 얼떨떨해 하면서 앞으로 나아갔고, 하얀 벽 앞에 있는 유리문을 밀고 나갔다.

왼쪽 아래에 마치 빨간 화살표의 꼬리인 듯 빨간색 발 매트가 깔려 있었다. 그 앞도 하얀 벽으로 막혀 있었다. 두세 걸음 그 벽을 향해 다가가니 마침내 오른쪽으로 그 빨간 발 매트가 레드카펫처럼 끝없이 펼쳐져 있는 긴 통로가 눈앞에 펼쳐졌다. '와, 이거 뭐야, 뭐 이런 데가 다 있어!'

대단하게 은밀한 곳인 것 같았다. 그런데 막상 그 길에 들어서려고 하니 은근히 발이 떨어지지 않았다. 벽과 바닥에 대각선 30센티미터 정도의 희끄무레한 타일을 붙여 놓은 게 으스스한 느낌이었다. 붉은색인 덕에 언뜻 대단한 양탄자처럼 보이지만, 그저 사무실 또는 업소용 발 매트에 지나지 않는 빨간색 PVC 매트가 그런 기묘한 삭막함을 감추려는 촌스럽고 서투른 장식 같아 보였다. 은밀한 통로가 있다는 기대감보다 실체는 초라했지만 호기심은 여전했다. '정말 이 길을 따라가면 본청이 나올까?' 한 걸음 한 걸음 걷다 보니, 이 길을 어지간히 삭막하게 느끼는 사람이 나만이 아닌 것 같단 생각이 들었다. 흡사 화장실 바닥으로 써도 될 만한 그 희끄무레한 타일 벽 위에 이런저런 사진이 간간이 걸려 있는 건 분명 나름의 장식일 테니. 수레를 끌고 한참을 걸어가니, 왼쪽으로 길이 나타났다. 가던 방향 앞으로 저 멀리 보이는 유리문은 분명 도서관 앞일 테니, 상임위 행정실에 가야 하는 나는 거기서 좌회전했다. 그렇게 또 똑같은 모양의 길을 한참 걸으니 확 넓어진 공간이 나왔다. 가운데 비상계단 양옆으로 세 대씩 있는 승강기가 보였다. 본청이다.

국회에는 지하 통로가 있다. 본회의와 상임위 회의장, 법안을 제출하는 의안과 등이 있는 본청과 의원실이 있는 의원회관 그리고 도서관까지 국회의 주요 세 건물은 전부 지하로 연결돼 있다. 각각의 지하 통로 입구에는 국회 경내 안전을 책임지는 방호원이 있다. 여기서 공무원증을 확인한다. 외부인은 이용할 수 없는 것으로 알고 있다. 일단 회관이든 본청이든, 방문한 사람이 회관과 본청 또는 도서관을 왔다 갔다 할 일도 거의 없거니와 설사 있다 해도 지상으로 가는 게 더 빠르다.

이 통로를 왜 만들었을까. 일하는 동안 무수히 그곳을 지나다니면서 나도 궁금했다. 들은 바로는 비상 대피소로 활용하기 위해 1980년대 중반 도서관과 의원회관을 지으면서 만들었다고 한다. 사무실은 회관에 있는데 본회의, 상임위, 정당별 회의 등 거의 모든 회의를 본청에서 하고 기자회견을 하는 정론관도 본청에 있으니, 아마 그 통로에서 보는 사람은 거의 회의장과 사무실을 수시로 오가는 의원과 직원들일 것이다.

특히 눈이나 비가 오거나 너무 춥거나 더울 때 직원들은 그 통로를 이용한다. 비가 올 때 상임위 회의가 있으면 한쪽 팔에 자료를 안고 다른 손으로 우산을 쓰고 가야 하는데, 복잡한 회의장에서 물이 뚝뚝 떨어지는 우산을 들고 회의 서포트를 한다는 건 여간 불편한 일이 아니기 때문이다. 본회의 때는 직원이 따라갈 일이 거의 없지만, 상임위 회의를 할 때는 직원이 거의 함께 참석한다. 상임위는 그저 행정부에 궁금한 걸 물어보고 대책을 마련하는 자리가 아니라 행정부의 잘못을 지적하고 바로잡으라고 촉구하는 곳인 만큼 행정부의 반박에 필요할지 모를 자료를 잔뜩 갖고 가는 경우가 많다. 사람마다 또 상황마다 조금 다를 수 있겠지만, 적어도 나는 짐이 많은 스타일이었기 때문에 지하 통로를 애용했다.

지하 통로를 만든 진짜 이유는 따로 있다고 생각한다. 바로 내가 처음 지하 통로를 건넜던 그 이유다. 상임위 행정실에 가니 정말 의원들 이름이 붙어 있는 꽤 큼지막한 캐비넷이 있었고, 우리 의원 이름이 붙어 있는 캐비넷은 구겨진 서류 뭉치 귀퉁이가 밖으로 삐져나와 있을 정도로 꽉 차 있었다. 캐비넷을 여니 책처럼 만든 두껍고 얇은 자료들, 의원이 질의하고 놔두고 간 질의자료들 등이 가득했다. 손수레를 왜 가져가라고 했는지 단번에 알 수 있었다. 엄청나게 두꺼운 자료부터 핸드 카트에 차곡차곡 옮기자 카트 손잡이 바로 아래까지 자료가 쌓였다. 고무줄로 단단히 고정하고 카트 아랫부분을 다리로 밀어 손으로 무게중심이 쏠리게 수레를 기울이고, 나는 온 길로 되돌아갔다. 카트를 밀면서 빨간 발 매트 위를 걷다 보니, 카트가 더 무겁게 느껴졌다. 매트의 섬유가 카트 바퀴에 마찰을 일으켰다. 발 매트가 덮이지 않은 가장자리 한쪽으로 카트를 끌고 갔다. 역시나 화장실 바닥이라면 미끄러워지기 십상일 것 같이 생긴 타일이라 그런지 무거운 카트가 부드럽게 끌렸다. 게다가 타일 사이에 있는 홈 덕에 미끄럽게 굴러가다가는 위험할 수 있는 무거운 카트의 속도가 적당히 잡혔다. 오호라. 다만 구두를 신고 타일 위를 걷다 보니 또각 또각 발걸음 소리가 좀 거슬렸다. 아하, 발 매트는 그런 구둣발 소리 때문에 깐 모양이구나. 만약 회의가 있어서 의원이나 직원 여럿이 그 폐쇄된 공간의 타일 위를 걷는다면 발소리가 엄청날 것이다. 푹신한 PVC 발 매트를 그저 촌스러운 멋으로 깔아놓은 게 아니었군.

그 뒤로도 말단을 벗어날 때까지 수없이 손수레를 끌고, 또 상사 심부름 등을 하러 지하 통로를 이용했다. 결산, 예산 자료 중에서도 두꺼운 자료가 몇 권씩 되었고 국정감사 자료도 마찬가지였다. 본청과 의원회관 사이에는 자료를 싣고 오갈 일이 참 많았다. 자료뿐만이 아니다. 본회의 참관이나 본청 견학을 위해 지역구 사람을 태운 고속버스가 몇 대씩 올라오면 사람들이 떠날 때 나눠 줄 기념품을 운반할 때도 수레가 필요했다. 도서관에 카트를 끌고 갈 일도 종종 있었다. 토론회 같은 의원실 주최 행사를 도서관 세미나실에서 하게 되면, 사람들에게 나눠 줄 토론회 자료집 수백 권, 행사에 필요한 각종 준비물 등을 운반하는 데도 지하 통로가 필요했다. 그럴 때마다 온갖 턱에 울퉁불퉁한 지상 아스팔트 위에서 수레를 끌고 다녀야 했다면 어땠을까. 상상하기조차 겁난다.

그 시절엔 지하 통로에서 의원 배지를 단 사람을 마주치게 되면 인사하기도 했는데 요즘은 어떤지 모르겠다. 한 번은 옆 의원실의 직원 친구와 잡담을 하며 통로를 걷다가 지금은 작고한 이만섭 국회의장이 멀리서 혼자 걸어오는 걸 발견했다. 국회의장실은 본청에 있어 이만섭 의원이 여기는 어쩐 일로 온 걸까 싶었는데, 생각해 보니 그가 국회의장을 지낸 건 전반기 국회(임기 시작 후 2년)였고 그때는 후반기 국회로, 본청에서 의원회관 사무실로 돌아가는 도중이었던 것 같다. 우리가 인사했더니 그가 멀리서부터 양팔을 머리 위로 올려 크게 휘저으며 호응해줬다. 할아버지 같은 분이 환하게 웃으면서 인사를 받아주는 모습이 그땐 어린 마음에 얼마나 좋았던지….

지금은 통로 위에서 수레를 끌고 다닐 일이 현저히 줄어들었을 것이다. 직접 끌고 다녀야 했던 문서들이 전산화된 덕이다. 인터넷으로 자료를 확인하고 메일로 주고받으니 의원실 공간을 차지하는 문서도 줄어들었다. 무엇보다 행정 업무를 주로 맡는 여자 직원이 카트를 운반했는데 그 일을 더는 하지 않게 돼서 반가운 변화라고 생각한다. 이만섭 의원의 인사처럼 푸근한 모습을 접하긴 어렵겠지만….

지하 통로에 대한 설명은 의원회관 증축하기 전 모습이다. 현재 본문 내용보다 한 층씩 올라갔다. 즉, 지하 1층이 지금은 1층이다. 따라서 지하 통로는 현재 지하 1층에 있다.

사람들이 필리버스터가 무엇인지 알게 되었다

본회의장은 투쟁 중

뉴스에서 종종 비추는 국회 본회의장. 이곳에 출입할 수 있는 사람은 원칙적으로 국회의원뿐이다. 국회의장단 좌석과 의원 발언대를 가운데 두고 의원석이 부채꼴 모양으로 배치되어 있고, 한쪽 부채꼴 가장자리에 국무위원석이 있다. 국회의원의 질의에 응답해야 하는 국무위원들의 자리를 함께 배치한 것이다. 가깝다고 해도 국무위원은 국회의원이 드나드는 문으로 자유롭게 다니지 않는 것으로 알고 있다. 국무위원석에 가까운 쪽에 있는 출입문을 따로 이용할 것이다. 본회의가 열릴 때 본회의장 안에 있는 것처럼 보이는 또 다른 사람들이 하나 더 있는데 바로 속기사다. 이들은 국회의장 앞에 있는 국회의원 발언대 바로 아래에 보일 듯 말 듯 앉아 있다. 그곳은 작은 부채꼴 모양 구역 안인데, 본회의장에서 그 안으로 들어갈 수 있는 문은 없다. 그곳 출입문은 다른 곳에서 그 안에 바로 들어갈 수 있도록 따로 마련돼 있는 듯하다. 속기사들은 1시간이든 2시간이든 일정 시간이 지나면 다른 속기사에게 바통 터치하는데, 그 구역 안에서 왔다 갔다 한다. 그 외에 취재기자는 국무위원석 뒤쪽에 마련된 참관실에서 통유리 너머로 본회의를 지켜볼 수 있다. 보좌관이나 당직자 역시, 취재기자석 반대편에 있는 국회의원석 뒤쪽에 마련된 참관실에서 통유리 너머로 본회의를 지켜볼 수 있다. 보좌관이 그 참관실에 가는 경우는 거의 없는 것으로 알고 있다. 나 역시, 의원총회 때문에 예산결산특별위원회(예결위) 회의장 참관실에는 가본 적 있어도, 본회의장 참관실에 가본 적은 없다. 본회의장에 들어가 본 적은 있다. 회의가 열리지 않을 때도 국회의원이 아니면 들어갈 수 없는 곳이지만 사정상 경위의 허락을 받아 본회의장에는 며칠 동안 출입한 적이 있다.

정기국회가 다 끝난 연말이었다. 당시 함께 일하던 의원이 본회의장에서 며칠을 혼자 지냈다. 일절 음식을 먹지 않은 채. 의원은 홀로 단식 투쟁 중이었다. 정기국회 도중에 본회의장에서 의원들 사이에 일이 있었고, 의원은 그에 대해서 요구사항을 관철시키기 위해 혼자 항의하고 있던 것이다. 의원이 그러고 있으니 사무실 직원들도 비상 상태일 수밖에 없었다. 음식을 먹지 않다 보니 의원은 날이 갈수록 힘들어했고, 나중엔 결국 본회의장의 의원석 두 개를 마주 보게 하고 널빤지 같은 걸 깔아 그 위에 몸져누웠다. 그런 의원 곁에 직원이 붙어 있지 않을 수 없었고, 수발드는 일은 막내인 내게 맡겨졌다. 주중 며칠 안에 끝날 일이라면 큰 불만이 없을 일이었다. 연말이었다. 크리스마스이브가 다가오는데 좀처럼 상황이 나아질 기미가 보이지 않았다. 끝내 크리스마스이브 날, 퇴근 시간이 됐는데도 변화가 없었다. 기다리던 약속을 취소하고, 나는 본회의장 문밖에서 쓸쓸히 언제 부를지 모르는 의원의 호출에 대기하고 있어야 했다. 본회의장에 대한 나의 첫 추억은 썩 좋지 않았다.

본회의장을 그런 식으로 처음 접한 게 내가 특별히 운이 나빴던 건 아니라고 생각한다. 나뿐만 아니라 다른 보좌직원들에게도 본회의장은 대체로 가까이하고 싶지 않은 곳 아니었을까. 본회의장은 주로 각 상임위에서 논의가 끝나 통과시킨 법안을 최종 의결하는 곳이고, 발언대에서 하는 의원의 발언이나 대정부 질의는 대개 회의 전에 만반의 준비를 마치기 때문에 직원이 따라가야 할 필요가 별로 없다. 따라간다 한들 보좌관은 본회의장에 들어갈 수 없는데 얼마나 도움을 줄 수 있겠는가. 매번 의원이 회의장 밖으로 나오기도 번거롭다. 그래서 직원이 본회의장 내부를 접하는 건 시민들과 똑같이 TV나 인터넷 생중계 화면을 통해서다. 다만, 여당과 야당이 대치할 때는 예외다. 예산안이나 기타 의견 일치가 되지 않는 첨예한 법안을 어느 한쪽(주로 여당)이 밀어붙이려고 하면 다른 쪽(주로 야당) 의원들의 항의와 함께 격렬한 몸싸움이 벌어지곤 했다. 이런 일은 주로 민감하고 중요한 사안이 많은 정기국회에서 벌어지기 때문에 시기도 대개 연말 쌀쌀할 때 일어났다.

그런 몸싸움은 크게 두 가지였다. 의사봉을 두드리지 못하게 국회의장석을 향해 몸을 날리거나 아예 본회의장을 점거하는 식이다. 국회의장석을 향해 달려들 때는 본회의장 안에서, 점거할 때는 본회의장 밖 로텐더 홀(본청 3층에 본회의장과 예결위 회의장 사이 넓은 로비 공간)에서 대치하는데, 본회의장 안이든 밖이든 이때는 당직자, 보좌진 할 것 없이 전부 동원되곤 했다. 동원되면 당연히 본회의장 안에서 이루어지는 의원들의 힘 싸움에도 힘을 보태야 하니 이때는 본회의장에 직원들도 출입했던 것 같다. 확실히 말하지 못하는 것은 본회의장 안에서 벌어지는 힘 싸움 동원령에는 가본 일이 없기 때문이다. 대신 나는 회의장을 점거할 때 같은 정당 소속의 다른 의원실 직원들과 같이 본회의장 문을 막아놓고 그 바로 앞 로텐더 홀에 밤늦도록 가부좌를 틀고 앉아 있던 적은 있다.

로텐더 홀에 동원될 때 내 심정은 도살장 끌려가는 듯했다. 표현이 과할 수는 있지만 다른 직원들 역시 크게 다르지 않았을 것이다. 사람들이 손가락질하며 혀를 차는 그런 모습에 누가 끼고 싶을까. 본회의장 안에서 진짜 육탄전을 벌일 때는 남자 직원들이 동원되고 여자 직원은 사무실을 지키면서 걸려오는 전화를 받았다. 여자 직원은 대개 행정 비서라 업무 역할 상 동원에 참여하지 않아도 당연하게 여기는 분위기였다. 평소에도 사무실에 전화 벨이 울리면 행정 업무 담당자가 받기 때문이다. 나도 행정 업무를 할 때는 동원에서 제외돼 사무실에 혼자 남았다.

정책 업무를 맡았을 때는 그렇지가 않았다. 남자 직원들은 전부 본청으로 갔는데 나는 사무실 책상에 앉아 있는 게 편치 않았다. 내가 여자이기 때문에 직원으로서 해야 할 일을 하지 못하는 것 같은 느낌이랄까. 당시만 해도 몸싸움이 있을 때 보좌관들이라도 적극적으로 나서서 눈에 띄면 의원이 당에서 영향력을 조금 더 얻는 경우도 있었다. 이런 기준이 어이없지만 그런 행태에 인센티브를 부여하는 환경이라면 내가 의원이라도 남자 직원을 더 효용 가치 높게 여길 것 같았다. 전해 들은 바로는 당시까지만 해도 남자 직원을 뽑을 때 몸싸움을 고려하는 의원도 있었다고 한다. 그렇다 해도 막상 몸싸움하는 데 끼기는 싫고 그럴 배포도 없었다. 사안을 몸싸움으로 해결해야만 하는지 늘 의문이었고 불만스러웠다.

국회 일을 그만두고 몇 년 후, TV에 비친 의원들이 본회의장 발언대에 서서 두꺼운 법전이나 서류 뭉치를 들고 한 글자 한 글자 읽어 내려갔다. 여러 의원이 번갈아 가면서 자신의 의사를 밝히는 모습이 192시간 넘게 이어졌다. 필리버스터였다. 2012년, 국회선진화법(정식 명칭은 국회법 개정안)으로 국회의장의 직권 상정 권한을 제한하고 몸싸움 대신 무제한 토론 등을 하면서 회의 시간을 소모하거나 표결을 고의로 방해하도록 하는 새로운 방법을 도입한 것이다. 2016년 야당 의원들의 필리버스터를 중계한 국회 방송은 역대 최고시청률을 기록했으며 필리버스터에 참여한 의원들의 소액후원금이 폭발적으로 증가했다. 정당 지지율도 오르는 등 많은 사람이 필리버스터에 환호했다. 그러나 그 법안은 결국 통과됐다. 그런데 다음 국회에서 여야가 바뀌었는데도 그렇게 힘들게 반대했던 법안을 개정하려는 움직임이 없고, 그때 필리버스터에 환호했던 사람들도 정작 그 법안에 대해 더 이상 관심을 두지 않는 걸 보면 법안의 내용보다는 국회의원들이 몸싸움을 보여주지 않는다는 것 자체를 응원했던 것 같다.

나도 필리버스터가 반가웠다. 국회의원들이 짧게는 5시간에서 길게는 12시간 넘게 발언을 이어가면서, 합의하지 못한 상정안을 온전히 직접 저지하는 모습이 뭔가 제자리를 찾은 듯 느껴졌다. 필리버스터가 아니었다면, 분명 옛날처럼 의원들이 해야 할 일을 보좌관의 완력을 동원해가며 때로는 의원은 뒤로 빠지고 직원들만 대신 힘을 써야 했을 것이기 때문이다. 필리버스터는 (국회) 선진화법이라는 이름 그대로 이전의 후진적 관행, 문화를 개선하는 방식인 것 같다. 단지 보기 싫은 육체적 힘 싸움이 일어나지 않는 게 아니라 위계를 빌미로 자기가 할 일을 아랫사람에게 미루거나 분담하지 못하게 만들기 때문이다. 각자 자기 일을 하고, 그에 대한 책임과 보상을 부여하는 구조가 바로 선진화일 것이다. 국회의원이 할 일은 국회의원이, 직원이 할 일은 직원이!

저는 여비서가 아니라 정 비서입니다

잡무와 여자(행정) 비서

추석을 앞둔 가을 어느 날, 갑자기 책상 앞 파티션 위로 높게 쌓인 상자가 나타났다. 내 눈앞에서 느리게 움직이며 지나가던 상자 더미 뒤로 어떤 아저씨가 나타났다. 이어서 수행 비서가 등장했다. 눈이 동그래져서 이게 뭐냐고 물으려던 찰나 아저씨가 선수를 쳤다. "이거 어디다 놓을까요?"

"저기, 의원실 안 한쪽 벽에다 쌓아두세요." 수행 비서가 의원실을 가리키며 말했다. 수행 비서의 꽁무니를 따라 의원실에 들어간 나는 한쪽 벽에 쌓이는 상자를 바라보며 물었다. "박 비서님, 이게 뭐예요?"

수행 비서는 의원이 추석에 지인들에게 보낼 선물이라면서 여기에 가져다 놓으라고 했다고 말했다. 의원실 한쪽 벽면이 상자들로 가득 찼다. '저 상자들을 어떻게 하려고 할까?' 조금 있으니 의원이 작은 봉투 뭉치를 들고 들어왔다. 자신의 명함을 봉투에 넣더니 상자 안쪽에 붙여서 보내자고 했다. 그렇게 말하면서 누런 상자를 열었다. 한과였다. 한과를 대나무 같은 것으로 엮은 상자 안에 포장한 것이었다. 손에 쥔 명함을 상자 어디쯤 붙이려다 말고 의원이 불현듯 말했다. "이걸(대나무 상자) 그냥 배달용 상자에 넣어 보내면 성의 없어 보이지 않을까?" 재빨리 대답했다. "이 대나무 상자 자체가 포장인걸요. 상자가 격식 있어 보여요." 의원의 표정에 변화가 없었다. 나를 응시하며 질문했지만 이미 답은 정해져 있다는 눈빛이었다. "이걸 선물포장지로 하나씩 포장한 다음에 그 위에 명함을 붙여서 보내는 게 낫겠어."

바쁘던 중에 청천벽력 같은 지시였다. 하지만 간단한 사무용품과 식음료 등을 구할 수 있는 후생관에 가서 포장지를 한 다발 사와서 작업을 시작했다. 배송용 상자를 개봉해서 대나무 상자를 꺼내고 포장지로 감쌌다. 그런 다음, 의원의 명함을 넣어 놓은 봉투를 포장지 위에 올려놓고 일일이 테이프로 고정했다. 그러곤 그것을 다시 배송용 상자에 넣고 상자를 박스 테이프로 봉합했다. 의원실에서 혼자 그 작업을 반복하는데 짐짐 허리가 아파왔다. 다른 직원들은 각자 자기 책상에 앉아서 꼼짝 않고 있는데 일하느라 바쁜 것인지 걸려오는 전화도 잘 받지 않아서 전화가 오면 작업하다 말고 전화기로 뛰어가기까지 했다. 나는 속마음이 표정에 그대로 드러나는 편인데(당시엔 더 심했다) 입이 쭉 나온 걸 봤는지, 마지못한 듯 정책 비서가 거들어줬다. "아니, 의원님은 무슨 일을 이렇게 번거롭게 만드시는 거야."

국회의원은 으레 선물을 많이 받을 것이라고 생각할지 모르겠다. 오히려 나는 국회의원이 받는 것보다 선물 주는 모습이 더 친숙하다. 행정 비서 일을 하는 동안 명절이나 어떤 일이 있을 때마다 선물 준비를 해왔기 때문이다. 국회의원이 받는 선물이 없는 것은 아니다. 대표적인 게 명절 선물이다. 명절 때마다 의원실로 선물이 많이 배달된다. 택배 기사가 회관 뒤쪽 현관에 물건을 쌓아두고 연락을 하면 직원이 받아오는데, 명절 때는 각 의원실에 온 선물이 현관 앞을 가득 메운다. 핸드 카트를 쥐고 택배를 픽업하러 내려 온 의원실 직원들과 방문객이 섞여 현관은 혼잡하기 그지없다. 그렇게 갖고 올라온 선물을 사무실에 쌓는다. 행정 비서는 누구에게서 어떤 물건이 왔는지 기록해둔다. 그러면 의원은 그 사람들에게 답례하는 식이다. 방식은 각각 다르다. 어떤 의원은 직접 전화해서 인사하거나, 감사 편지를 보내거나, 똑같이 선물을 보낸다. 선물로 답례하는 경우, 보내는 사람이 여럿이니 답례할 작업량도 늘어나는 것이다.

선물 외에도 손이 가는 작업이 많았다. 연말연시에 보내는 연하장, 토론회를 주최하고 나서 참석한 사람들에게 보내는 감사 인사 편지와 같은 우편 작업도 그 가운데 하나다. 지역주민에게 보내는 의정 보고서도 빼놓을 수 없지만, 애초에 물량이 압도적으로 많기 때문에 인쇄업체에 우편 작업까지 주문하거나 아니면 지역 사무실에서 작업하는 경우가 많았다. 그러나 지역 사무실이 없는 비례대표 의원실은 대부분 일을 의원회관 사무실에서 해야 했고 그 일은 보통 행정 비서의 몫이었다. 물론 일이 많으면 모두 함께 작업하는 분위기인 의원실도 있고, 급히 보내야 하는 것은 다 같이 매달려 그 작업을 가장 먼저 처리하는 경우도 있다. 지금보다 훨씬 권위주의 분위기가 컸던 예전에는 대체로 행정 비서가 전담했다. 어느 날, 물어볼 것이 있어 옆 의원실에서 일하는 선배를 찾아갔는데 파티션으로 둘러싸인 책상 위로 가득 쌓인 우편물 속에서 붉으락푸르락하던 얼굴을 보고 깜짝 놀라 그냥 돌아왔다. 나는 그런 일을 혼자 다 해야 하는 상황에 처할 때마다 사람들이 꺼리는 허드렛일 하는 사람이 된 기분이었다. 화가 잔뜩 난 채로 혼자 작업하던 옆 의원실의 그 선배도 같은 심정이었을 것이다.

그러던 어느 날, 동갑내기 친구인 다른 의원실의 행정 비서가 씩씩거리면서 찾아왔다. 지역 주민 혹은 의원의 지인이었을 방문객이 사무실에서 의원과 이야기를 끝낸 후 나가다 말고 한 말이 화근이었다. "그 서류는 '여비서'에게 맡겨놓으세요. 그럼 제가 '여비서'에게서 찾아갈게요." 친구는 서류 봉투를 들고 부르르 떨면서 말했다. "포스트잇에 써서 붙여놓으려고. '저는 정 비서입니다(그는 정 씨다). 여비서가 아니라!' 이렇게!" '여비서'는 나도 종종 듣던 단어였고 들을 때마다 불쾌했던 터라 친구에게 공감했다. "남자한테는 남비서라고 하지 않으면서 우리한테는 왜 꼭 여비서라고 하는 거야?" 특히 내가 일했던 의원실에는 나 말고도 여자 비서가 한 명 더 있었지만 그가 여비서라고 불리는 걸 본 적은 한 번도 없었다. 그는 유부녀에 아이도 있고 나는 미혼에 20대 '아가씨'라서 그런 건지, 아니면 그는 정책 업무를 하는 비서였고 나는 사무실의 잡무를 도맡아 하는 행정 비서라서 그랬던 건지 알 수 없는 노릇이다.

대부분이 남자로 구성된 조직에서 여자라는 성별은 상대방의 이름을 모를 때 쉽게 호칭으로 삼을 수 있는 특징이기 때문일 것이라고, 이해할 수 있다. 그런데도 불쾌했던 건 '여비서'라는 단어에 내재된 이미지, 차나 타면서 별로 중요하지 않은 허드렛일을 하는 젊은 여자라는 구시대적인 고정관념 때문이었다. 복사나 선물 포장 같은 일…. 그래서 그런 호칭을 쓰는 사람도 정책 담당인 여자 비서에게는 여비서라는 단어를 쓰지 않았던 것은 아니었을까.

만약 그때 우리 의원실의 여자 정책 비서가 '여비서'라는 소리를 들었다면 나만큼 기분 나빠 했을까? 같은 여자로서 그 의미를 알기에 기분 나쁠 수 있지만 아닐 가능성도 크다. 그 단어가 포함하는 고정관념이 실제 자신의 모습과는 맞지 않기 때문에, 부르는 사람의 실수일 뿐 자신과 상관없는 일로 개의치 않거나 자신을 지칭하는지 몰랐을지도 모른다. 지나고 나서 생각해 보니 내가 그랬다. 정책으로 담당 직무를 변경하고 나서는 어쩌다 여비서라는 호칭을 종종 들어도 아무렇지 않았다. 내가 행정 비서였을 때 '여비서' 호칭에 기분 나빠한 데는 행정 업무에 대한 콤플렉스 영향도 있다. 그리고 당시에 권위주의적이고 시대착오적인 고정관념이 덕지덕지 붙어 있는 그 단어를 사람들이 아무 생각 없이 내뱉은 것 역시 행정 업무를 허드렛일처럼 깎아내리는 인식이 있기 때문이었을 것이다.

기회를 사양하는 행정 비서

일과 사람에 대한 시선

행정 비서였던 시기에 가깝게 지내던 다른 의원실의 선배가 있었다. 행정 업무를 흔히 의원실의 살림꾼이라고 표현하는 사람도 있는데, 국회의원 사무실이 원만히 운영되도록 업무 전반을 보조하는 만큼 행정 비서에게는 갑자기 필요한 것들을 구해야 할 때가 종종 있다. 인쇄용지가 떨어졌다든지, 물건을 옮길 손수레가 필요하다든지, 커피나 차 또는 그릇이 부족해 보충해야 하는 일 등이다. 예전보다 살림살이가 풍족해지기도 하고 회관의 구조도 달라졌으며 기술의 발달로 업무 형태 자체가 달라지기도 해서 옆 의원실에서 물건을 빌리는 일은 이제 흔치 않겠지만, 당시에는 옆 방에 가서 필요한 물건을 빌릴 일이 자주 있었다.

정당을 떠나 의원실이 위치한 근처 의원실과 교류가 잦았는데 행정 비서들끼리는 더 자주 교류했다.

기회가 닿아 다음 국회 임기부터 정책 비서로 일하기 시작했다. 국회에서는 행정 일을 하다가 정책 일을 하는 게 연차가 쌓이면 으레 맡는 자연스러운 일이 아니다. 나는 행정 업무를 하는 동안 정책 업무로 전환하기 위해 계획하고 준비했다. 행정 비서는 의원은 물론이고 사무실이 원활하게 유지되도록 눈에 보이지 않는 일까지 서포트하기 때문에 정책 비서에 비해 책상에 진득하게 앉아 있기 어려운 경우가 많다. 그런 여건 속에서도 임기 후반기부터 기회가 되는 대로 한두 꼭지라도 질의서를 준비했고 축사나 기고문 등도 작성했다. 법(개정)안 발의에도 참여했다.

이전에 가깝게 지내던 사람들과 다른 업무를 하게 되면서 또 각자 일하는 의원실도 여러 차례 바뀌면서 행정 비서 선배와의 사이도 소원해졌다. 게다가 몇 년 동안 국회를 떠나 있기도 했다. 그 사이 의원회관도 증축하면서 현대적인 모습으로 탈바꿈했다. 새롭게 변한 의원회관에 복귀한 지 얼마 안 되었을 때 우연히 이전 의원실에서 함께 일했던 선배를 만났다. 이런저런 안부를 물으니, 줄곧 그때 그 의원과 일하다가 이번 국회 임기부터 다른 중진 의원과 일하게 됐다고 했다. 의원도, 지원도 다들 좋은 사람들이라며 잘 지낸다고 했다. 다만 한 가지가 불만스럽다며 볼멘소리를 냈다. 그때가 국정감사 즈음이었는데, 선임 보좌관이 자꾸 자기에게 질의서를 쓰라고 한다는 것이었다.

시대가 확실히 변했다. 정책 업무를 하고 싶어서 나 혼자 애쓰던 예전과 달리, 이제는 의원실 차원에서 행정 업무를 한 사람에게만 전담하도록 하지 않는 대신 정책 업무도 겸임하도록 하는 곳이 등장했다. 일반적으로 행정 업무는 일을 아무리 잘해도 9급 비서에서 벗어나는 경우가 많지 않다. 간혹 경력이 오래됐거나 일을 아주 잘하면 7급인 경우가 있다. 내가 알던 한 선배는 4급까지 받은 경우도 있긴 하다(유일무이한 케이스가 아닐까 싶을 정도로 아주 드문, 거의 없는 일이다). 정책이나 정무 쪽에 일손이 부족한 사무실에서는 운영 측면에서 행정 인력의 힘도 필요하겠지만 그 선배의 경우는 행정 업무만 하지 말고 정책을 익혀서 승진 비전을 갖게 하려는, 직원 개인에 대한 배려 차원의 의도가 큰 것으로 보였다.

선배는 자신을 생각해주는 마음은 고맙지만 달갑지 않아 했다. 취지는 좋지만 현실적으로 행정 업무와 정책 업무를 동시에 한다는 건 쉬운 일이 아니다. 행정 업무를 다른 직원과 분담하고 의원도 행정 비서를 따로 찾는 일이 많지 않아야(그나마도 힘들다) 해볼 여지를 찾을 수 있지, 그렇지 않으면 두 업무 모두 엉망이 되기 때문이다. 개인적인 콤플렉스 때문에 정책 업무를 하는 사람이 되고 싶어서, 죽이 되든 밥이 되든 기를 쓰고 병행했던 나도 여간 힘든 게 아니었다. 선배도 마찬가지였다. 게다가 그 선배는 오랫동안 행정 업무를 전담했고 그 일에 만족하고 있는 사람이었다. 보좌관을 비롯해서 사람들이 그 일을 하찮은 일이라고 편견을 가지니까 행정 비서가 정책 업무도 하고 싶어 할 거라고 지레 짐작하는 것 아니냐며 언성을 높였다.

뜨끔했다. 내가 그랬으니까. 사소한 일을 한다는 콤플렉스를 가졌고 그래서 정책 업무가 하고 싶었다. 당시엔 행정 업무하던 사람이 정책 업무를 하겠다고 나서는 일이 거의 없었고, 따라서 나는 정책 비서로 탈바꿈하기 위해 다시 인턴이 되는 손실을 감수하기까지 했다. 내가 그렇게 애쓸 때 지금처럼 행정과 정책 업무에 대한 경계가 허물어지는 분위기였다면 얼마나 좋았을까. 그런데 나 같은 사람도 있지만 선배처럼 행정 업무에 만족하는 사람도 있다. 함께 일했던 후배도 정책 업무를 충분히 할 만한 능력이 있지만 행정 업무에 만족했다. 그러다 보니 후배는 그 분야에서 필요한 지식과 능력도 점점 향상됐다. 상대적으로 승진 가능성은 적지만, 능력 있는 행정 비서로 의원과 직원들 사이에 알려져서 임기가 끝나면 서로 데려가려는 일도 벌어진 적이 있다. 선배도 비슷했다.

행정 업무에는 정치자금을 관리하는 일이 포함되는 경우가 있다. 행정 비서를 살림꾼이라고 비유하는 이유 중 하나가 사무처에서 의원실에 배정하는 각종 비용, 즉 의원실 운영비에서부터 의원 교통비, 토론회나 정책 자료집 등 각종 정책개발비 등을 관리해서인데, 그러다 보니 의원의 정치자금까지 관리하게 되는 경우가 많다. 언론에서 선거법 위반으로 소송에 휘말리고 의원직을 박탈당하는 경우를 접하듯이 정치자금은 선거법과 가장 밀접하고 중요한데, 이것만큼 복잡하고 어려운 업무가 없다. 익숙해지면 보기보다 어렵지 않다지만 진입장벽이 높다고 할까. 그래서 경력이 탄탄한 행정 비서를 만만하게 볼 수 없다.

낮은 대우를 받는 일이라고 해서 무조건 부당하거나 또는 그 일 자체에 불만을 가지는 건 아닐 것이다. 일은 자신이 잘 해내고 조직에 기여하는 바에 따라 대우받게 되어 있고 소위 '잡무'라 할지라도 조직에는 없어선 안 되는 일이다. 문제는 낮은 대우나 일 자체보다 그런 일 그리고 그 일을 하는 사람을 바라보는 시선에 있는 경우가 많을 것이다.

복사기의 진화가 가져오는 변화

기술의 발달 그리고 배짱

국회의원실 조직은 특이한 면이 있다. 가령 성별로 구분하자면, 남성의 조직 구조는 피라미드형이고 여성의 조직 구조는 모래시계 모양으로 비유할 수 있다. 남자는 수행 비서부터 의원까지 피라미드처럼 아래쪽이 넓게 퍼져 있고 위쪽으로 갈수록 좁아진다. 여자는 행정 비서부터 의원까지인데, 행정 비서는 주로 여자 직원이 맡는다는 점에서 여성 의원보다 훨씬 많은 고정 인원이 있고, 여성 의원은 비례대표의 절반 의석을 필수로 할당받은 이후로 (남성 의원 수에 비해서는 여전히 낮지만) 상당히 많아졌다.[26] 모래시계 가운데 부분을 차지하는 사람들은 여자 정책 담당자들이다. 결혼과 출산 등으로 경력이 단절되기도 하고 개인적인 이유 등으로 이동이 잦은데, 한번 그만두면 다시 돌아갈 기회가 별로 없다(어느 조직에서든, 남자든 여자든 마찬가지인 게 보통의 한국 현실이지만). 다른 조직에 비해 특이하다고 생각되는 건 그 형태 안에서 움직임이 경직되기 때문이다. 경력이 쌓이면 아래에서 위로 자연스럽게 올라가는 것이 일반적인 모습인 것과 달리, 의원회관을 이루는 조직은 그렇지가 않다는 것이다.

피라미드형이든 모래시계 모양이든 업무를 기준으로 크게 세 구간으로 나눌 수 있다. 피라미드는 의원, 정책, 수행으로, 모래시계는 의원, 정책, 행정이다. 행정 업무는 요즘 들어 정책 업무와 병행하는 경우가 있는데, 수행 업무 담당자가 정책 업무도 하는 경우는 거의 없다. 처음 일했던 의원실에 수행 비서가 없어서 운전도 못하는 내가 따라갔다가 의원이 운전하는 차를 타고 가느라 그런 가시방석이 또 없다 싶었던 경험이 있고, 어느 까다로운 의원이 그날의 수행 업무를 정책 비서 가운데 무작위로 뽑는 바람에 의원이 나갈 때마다 직원들이 책상에 웅크려 떨었다는 얘기를 들은 적 있지만 이건 손에 꼽히는 드문 케이스다.

행정 업무도 크게 다르지 않다. 행정에서 정책으로 업무를 바꾸기 위해 내가 다시 인턴부터 시작한 것처럼, 작은 조직 안이지만 업무를 바꾸는 일은 쉽지 않다. 업무의 성격이 전혀 다르기 때문이다. 정책 업무는 책상에서 오래 집중해야 일을 마칠 수 있고 성과를 낼 수 있지만, 행정 업무는 자리에 오래 앉아 있을 틈 없이 이리저리 움직일 일이 많다. 국회의원의 옆에 내내 있어야 하는 수행 업무는 말할 것도 없다. 정책과 수행, 행정은 서로 대체하기 어려운 자리다.

의원직과 정책 비서직은 어떨까. 정책 보좌관으로 일하다가 국회의원이 된 이 중 잘 알려진 사람은 유시민 전 국회의원이다. 그처럼 보좌관이 국회의원으로 올라가는 경우도 드문드문 있지만 하늘에 있는 별 따기다. 더욱이 아직은 여성 보좌관 가운데 그런 사람은 없다. 정책 보좌관은 의원직의 보완재가 될 수 있을 뿐 대부분 의원은 의원이고 보좌관은 보좌관의 역할에 머무른다. 일반 회사 조직도 피라미드처럼 위로 올라갈수록 좁아지며 연차가 쌓인다고 누구나 승진하는 것은 아니지만, 내부에서 업적을 쌓고 인정받으면 승진 가능성은 커진다. 그러나 보좌관이 국회의원이 되려면 상사인 의원뿐만 아니라 공천권이 있는 정당, 무엇보다 지역 유권자에게 인정받아야 한다. 국회의원이 되고 싶으면 상임위 정책보다 정당과 지역 관련된 일에 깊숙이 개입하면서 마치 인턴처럼, 바닥부터 닦아나가야 할 것이다.

이렇게 업무 성격뿐만 아니라 필요한 또는 처한 환경이 다르다면 각자의 자리에서 일하는 사람들의 생각이나 가치관도 차이가 있지 않을까. 경험에 빗대면, 행정 업무를 할 때와 정책 업무를 할 때의 마음가짐, 태도가 조금씩 달랐다. 의원이 되려는 정책 보좌관도 마찬가지일 테다. 국회 안에서 상임위 정책에만 몰두하는 게 아니라 당과 지역 일을 병행하며 의원과 거의 흡사한 마인드가 되도록 훈련해야 할 것이다. 의원회관에서는 모두 같은 곳을 바라보면서 일하지만 이렇게 서로 다른 세 가지 세계가 존재한다.

국회의원실 조직 구조가 각각의 일 사이에 넘기 어려운 영역으로 이루어져 있다는 사실을 선명하게 인식하게 된 계기는 엉뚱하게도 비례대표 여성 할당제 때문이었다. 이전 제16대 국회보다 여성 의원들의 수가 두 배 이상 늘어났다. 여성 권리 확대를 위한 제도가 국회에 적용되는 것이니 나 역시 환영할 법한데 실상이 그렇지만은 않았다. 국회에서 일하면서 나는 내가 여성이라는 사실을 크게 의식했던 편이다. 여자 직원은 주로 행정 업무를 담당하는 사람이 대부분이었고 정책은 주로 남자 직원 몫이었던 환경에 불만을 품었기 때문인지도 모른다. 개개인의 차이도 있겠지만 성별이 다름으로서 생기는 차이도 있으리라 생각했다.

여성 할당제가 시행되었지만 내게는 별다른 변화가 없었다. 또 여성 의원실에서 여성 직원을 더 배려한다는 얘기도 듣지 못했다. 정책 업무를 시작하기 위해서 5년 동안 쌓은 경력을 없던 일로 치고 직급을 내려 다시 처음부터 시작하려던 내게 그런 모습은 오히려 상대적 박탈감을 안겨줬다. '여성을 위한 제도적 혜택은 특정 여성만을 위한 것일까?' 싶었다. 여성 권익 신장의 수혜에서 평범한 나 같은 사람은 소외되었다.

함께 일했던 의원이 여성가족위원회에서 활동할 때 UN 여성 지위 위원회 회의에 참석한 적이 있다. 회의를 준비하기 위해 자료를 검토하는데 한 국제단체에서 받은 자료가 인상적이었다.

여성의 사회 참여가 늘어난 데는 의식적인 노력 덕분이기도 하지만, 실질적으로 경제적·기술적 변화가 더 중요한 요인이었다는 내용이었다. 완력을 요구하던 제조업 중심에서 위험한 신체 노동이 필요치 않은 지식·정보 산업 중심으로 산업구조가 발전한 환경적 변화는 여성의 경제 활동에 적지 않은 영향을 끼쳤다.

나 같은 직원에게 혜택을 준 요인 역시 오히려 기술의 발달이었다. 내가 행정 업무를 싫어했던 또 다른 이유가 '복사'였다. 예전에는 자료를 한 장 한 장 일일이 복사해서 다시 순서대로 정리해야 했다. 기자들에게 배부할 보도자료의 두께가 두꺼워지기라도 하면, 한 페이지씩 40~50부를 복사한 다음, 그걸 다시 분류해 하나로 합쳐야 하니, 시간과 에너지가 많이 소진됐다. 일이 전산화되지 않았을 때라 본청에서 가져올 자료나 회관에서 본청으로 서류를 제출할 일이 있을 때도 모두 직접 다녀와야 했다.

현재는 복사기가 알아서 분류까지 마쳐 몇십 부를 복사해준다. 그러다 보니 복사는 본인이 직접 하는 분위기로 바뀌었다. 이메일과 각종 전자 문서 덕에 국회 내부를 직접 발로 뛰어야 했던 잔심부름이 줄었다. 또, 낱개 음료수가 보편화되고 음료의 가격도 저렴하게 바뀌자 수시로 드나드는 방문객에게 행정 비서가 일일이 커피나 차를 다야 할 일도 줄었다. 담당 직원이 직접 음료수를 가져가 접대하면 되기 때문이다. 기술과 산업 발달이 행정 비서나 말단 직원을 허드렛일에서 벗어날 수 있게 만들어줬다. 요즘 행정과 정책 업무를 남녀 구분 없이 나누는 의원실이 생긴 건 이런 환경의 변화가 없다면 어려웠을 것이다. 이런 점이 행정 업무의 능력 향상에도 물론 기여할 것이고.

비록 괄목할 만한 숫자는 아니어도 여성 보좌관의 수가 증가하고 있는 건 기술 발달에 따른 업무 환경을 잘 이용하고, 무엇보다 자기 실력과 책임감을 믿고 남자 직원들과의 경쟁에서 자리를 지켜낸 여자 직원들의 배짱 덕이라고 생각한다. 그런 실력과 힘이야말로, 제도가 사라지는 순간 무너지고 말 모래성이 아닌 진짜일 것이다.

기이한 보좌진 고용

방식이 바뀌지 않는 데는 내 책임도 있다

예전에 함께 일했던 의원실의 동료 직원을 오랜만에 만났다. 나이 터울은 있지만 나와 같은 동성인 여자 후배다. 결혼하고 얼마 지나지 않아 일을 그만두었다가 5년 후에 다시 국회에 들어갔을 땐 동성의 동료를 찾기가 힘들었다. 30대 후반, 40대 초반은 여성의 경력 단절 시기인 데다 만날 기회도, 업무적으로도 공통 관심사도 적어서인지 행정 업무를 하는 다른 의원실의 또래, 동성과 친해질 계기가 별로 없었다. 정책 업무를 담당하는 남자 직원들 속에서 그리고 마음 터놓을 동성의 또래 동료를 찾기 힘든 환경에서 나는 함께 일하는 후배 직원과 애로사항을 가장 많이 공유하며 의지했다. 또, 동성의 선배로서 그를 응원하며 각별하게 여겼다.

그는 행정 업무도 했다. 당시 그 의원실은 행정 업무를 전담하는 직원을 따로 두지 않았다. 직원 몇 명이 정책 업무를 하면서 행정 잡무도 나눠 하는 방식으로 사무실을 운영했다. 후배는 행정 업무 가운데 당연히 으레 여자가 하리라 생각되는 일을 맡았다. 스케줄을 정리하는 일, 손님이 오면 차를 대접하는 일 등이다. 비품 관리나 후원금 관리도 행정 업무이지만 주로 자리에 앉아서 하는 일이기 때문에 정책 업무를 그다지 방해하지 않는다.

하지만 끊임없이 불시에 찾아오는 손님을 응대하며 정책 업무의 성과를 내는 건 그리 쉽지 않다. 내가 그녀를 더 응원하고 각별하게 생각했던 건 이 때문이기도 했다. 행정 비서 시절 어떻게든 정책 업무를 하겠다고 애쓴 것을 아는지라 일종의 동병상련이 있었다. 병행하기 어려운 일을 그녀는 최선을 다해서, 제법 잘 해내고 있었다. 그런데 다시 만났을 때 그녀는 마땅한 대우를 받지 못하고 있었다. 오랜만에 만나 우리가 나눈 얘기는 안타깝고 속상한 일들이었다.

당시 국회의원 한 명당 보좌진의 구성은 보통 별정직 공무원으로 채용할 수 있는 직원 6명과(현재는 7명) 인턴 2명이다. 의정활동을 한 번 하고 말겠다는 국회의원이라면 모르겠지만 본인의 욕심이 있고, 담당하는 지역구가 있다면 부족한 인원이다. 게다가 보좌관은 상위 직급으로 올라갈수록 질의서나 법안 준비를 해야 한다며 잡무를 돕지 않으려는 경향이 있어서, 일을 벌이고 지역구 활동을 열심히 하려면 실제로 일할 손이 늘 아쉽다. 직원을 더 채용하면 되지만 문제는 비용이다. 한정된 비용으로 필요한 만큼 인력을 쓰려다 보니 이런저런 묘안이 속출한다. 직원 중 누군가의 희생을 요구하는 때도 있다.

이럴 때 어떤 사람을 지목해야 할까? 행정 업무든 정책 업무든 짧은 경력인 상태에서는 치명적 실수를 저지르지 않는 이상 직원들의 능력이 비등해 보인다. 능력으로만 평가하기에는 애매하고 어렵다. 이때 작용하는 잣대는 무의식이 지배하는 사회 통념이 아닌가 한다. 권위주의적인 사회 분위기와 미비한 사회 복지(로 사회가 수행해야 할 복지를 직장이 맡는) 탓에 같은 조건에서 양보를 요구받는 대상은 늘 어리고 부양가족이 없는 사람이다. 그래서 아마 그녀에게 가장 먼저 부당한 양보를 요구했던 것일 테다. 하지만 그녀는 다른 직원들보다 질의서를 잘 썼고 그 밖에 다른 일들도 잘해왔다. 학력도 가장 높았고 국회에서 일한 경험도 가장 많았다. 머지않아 의원실의 실세가 되리라 추측될 정도로 의원도 그녀를 인정하고 아꼈다. 의원실의 사정을 이해하지만 하필 그녀에게 부당한 요구를 한 건, 미혼의 젊은 여성이기 때문에 만만하게 여겨지지 않았나 싶은 생각이 들지 않을 수 없었다.

그녀의 호소를 듣고 있자니 초년 시절 내 경험이 떠올랐다. 지원한 의원실에서 연락이 와서 면접을 보러 가면, 의원실의 사정을 설명하면서 공지했던 직급보다 낮은 직급을 제안하거나, 직급에 해당하는 급여에서 일부를 의정활동이나 의원실 운영에 보태는 방법을 제안하는 경우가 있었다.

집으로 돌아오는 길, 마음이 착잡했다. 어떻게 10년이 지난 지금까지 변한 게 없을까 속상하고 화났다. 변한 게 없는 게 아니었다. 불공평이 시정되는 방향이 아니라 이전과 다른 방식으로 부당함이 이어지고 있었다. 생각이 여기에 미치자, 그런 일을 겪은 당사자로서 나는 그 부당함을 바로잡기 위해 얼마나, 어떤 노력을 했느냐는 의문이 들었다. 부당한 요구와 조건을 제시받았을 때 나는 세상을 한탄하고 분개할 뿐이었다. 고용자의 선택을 받아야 하는 나는 부조리함을 바로잡을 힘이 없다고 여겼고 어쩔 수 없다면서 그 제안을 받아들였다. 피고용자이므로 나는 정말 그렇게밖에 할 수 없었던 걸까?

한 상사가 자기가 채용된 과정을 얘기한 적 있다. 4급 보좌관으로 면접을 봤는데 면접이 끝나갈 때 즈음 의원이 5급을 제안했다고 한다. 그는 그 자리에서 단호하게 그렇게 할 수 없다고 대답했다. 며칠 후, 의원은 공지한 대로 그를 4급으로 뽑았고 5급 공고를 따로 냈다. 그는 "그럴 수는 없지! 내가 왜 그렇게 해"라며 감정이 실린 목소리로 말했다. 부당한 일일 뿐만 아니라 자존심도 상한 것 같은 뉘앙스였다. 남자인 그 상사도 그런 말을 들은 적이 있던 것을 보면 피고용자에 대한 고질적 병폐 같았다. 하지만 그는 자기가 지원한 직급을 고수했다. 반면, 나는 그저 내 처지를 한탄하며 영락없이 물러섰다. 선배의 경험을 직접 듣고도 왜 나는 그걸 새까맣게 잊었을까.

심리학자 에드워드 L. 데시(Edward L. Deci)는 『마음의 작동법』에서 환경이 개인에게 영향을 미치기도 하지만, "그렇게 영향력이 큰 사회적 세상에 개인이 영향을 미치기도 한다"[27]고 말한다. 통제적인 유형의 선생님이라도 적극적인 아이에게는 조금 더 자율성을 존중하고, 수동적인 아이에게는 더 통제를 가한다는 것이다. 이런 현상은 같은 교실에서 같은 선생님에게 배워도, 날이 갈수록 한 아이는 더 자율적인 성향을 갖게 되고, 한 아이는 더 수동적으로 변하는 데 영향을 준다고 설명한다.

직장에서도 마찬가지다. 같은 관리자 밑에서 같은 일을 해도 자기 선택이 존중받는 면이 있다고 느끼는 직원은 선택에 필요한 정보를 얻고 활용하려고 노력하는 반면, 정반대로 느끼는 직원은 관리자의 말을 비난이나 명령으로 받아들여 반발하거나 정반대로 무조건 순응한다고 한다. 그는 "사전에 예상한 기대가 사회적 환경을 해석하는 데 영향을 미치고 환경을 극복할 능력을 좌우한다"[28]는 사실을 강조한다. 그 상사와 내 태도의 차이도 이런 설명의 사례로 추가할 수 있지 않을까. 심리학에는 10대 90의 법칙이란 게 있다고도 한다. 인생의 10%는 내게 일어난 사건으로 결정되고, 그 나머지는 그 사건에 어떻게 반응하느냐로 결정된다는 것이다.[29]

그 국회의원이 내게 했던 부당한 제안은 먹혔다. 부당한 제안을 제시한 건 고용자이지만, 그것이 통용되도록 허용한 것은 나였다. 손뼉도 마주쳐야 소리 나는 것이라면 고용자 입장에서 계속 그 카드를 내밀게 만든 요소에 나도 있었다고 할 수 있다. 나는 내게도 책임이 있음을 깨달았다. 부당한 처사를 먼저 경험한 선배로서 후배 동료가 개선된 환경에서 근무할 수 있도록 기여한 게 없다. 오히려 그 부당한 행태를 대물림하는 데 기여했다. 부끄럽다. 후배를 응원한다고 말하는 일이 비겁하게 느껴지기까지 했다. 부당한 갑을 관계가 이어지는 것, 모두가 잘못됐다고 말하는데도 부당한 일이 계속될 수 있는 건 아마도 이런 영향도 무시할 수 없지 않을까.

보좌관 천태만상

소수가 지지고 볶는 직장 생활에서는 동료가 더 중요하다

"음… 다 좋은데, 의원실을 자주 옮긴 편이네요." 어느 의원실에서 보좌관 채용 면접을 봤다. 면접관의 질문에 답하고 있는데 그가 내 이력서를 지그시 보다가 문득 말했다. 10년 동안 5명의 의원과 일했으니, 국회의원 임기 4년을 따져 단순하게 계산하면 의원실을 자주 옮긴 것처럼 보일 만도 하다. 하지만 약 1년 동안 일했던 의원실 두 곳은 입사 시점이 임기 말이었기 때문이지 중간에 그만둔 게 아니었다. 처음부터 끝까지 온전히 함께했던 의원실이 한 군데 있었고, 다른 의원실 두 곳은 직급 문제 때문에 이동하게 된 것이었다. 직급을 제대로 대우해줄 수 없는 처지인 의원실 측에서 다른 의원실로 이직하는 걸 충분히 양해했다. 나는 억울했다. 사회성이 부족해 의원실을 이리저리 옮겨 다니는 사람으로 오해하는 말투였기 때문이다. "임기 거의 끝까지 있었던 곳이 두 군데고, 두 군데는 제가 들어간 시점이 임기를 1년 남기고 있었습니다." 나를 조직의 부적응자로 인식하기 전에 바로잡으려고 항변했다. 그는 별다른 반응 없이 이력서만 응시했다. 예감이 좋지 않았다. 내 항변이 실패한 것 같았다. 면접에 합격되느냐 안 되느냐의 문제보다, 성격이 이상해서 나를 겉도는 사람으로 인식할까 봐 그 점이 더 신경 쓰였다.

국회의원실 300여 곳은 각각 독립된 조직이다. 보험사의 판매원이나 야쿠르트 배달원이 특정 회사에 소속돼 있어도 개별 사업체로써 움직이는 구조와 비슷하다. 국회의원은 그 자체가 하나의 입법기관이기 때문이다. 입법기관 300곳의 활동을 국회사무처가 각각 지원하는 것이다. 그래서 의원실 운영 방식은 제각각 다르고, 다름을 서로 존중한다(엄밀히 따지면 상관할 바가 아니다). 국회의장과 부의장, 상임위원장 등 국회의원끼리 맡는 직책에 따라 서열이 있고, 무엇보다 정당 대표, 정당의 원내대표, 사무총장 등 정당 내 국회의원 사이에도 서열은 존재한다. 하지만 의례적이고 관습적인 차원일 뿐, 공식적으로는 모두 동등하고 독립적인 입법기관이기 때문에 의원실 운영도 독립적이다.

개별적인 입법기관 조직은 9명 정도의 적은 인원으로 구성돼 있다. 비례대표 의원이라면, 이 인원이 전부 국회의원 회관 사무실에서 일할 수도 있지만 지역구 의원은 대개 일부를 지역 사무실 직원 채용에 활용한다. 따라서 국회의원 회관에 있는 사무실 직원은 더 적은 경우가 많다. 어느 순간부터 직장 생활에서 지지고 볶는 느낌이 들게 된 환경적 원인이 바로 여기에 있다. 적은 인원이 입법기관 활동에서부터 개인의 정치 생명과 비전까지 관리하는, 다양하고도 많은 일을 하다 보니 그만큼 서로의 거리가 밀접하고 주고받는 영향도 크다. 그래서 직원을 채용할 때 업무 능력 못지않게 다른 사람들과 잘 어울리는 태도를 갖고 있는지와 책임감을 중요하게 여기는 의원실이 적지 않다. 미꾸라지 한 마리가 흙탕물을 만든다는 비유가 회관 사무실만큼 잘 들어맞는 곳도 없을 것이다. 내가 여러 의원실에서 일했던 이력을 면접관이 의심스러워한 것도 태도나 성격 때문이 아닐까 우려한 것이었고 내가 속으로 발끈했던 이유도 그 때문이었다.

서열이 있으면서도 각자가 독립적인 입법기관인 국회의원처럼 의원실 직원의 관계도 비슷하다. 책에서는 편의상 직원들을 '보좌관'이라고 칭했는데 구체적으로 살펴보자면 별정직 공무원 4급(보좌관), 5급(비서관) 그리고 그 아래 6급에서부터 9급까지의 비서(정책, 행정, 수행 비서), 인턴(유급), 입법 보조원(무급)까지 직급이 나누어져 있다.[30] 직급이 있어 수직적 분위기이기도 하지만 각자 맡은 일은 독립적이다. 행정, 수행, 정책 업무처럼 굵직한 업무 분장뿐만 아니라 정책 업무 안에서도 그렇다. 국회의 행정부 감사 및 입법안 제출은 상임위 별로 이루어진다. 각 상임위는 그 법을 집행하는 정부 부처와 관련 기관을 소관 기관으로 둔다.[31] 그

수는 부처의 소관 기관에 따라 다른데, 어느 상임위는 80여 개에 달하기도 한다. 내가 함께 일했던 의원들이 주로 소속됐던 상임위의 소관 기관은 20개가 넘었다. 대개 이 소관 기관들을 정책 담당 직원에게 각각 할당하는 방식으로 의원의 감사 및 입법 활동을 지원한다. 소관 기관이 80개에 정책 담당 직원이 4명이면, 한 사람이 평균 20개씩 맡는 식이다. 물론 많은 일을 하는 큰 기관을 맡는 사람은 적게, 비교적 사업이 적고 언론의 관심을 덜 받는 기관을 맡는 사람은 그런 기관을 여러 개 맡는다.

예를 들어 정무위원회에서 금융위원회와 금융감독원은 한 사람이, 공정거래위원회와 한국자산관리공사를 한 사람이, 국무조정실과 그 산하 국책연구기관들을 또 한 사람이, 산업은행 및 기업은행과 각종 기금을 한 사람이 담당하는 식이다. 정책 담당은 자신이 맡은 기관의 질의서를 작성하고 법안을 만들며 민원도 처리한다. 오래 일한 능숙한 보좌관이 국회 일을 처음 하는 신입 직원의 질의서를 중간에 확인하는 등 과정에서 약간 변형이 있을 수는 있지만, 의원에게 보고하는 건 담당자가 직접 하는 등 기본 체계는 독립적이다. 이렇게 맡은 기관을 나누기 때문에 아무리 상사라도 그 일에 대해서 깊게 관여하기가 어렵다. 언론을 떠들썩하게 만드는 커다란 이슈면 모를까, 그렇지 않으면 그 업무나 이슈에 대해서 잘 모르기 때문이다.

이런 특징 때문에 만약 보좌관의 성격이 유별나거나 다른 직원에게 앙심을 품으면 고달파진다. 의원의 지시가 있었던 것도 아닌데 의원에게 보고할 사항을 전부 자신에게 먼저 보고하도록 부하 직원에게 요구하기라도 하면 부하 직원은 일이 두 배로 많아진다. 상사인 보좌관에게 보고함으로써 의원에게는 보고를 생략해도 된다면 모를까, 업무적으로 그가 의원과 자신 사이에서 어떤 가교 역할을 해줄 수 있는 부분이 없기 때문에 아래 직급의 직원 입장에서는 의원을 두 명이나 모시는 셈이 되는 것이다. 선임 보좌관이 다른 직원과 알력싸움을 하는 경우도 봤다. 적은 인원끼리 편을 가르면서 눈치 보게 만드는 얘기를 들으면, 고개가 절레절레 흔들린다. 이런 곳은 의원이 아무리 좋은 사람이어도 소용없다. 직원들은 자주 그만두고 자연히 채용공고도 자주 올라온다. 유난히 채용공고가 자주 올라오는 곳은 기피해야 할 의원실 1호다. 직원 중 이상한 사람이 있거나 의원이 유난히 피곤한 스타일일 가능성이 크다.

거꾸로 함께 일하는 사람들과 마음이 맞고 좋으면 그만큼 천국인 곳도 없다. 의원의 성향이 까다롭거나 일을 많이 벌이는 등 고충이 쌓여도 직원들끼리 사이가 좋으면 서로 격려하며 지낸다. 의원이 공공의 적이 되어 직원들의 마음이 하나로 모여 오히려 직장 생활이 즐거워질 수도 있다. 다만 이런 곳은 그만두는 사람이 없기 마련이라서 빈자리가 잘 나지 않는다는 게 아이러니다. 어쨌든 온종일 같이 지내면서 손발을 맞춰야 할 사람은 의원이 아니라 직원들이다. 천국과 지옥을 만드는 건 '사람'이라는 사실은 국회 생활에서야말로 절대 진리다.

보좌관의 국회의원 길들이기

그것도 필요한 능력이다

국회가 개원한 6월 초, 아직 어수선한 사무실에 전화가 한 통 걸려왔다. 의원 일정과 사무실 행정 등을 담당하는 선배가 전화를 받더니 큰소리로 알렸다. "며칠 뒤에 당정협의회 한대요." 당시에는 의원회관이 증축되기 전이라 의원실을 포함한 사무실 전체 면적이 26평 정도였다. 한쪽 벽을 책장으로 두르고 남은 공간에 직원들이 옹기종기 모여 있고, 의원이 의원실의 문을 닫지 않는 이상 거리감을 느끼기 어려울 정도로 가까운 비좁은 구조였다. 열려 있던 의원실 문 안으로 그 소리가 들어갔던지, 의원실에 있던 의원이 비서실로 나왔다. 의원실 문 앞에 있는 선임의 책상 옆에서 그를 바라보며 말했다. "어떤 내용으로 하는 회의인가요? 당과 정부가 미리 정책을 조율하는 건가요? 자료 준비해야죠?" 그 의원은 초선이었다. 보좌관이 의자에서 일어나면서 대답했다. "네, 정부에서 먼저 여당 의원들의 의견을 듣는 자리입니다. 안건은 더 알아보겠습니다."

당정협의회 날이 됐다. 회의 시간이 다가오자 의원이 자료를 찾았다. 보좌관이 준비했던 자료를 내밀며 말했다. "안건은 이러저러한 것인데요, 여기에 간단하게 현황과 쟁점을 정리했습니다. 우리 당 의원들과 부처 국장이 협의하는 자리이니까 회의에서 오가는 얘기를 듣다가 짚고 싶거나 당부하고 싶은 내용을 말씀하시면 될 것 같습니다." 의원은 약간 찜찜한 눈빛으로 보좌관을 멀뚱하게 바라봤다. '나보고 그냥 빈손으로 가라고? 고작 내용 요약뿐인 이 종이 한 장만 쥐여주고?' 마치 이렇게 말하는 것 같았다. 그렇게 둘은 말없이 서로의 눈빛을 교환했다. 일하는 척하면서 곁눈질로 그 모습을 훔쳐보면서 나는 속으로 생각했다. '와, 보좌관님 무슨 배짱!' 잠시 뒤, 의원이 말했다. "이게 다인가요? 질의서 같은 것은 없고요?" 보좌관이 답했다. "네, 비공식적으로 협의하는 자리이니 그냥 그렇게 하시면 됩니다." 의원은 그렇게 거의 빈손이다 싶은 상태로 회의에 참석했다. 몇 시간 뒤 사무실로 돌아온 의원은 아무 일 없었다는 듯이 다른 사안에 대해 보좌관과 이야기를 나눴다.

국회에서는 상임위원회 관련 회의 말고도 정당 내 정책 분과별 회의, 정부와의 협의 등 많은 회의가 열린다. 회의를 소집한다는 연락을 받으면, 국회에 처음 들어온 초선 의원은 무엇을 어떻게 준비해야 하는지 몰라 난감해한다. 정책이 어떻게 결정되는지, 어떤 회의를 해야 하고, 회의에서는 무엇을 논의해야 하는지 모른다. 언뜻 들으면 어처구니없다고 생각할 수 있지만 당연하다. 사람들은 대부분 정치인의 활동을 편집된 글과 화면으로 일부분만 접하지 않던가. 유권자에게 선택받아 국회에 처음 입성한 사람들도, 안면이 있는 정치인과 교류하면서 나름의 정치활동을 했다 해도 국회에 대해서는 대중과 똑같이 글이나 뉴스 화면이라는 수단으로 접한 정도다.

도발적인 표현이지만 '보좌관의 의원 길들이기' 같은 태도도 이와 같은 맥락에서 나타난다. 보좌관은 의원의 손발로서 그의 의정활동을 구현하기 위해 도와주고 지시를 따르는 사람이다. 하지만 늘 그렇게 일방적이기만 한 것은 아니다. 비단 조언자의 역할 때문만은 아니다. 의원은 당과 유권자에게 선택받은 4년 동안 안정적으로 고용을 보장받지만 임기가 끝난 후에는 어떻게 될는지 알 수 없다. 국회에 남아 있으려면 공천이라는 당의 선택을 받아야 하고 이후에도 유권자의 선택을 받아야 한다. 더욱이 정당 불문 현역 의원의 물갈이 관행 탓에 유권자의 선택은커녕, 공천 관문을 넘어서지 못하고 짐을 싸야 하는 경우도 있다. 반면 보좌관은 제도적으로 고용을 보장받지는 못하지만 대신 국회의원 임기가 끝나도 국회에 남아 있기가 의원만큼 어렵지는 않다. 다음 국회에 입성하는 의원을 새로 찾아가면 되는 것이다. 국회에서 일했던 경력은 의원들에게 장점으로 어필된다. 초선 의원은 초반엔 국회 경험이 있는 보좌관들의 도움을 필요로 한다. 여건이 되는 대로 경력자로 보좌관을 구성하려고 하고 적어도 보좌관 두 명 가운데 한 명(그도 안 되면 보좌관보다 직급이 낮은 비서관이라도)은 국회 경력자로 두는 경우가 많다. 그만큼 이들에게 의지하는 것이다. 보좌관의 의원 길들이기는 바로 이 기간에 이루어진다. 물론 경력 있는 보좌관이라고 해서 누구나 그럴 수 있는 깜냥을 가진 건 아니다.

의원의 볼멘소리에도 의원을 거의 빈손으로 회의장에 보낸 뒤 보좌관이 말했다. "의원님도 자료 없이 발언하는 연습을 해야 해. 그런 회의까지 우리가 상임위 질의서 쓰듯이 의원에게 자료를 만들어주다가는 앞으로 발언 자료가 없으면 아무 얘기도 못 하는 정치인이 될 거야. 우리한테도 회의가 있을 때마다 자료를 기대할 테고. 앞으로 참석해야 하는 회의가 얼마나 많은데, 그때마다 말씀 자료를 일일이 만들면 상임위처럼 중요한 회의에 오히려 소홀하게 될 수도 있고. 우리 일이 회의 지원만 있는 게 아니잖아. 나중에 우리 일을 제대로 못 하게 돼." 납득이 되는 말이었다. 각종 회의, 토론회 등 발언할 일이 있을 때마다 자료를 만들어야 한다면 나중에는 일이 감당하기 어려울 정도로 많아질 가능성이 크다. 의원 입장에서는 처음엔 긴장되겠지만 미래를 본다면 기본 지식과 쟁점 파악은 보좌관의 도움을 받더라도 회의에 따라서는 즉각적으로 발언하는 걸 연습할 필요도 있다. 보좌관의 의원 길들이기는 합리적인 측면도 있는 것이다. 이를 알 리 없는 초선 의원은 그런 보좌관에게 '아, 질의자료를 따로 준비하지 않았구나' 하면서 순응할 리 없는 것도 당연하다. 의원을 설득하려면 보좌관에게는 수완 좋은 말재주가 필요하겠지만, 이를 내키지 않아 하는 상사와 자신 사이의 서먹함을 이겨내는 배포가 더 필요할 것이다.

이렇게 적절하게 의원을 길들일 줄 아는 것도 보좌관의 능력이라고 생각한다. 의원은 정치인으로서 능력을 향상시킬 수 있고, 무엇보다 앞으로 4년 동안 직원도 효율적으로 업무를 할 수 있다. 이런 보좌관을 동료로 두는 것은 좋은 의원을 만나는 것만큼이나 행운이다.

뺀질이 보좌관들의 꼼수

하기 싫은 일을 미루고 생색은 자신이 내고

국회 복귀 후, 상임위 회의장에서 몇 번 마주치면서 친해진 다른 의원실의 후배가 있었다. 어느 날 그가 잠깐 만나자며 다급하게 메시지를 보내왔다. 황급히 나가 보니 그의 얼굴이 마치 압력밥솥이 증기 배출을 시작하기 직전처럼 잔뜩 부풀어 있다. 사무실에서 무슨 일이 있었던 모양인지, 그 자리에서는 차마 뿜어낼 수 없었던 일을 터트리기 위해 나를 부른 것이다. 선임 보좌관이 자기가 맡은 소관 기관의 질의자료를 준비하지 않다가 회의가 임박해서야 도와달라면서 다른 직원에게 떠넘긴다는 것이다. 처음엔 의원의 회의 준비에 차질을 빚어서는 안 된다는 마음으로 급박하게 준비해야 하는 스트레스를 참으면서까지 대신해줬는데 그런 일이 이어지자 그날 급기야 터져버린 것이다.

그 선임이 질의자료를 준비할 줄 몰라서 그러는 것이 아니다. 오히려 잘할 것이다. 질의서를 닳고 닳게 썼을 것이기 때문이다. 보좌관 일을 한 지 20년이 넘었다니 국회의원으로 따지면 최소 5번 임기를 치른 중진 중에서도 중진급이라고 할 수 있다. 국회 상황과 정치를 훤히 꿰뚫고 있을 것이다. 보좌관으로서 전문가인데 능란하게 실력을 뽐내는 게 아니라 너무 잘 아는 나머지 흥미나 의욕을 잃은 경우다. 매너리즘에 빠져 1년에 몇 번씩 준비해야 하는 질의서는 이제 쓰기 싫어진 것이다.

함께 일했던 선배 중에서도 그런 사람들이 있었다. 그때는 느끼지 못했는데 지금 생각해보니 나도 그 매너리즘과 꼼수의 피해자였다. 국회의원 임기 중에 승진을 위해서 의원실을 한 번 이동한 적이 있는데, 그 의원실에서 내게 말한 조건은 상임위 소관 기관의 질의자료를 전부 혼자 준비하는 것이었다. 의원실에서 일하는 직원 수에 비해 정책 업무 담당자가 적은 상황이긴 했다. 나 이외에 정책 보좌관이 한 명 더 있는데 그는 지역 관련 정책과 민원만 맡는다고 했다. 의원실 운영 방식이나 사정이 각양각색인 데다가 승진이 절박했기에 나는 별다른 의구심 없이 받아들였다.

그 의원은 보궐선거로 임기 하반기에 들어왔는데, 상반기 의정활동을 만회하려는 듯 다양한 활동을 했다. 상임위뿐만 아니라 관례상 정당 원내대표단으로 구성되는 운영위원회(겸임위원회)에도 들어갔고, 예산결산특별위원회에서 예산안 조정을 하는 예산소위 활동까지 했다.[32] 상임위원회를 혼자 맡는다는 게 보통 일이 아니란 걸 국정감사 때부터 제대로 체감했다. 20개 넘는 부처 및 기관의 감사를 연일 감당해야 했고 그것에서 끝나지 않았다. 국감이 끝날 때쯤엔 운영위 국감이 시작됐다(상임위 국감보다 단기간에 끝나지만). 무엇보다 국정감사가 끝나면 바로 연말까지 계속되는 예산결산특별위원회가 시작된다. 예결위는 국가 예산을 결정해야 하는 만큼 행정부 전체 부처에서 자료가 물밀듯 쏟아진다. 산더미처럼 쌓이는 자료 속에서 질의서를 찍어내는 기계처럼 일했다. 야근은 두말하면 입 아프고 퇴근 자체가 나와 상관없는 일일 수밖에 없었다.

질의자료 준비는 정책 업무 중에서 노력 대비 생색내기 어려운 일이다. 질의서는 상임위 회의장에서 의원이 발언할 때 사용하거나 읽는 자료인데, 언론이나 소셜미디어 등에 회자돼 의원이 알려지는 계기는 주로 의원과 국무위원 사이에서 벌어지는 공방, 즉 말싸움 같은 자극적인 표현이나 태도 때문이지 질의 내용의 퀄리티는 그리 주목받지 못한다. 그래서인지 의원실에도 주목을 끌 만한 문제점은 회의 전에 보도되도록 언론을 이용하는 경우가 커지는 추세였다. 회의장에서 이루어지는 질의는 그것을 다시 한번 묻거나 다른 내용을 언급하는 정도, 논란이 되고 있는 사안에 대해서 인상에 남길 만한 언급을 하는 정도인 경향이 있었다. 그러니 질의서 쓰는 일은 직원(특히 오래 일한 사람일수록)에게 큰 보람도 없고 주목도 받지 못하는, 한마디로 남는 게 없는 일처럼 되어 하기 싫고 귀찮게 여겨지는 것이다.

다른 어느 보좌관은 국회에서 일한 지 1년밖에 되지 않았는데도 이를 알아차리고는, 질의자료 준비하는 일에서 손 떼고 싶어 했다. 자신은 법안 발의에 몰두하겠다고 했다. 질의는 내용이나 질로 별로 주목받지도 못하거니와 한 번 하고 나면 사라지는, 그래서 직원의 이력서에 별달리 쓸 거리가 되지도 않는 일인 반면, 법안 발의는 추진 과정에서 여론을 이용하고 주목받기에 좋을 뿐만 아니라 직원이라도 자기 경력에 남길 수 있기 때문이다. 한마디로 생색나는 일만 하고 싶다는 것이었다. 그렇다고 그가 온종일 열심히 일하는 것도 아니었다. 그는 매일 야근했는데, 그럴 수밖에 없는 게 낮에는 소셜미디어에 글을 업로드하고 댓글에 답하는 데 적지 않은 시간을 썼기 때문이다. 사무실에서 요란하게 키보드 두드리는 소리는 곧 그의 글이 그의 계정에 게시되리란 걸 알리는 신호였다. 자신이 관심 있는 내용이나 언론이 주목하는 정책만 주도하고 다른 일은 동료들에게 떠넘기려고 하면서.

국회 생활이 1년밖에 안 된 신참 보좌관인데도 자신의 커리어에 유리한 일만 하며 실속을 차리려는 속셈이 빤히 보여서 받아들이기 어려웠지만, 고참 보좌관들의 꼼수는 이해할 수 있는 측면이 영 없는 것은 아니다. 일한 지 10년 가까이 되자 나 또한 그런 마음이 들었기 때문이다. 처음에는 너무 재미있어서 내가 더 맡겠다고 의욕을 부리던 일이 나중에는 지겹게 느껴졌다. 질의를 준비할 때 안건이나 내용은 한 번도 같을 수 없지만, 준비 과정과 안건을 질의서에 풀어내는 방식은 매번 똑같다. 컨베이어 벨트 위에서 동작을 반복하는 사람처럼 같은 행동을 반복하는 것처럼 느껴졌다. 그렇다고 아무런 생각 없이 몸만 움직이면 되는 일도 아니고 그때그때 아이디어를 떠올려야 하는 스트레스는 그대로였다.

보좌관이 질의서를 피하면 안 된다는 건 두말할 나위 없이 당연하다. 질의서 떠넘기기를 당한 후배의 푸념에 함께 분노했던 건 진심이었다. 그렇지만 마음 한구석에서는 매너리즘에 빠진 보좌관이 이해되는 양가감정이 들었다. 미루면서 하지 않는 것이지만 못한다고 해도 과언이 아닐 것이다. 일을 그만두고 다른 곳에서 일하고 싶어도 오랜 보좌관 경력과 수완을 알아주는 곳이 좀처럼 없다. 그래서 그저 꼼수를 부리며 직원 사이에서 골칫덩이가 되는 신세로 전락하고 만다.

선배로서 또 개인적으로 배울 점이 많은 보좌관이 있었다. 능력이 출중하고 인간관계도 좋은 데다가 운도 따라줘 보좌관 일을 그만둔 후 민간 기업으로 자리를 옮겼다. 그 업계가 대체로 보수적인 분위기에 텃세도 있다고 하던데, 몸이 홀쭉해지고 얼굴이 퀭해질 정도로 처음엔 많이 힘들어하는 모습이었다. 그래도 그는 잘 적응했다. 국회에 있을 때 함께 일하던 사람들이 모인 자리에서 오랜만에 소회를 푸는데, 국회 업무가 큰 도움이 됐다고 말했다.

"민간 기업으로 직장을 옮기고 나서 힘들었던 건 조직 분위기 때문이었지 업무 자체는 아니었어. 막상 일을 하나씩 해보니까 일은 오히려 국회 때보다 쉽게 느껴지더라고. 업무나 행사 기획? 우리가 국회에서 매일 토론회랑 각종 행사 기획하고 법안 추진 기획하잖아. 홍보? 매년 말이나 초에 의정 보고회하면서 홍보활동하고, 홍보의 결정체인 선거 운동은 흔한 일이었지. 절차나 규정은 우리가 노상 하는 일이 법 만들고 규정 따지면서 행정부에 질의하는 거였잖아. 회사에서 문제가 생겨도 국회에서 민원해결을 해봤으니 어렵지 않았어. 회사는 새로운 곳이고 어떤 일을 해야 하는지 모르니 겁이 났는데 일 자체는 정작 어려울 게 없더라고."

함께 일했던 또 다른 국회의원은 국회의원과 보좌관을 가리켜 General specialist, 즉 만물박사라고 했다. 의정활동 전반을 돕는 일은 입법이나 정책뿐만 아니라 기획, 홍보, 민원 관리, 조직관리 등 다양한 일을 다 '잘' 할 줄 아는 능력을 요구하기 때문이다. 우리 사회에서는 국회의원 보좌진을 정치 활동이라는 틀에 국한해 바라보는 나머지 직원들이 국회의원이라는 입법기관을 작동하게 만들기 위해 어떤 일을, 어떻게 하는지에 대해서는 별로 관심을 두지 않고 그 능력과 중요성을 간과하는 경향이 있는 것 같아 아쉬움이 남는다.

탈출 버튼은 없습니다

아무도 떠나지 않아서 더 떠날 수 없다

국회에서 일하던 시절 이상하게 여름만 되면 답답했다. 휴가가 끝나면 국정감사 준비로 긴장해야 할 텐데, 가장 바쁜 시기를 코앞에 두고도 파티션으로 둘러싸인 사무실 책상에서 벗어나야 할 것 같은 기분이 들었다. 여기 꼼짝없이 앉아 있는 나 자신이 왠지 한심하단 생각이 떠나지 않았다. 커리어를 아무리 쌓아도 4급 보좌관에 머무를 수밖에 없는 곳. 언제 일을 그만둬야 하는 상황이 올지 모르고, 국회의원의 임기가 끝나면 다시 일자리를 구하러 이력서를 들고 찾아다녀야 하는 이곳에는 미래가 불투명해 보였다.

그땐 40대 중반 넘어서까지 국회에서 일하고 싶지 않았다.

보좌관은 별정직 공무원으로서 공무원 연금공단에 월급의 일부를 납입하기 때문에 일정 기간이 지나면 공무원 연금 수령 대상자가 되는 혜택이 있지만 나는 그것을 바라지 않았다. 당시엔 꼬박 20년 이상 납부해야 연금을 받을 수 있었던 탓이다. 20년은 너무 길게만 느껴졌다. 20년 동안 꾸준히 의원실에 고용되기도 쉽지 않지만 별다른 비전 없이 계속 일하는 것도 바람직하지 않다고 여겼다. 어린 눈에는 아무리 잘해도 한계가 명확한, 의원회관을 오래도록 벗어나지 못하고 있는 사람은 왠지 능력 없는 것처럼 보였다. 그러나 막상 나가도 갈 곳이 없다. 정부 업무 보고나 예산 및 결산 자료를 검토하며 잘못한 것이나 실수한 것이 없는지 체크하고 자율과 자유를 규제하는 일만 하던 사람이 사회의 어느 분야에서 쓸모 있을까. 나 자신이 한심하고 무능하게 느껴졌다.

여성가족위원회 업무를 할 때 여성의 경력 단절 문제에 관심을 많이 가졌다. 결혼과 임신 및 출산, 육아로 일을 그만뒀다가 다시 일하고 싶어 하는 여성이 수두룩하다. 국가적 측면에서도 고급 인력을 출산, 육아 같은 생애주기에 따른 일 때문에 그들을 유휴자원으로 두는 건 낭비라고 생각했다. 대학과 연계해서 교육 프로그램을 만들거나 성비에 따른 기업의 생산성 같은 것을 조사하는 등 경력 단절 여성의 능력을 제고하거나 증명함으로써 취업률 문제 해결 방안을 찾으려고 애썼다.

여성의 경력 단절 문제도 심각한 사회 문제이지만, 한편으로는 일을 그만뒀던 사람이 재취업하기 어려운 것은 한국 사회 전반의 문제이기도 하지 않은가. 사회생활을 하면서 증권가, 대기업 등 직장인이 빵집, 치킨집 타령하는 얘기를 적잖이 들었는데 그들도 다르지 않은 것이다. 그들이 한결같이 내뱉은 한탄은 내가 책상 앞에 앉아서 하던 한탄과 같았다. 그만두고 싶어도 자신이 가진 지식이나 기술로 다른 분야에서 어떤 일을 할 수 있겠냐는 것이었다. 다들 노동의 공급자로서 자신의 자격과 능력만 생각한 것이다. 지금 앉아 있는 자리를 떠나면 아주 출중하지 않은 이상 그를 받아줄 수 있는 곳이 거의 없다.

최근 들어 그때의 생각이 짧았다는 사실을 깨달았다. 국회의원 회관에 계속 있는 나 자신이나 선임 보좌관들에 대해서나 또, 경력이 단절된 여성들의 취업에 대한 아이디어나 모두 노동의 공급 측면에서만 생각했다. 수요는 생각지 않고 공급, 즉 인력의 자격, 능력 등의 문제로만 봤던 것이다.

누구든 한 번 들어가서 얻은 자리를 떠나게 되면 쉽게 다른 곳에 도전하기 힘든 현실은, 일자리 구조의 유연성과 관련된 수요 측면에서도 생각해 볼 필요가 있다. 한 번 입사하면 큰 잘못을 저지르지 않는 한, 정년 때까지 자리를 보존할 수 있는 구조에서는 나른 일자리를 찾기가 더 어려울 수밖에 없다. 자리 이동이 경직적이기 때문이다. 처음 자기 자리를 찾기만 하면, 제도가 그 자리를 지켜주는 형태는 일종의 기득권을 보장해 주는 것과 차이가 없다. 그러니 경력 단절된 사람이 다시 들어갈 곳이 매우 적다.

자기 자리가 있는 사람도 한 번 나가면 다시 일하고 싶어도 자신의 자리를 찾기 힘드니, 일이 힘들어도 사표를 가슴에만 품은 채 버텨야만 하는 것 아닐까.

휴직하기 전, 가까이 지내던 다른 의원실 친구는 이런 구조의 맹점을 일찍이 간파했다. 어느 날, 친구를 찾아갔다가 깜짝 놀랐다. 친구의 책상 옆에 장미 100송이를 담은 꽃바구니가 놓여 있던 것이다. "이게 뭐야? 의원님한테 온 거야?" 친구가 멋쩍은 듯 대답했다. 다른 의원실의 직원이 자기에게 준 거라고. 그 직원은 나도 아는 사람이었다. 친구를 찾아가면 친구의 책상 근처에 있던 모습을 자주 마주쳤기 때문이다. 그 친구에게 호감을 갖고 있던 것이다. 친구는 이후에 그와 몇 번 데이트했다. 하지만 연인으로 발전하지는 않았는데, 그가 마음에 들지 않아서가 아니었다. "직업이 좀… 회관에서 일하는 사람은 너무 불안정해서 불안해." 결혼을 생각하고 있던 때여서 좋은 감정만 갖고 만날 처지가 아니었다. 더욱이 친구는 평소에도 배우자 직업이 안정적이어야 한다고 생각하는 편이었다. 고용 구조의 경직성이 인간 관계를 맺는 일에까지 적지 않은 영향을 미치고 있는 것이다.

한여름에 답답한 사무실 책상에 엎드려서 이곳을 빠져나가지 못하는 나 자신을 한심하게 여긴 건 내가 무능해서만은 아니었던 것이란 생각이 이제야 든다. 일하고 싶어 하는 엄마들이 그토록 많고, 그것이 개선돼야 할 문제라는 사회적 공감대가 있는데도 경력 단절 여성의 재취업 문제가 개선되지 않는 것 역시 큰 틀에선 고용의 구조적 문제가 고질적인 영향을 끼친다는 생각이 든다. 번듯한 회사에 다니는 젊은 직장인이 일을 그만두면 자기가 할 수 있는 게, 일할 만한 곳이 없다며 한탄하는 것도 그들의 능력 부족이나 정신력 때문만은 아닐 것이다. 사표를 가슴에 품고 출근하는 아버지들이 당당하게 사표를 꺼내지 못하는 것을 그에게 의지하는 가족 탓으로 돌리는 것 또한 무리다. 안정적으로 일하려다가 도리어 한 번 들어가면 좋든 싫든 떠나지 못하게 자기 발목을 묶게 만든 구조에도 원인이 있는 것인지도 모른다.

가을 여의도는 꽃들의 향연

동쪽에선 불꽃 축제
서쪽에선 의정활동의 꽃 국정감사

봄, 가을에 여의도는 한 번씩 수많은 인파로 들썩인다. 봄에는 통통한 고구마처럼 생긴 여의도 서쪽 끝 국회 쪽에, 가을에는 그 반대쪽 동쪽 끄트머리에 있는 63빌딩 근처에 사람이 몰린다. 바야흐로 벚꽃 축제와 불꽃 축제다.

겨우내 맨몸으로 찬바람을 이겨낸 꽃나무들이 혹독한 겨우살이를 끝냈다는 기쁨에 폭죽 터트리듯 화사한 봉오리를 터트리는 모습은 그야말로 꽃나무들의 축제다. 꽃가지 아래를 가득 메운 사람들은 축제에 빠지면 섭섭한 손님이다. 주인공인 꽃나무들과 늘 붙어 있는 국회도 꽃 축제를 거들지 않을 수 없다. 차량이 통제된 국회의 뒷길을 가득 메운 사람들에게 국회도 활짝 문을 연다. 국회 앞마당은 사시사철 누구에게나 개방되어 있지만 이때만큼은 꽃나무 곁에 있으려는 사람들의 손목을 잡아끄는 듯 각종 행사가 국회 앞마당에서도 열린다. 안 그래도 싱숭생숭한 마음에 봄바람이 들어가, 따스한 햇볕이 꽃에 반사돼 핑크빛이 감도는 하늘로 내 몸을 붕 떠올리는 것 같은 기분이 든다.

출근해서 이른 점심시간 전까지, 서너 시간 동안 붕 뜨려고 하는 마음을 겨우 사무실 책상에 묶어놓다가 11시 반이 되면 구내식당으로 달려갔다. 후다닥 밥을 먹고 나서는 회관 뒤편에 있는, 의원회관에서 가장 가까운 국회 3문으로 나가곤 했다. 문밖으로 나가면 나들이 인파에 섞인다. 벚꽃을 한가로이 감상하는 것도 좋지만 나들이 온 사람들의 풍경과 섞인 꽃냄새에 더 끌렸다. 사람들 틈에 끼어 있으면 근무지에 매여 있는 처지를 잠시나마 외면할 수 있었다. 그 길을 산책하는 동안엔 어쨌든 의원회관이 눈앞에서 사라지고, 더욱이 머리 위를 덮은 벚꽃 가지가 또 한 번 내 시야에서 국회를 가려줬다. 비록 본청 뒤쪽에서 도서관까지 밖에 되지 않는 짧은 구간이지만. 그러나 거기서 끝이 아니다.

도서관 쪽 출입문인 국회 6문으로 들어오면 짧은 산책을 마무리하는 의식인양, 나와 동료들은 커피를 사 들고 출입문과 도서관 사이에 있는 의정관의 낮은 옥상으로 올라갔다. 2층 혹은 3층 높이 정도로 기억하는데, 그 덕에 거기에 서면 벚꽃 아름드리와 인파의 정수리 그리고 한강이 한눈에 들어왔다. 들썩이는 세상과 단절된 듯 적막 속에서 키보드 두드리는 소리, 민원인이

나 정부 부처 담당자와 입씨름하는 통화 소리만 들리는 사무실로 돌아가기에 앞서 흘러가는 한강 물줄기에 짧은 산책의 아쉬움을 흘려보냈다.

벚꽃 축제는 항상 4월 초에 열리는데, 4월은 국회 임시회가 열리는 달이다. 즉, 국회가 공식적으로 일하는 달이다. 이 시기에는 상임위와 소위 일로 본청과 의원회관을 오갈 일이 많다. 자료를 가득 담은 수레를 끌어야 할 일이 많아지는 시기다. 눈과 비가 오지 않는 한, 평소에 나는 지상으로 다니는 편이었는데 이 시기엔 일부러 지하 통로를 이용하기도 했다. 사무실 일로 스트레스를 받는 날 지상으로 다니다가 국회 잔디밭에 둘러앉아 한가로이 봄을 즐기고 있는 사람들 모습을 보고 기분이 더 울적해진 적이 있기 때문이다. 내게 지하 통로는 그런 장면을 보지 않게 막아주는 역할도 했다. 근무시간에는 말랑말랑한 벚꽃 세상과 건조한 내 세계를 단절시키는 방패처럼.

벚꽃으로 물들 때는 그래도 점심시간 산책으로 꽃놀이에 한 발 담글 수 있기라도 하다. 가을 불꽃은 완전히 다른 세계의 것이다. 불꽃축제가 열리는 시기에 국회에는 다른 꽃이 핀다. 의정활동의 꽃, 국정감사! 불꽃과 의정활동의 꽃은 둘 다 추석이 끝나고 열린다. 그래서 불꽃과 의정 감사의 꽃이 피는 시기가 겹치는 적도 있긴 하지만 대부분 불꽃이 한발 앞섰던 듯하다. 그 덕에 동쪽 끝 하늘과 땅이 화려한 불꽃과 자욱한 연기, 시끄러운 폭죽 소리와 흡사 피난민 대열 같은 인파로 들썩일 때 서쪽 끝 하늘엔 질의

꼭지를 짜내느라 의원회관 창문에서 좀처럼 꺼지지 않는 백색 빛 그리고 폭풍 전야 같은 무거운 적막으로 물든다.

화려한 불꽃에 시선을 온통 빼앗긴 사람들은 의정활동의 꽃을 피우기 위해 고군분투하느라 국회에도 백색 빛이 발화하고 있단 사실을 좀처럼 알지 못한다. 사람들 시선을 빼앗아가는 건 요란한 불꽃만이 아니다. 어느 해 명절이었던가, 추석 연휴에 택시기사가 되겠다며 기자들을 불러 모으는 정치인처럼 보여주기식 이벤트에 열중하는 사람들 역시 이목을 휩쓸어 담는다. 그러는 사이, 진짜 일은 그들 뒤를 묵묵히 지키는 이들의 몫이다. 정치인 몇 명이 대중에게 감각적 즐거움을 선사하는 동안 많은 사람이 보이지 않는 곳, 주목받지 못하는 곳에서 일하고 있다. 의원회관에도 연일 불이 꺼지지 않으며 쥐 죽은 듯이 일하는 사람들로 가득하다. TV 출연이 쉽게 큰 효과를 얻는 걸 보면, 퀄리티 좋은 감사 자료를 만들기 위해 애쓰는 노력이 허망할 때도 있다. 일은 보이지 않는 곳에 있는 노바디(보좌관을 비롯해 언론을 의식하지 않고 묵묵히 일하는 국회의원)가 하고 공은 앞에서 시선 끄는 썸바디('쇼'를 펼치는 정치인)가 가져가는 것 같은 느낌이랄까.

불꽃이 터질 때 같은 여의도에 있어도 나는 불꽃을 제대로 본 적이 없다. 불꽃 구경하러 온 사람들이 섬을 점령할 때 국회에서는 서쪽의 꽃을 피우는 일에 열중한다. 내 기억 속에 남은 가을빛은 늦은 밤, 퇴근길 위에서 드문드문 나를 비춰준 밤하늘 별빛뿐이었다.

그건 의원님이 잘못 아신 겁니다

아마추어 콤플렉스 극복기

모든 일에는 제각기 나름의 스트레스와 고충이 있기 마련이듯 국회의원을 보좌하는 일도 그렇다. 의원실 일은 각자 맡은 역할과 임무가 분명한 경우가 많기 때문에 실수하면 바로 들통난다. 더욱이 그 실수는 대부분 의원에게 손해를 입히는 일이 되기 때문에 일할 때 두려움 섞인 긴장의 정도가 높은 편이다. 그런 일 중 하나가 상임위 회의실에서 정부 부처를 상대로 하는 국회의원의 질의를 지켜보는 것이다.

상임위 전체 회의가 열리면 보좌진은 의원석 뒤쪽에 마련된 자리에 앉아서 대기한다. 혹시 의원이 추가 자료나 확인 사항을 필요로 할 수 있기 때문이다. 거기서 회의를 지켜보는데, 등골이 서늘해졌던 경우가 두어 번 있었다. 의원이 질의서를 보며 어떤 문제를 지적하자 국무위원이 대답했다. "아닙니다. 그건 의원님이 잘못 아신 겁니다." 헉, 머리칼이 쭈뼛 섰다. 휘둥그레진 눈과 경직된 얼굴로 마치 윔블던 경기를 지켜보는 관중처럼 의원과 국무위원의 문답을 따라 고개를 왼쪽으로 한 번, 오른쪽으로 한 번 돌리기를 반복했다. 알고 보니 내가 준비한 질의자료의 문제는 아니었다. 다른 의원의 질의였지만 그 모습을 지켜보는 것만으로도 등골이 서늘했다. 자칫 잘못하면 나와 일하는 국회의원도 당황스러운 일을 겪을 수 있다는 가능성 때문이다.

요즘에는 의원의 질의 내용이 부정확하거나 다소 합리적이지 않아도 국무위원이 에둘러 설명하면서 다시 살펴보겠다고 정중하게 대답하여 의원의 체면을 지켜주는 분위기라고 하지만 당시에는 그런 모습이 별로 없었다. 물론 국회의원이 대뜸 국무위원을 가르치거나 혼내듯 호통치는 모습도 그때는 드물었다. 대체로 질의 내용의 타당성과 합리성을 갖고 공방하는 경향이 컸는데, 그럴수록 질의하는 의원의 긴장감이나 준비하는 보좌관의 스트레스는 클 수밖에 없다. 정말, 제대로 알아서 질의해야 하니까. 그 의원의 당혹감은 회의장에서 그대로 드러났다. "아니, 제가 갖고 있는 자료에 의하면…". 국회의원은 책상 위 서류 더미를 뒤적였지만 국무위원의 반박을 반박하지 못했다. 결국 그렇게 회의가 끝났다. 위원장이 산회를 선포하자마자 자료를 준비한 보좌관이 의원 옆으로 튀어 나갔다. 허리를 숙인 채로 질의자료를 이것저것 집어 들면서 의원에게 질의 내용에 대해 설명하는 듯했다. 회의가 끝났으니 사람들이 전부 자리에서 일어나 밖으로 나가고 있었고, 나도 그들을 뒤로한 채 사람들과 함께 회의장을 떠났다.

국회의원의 의정활동 중 중요한 하나는 행정부를 견제하는 것이고 이 일은 예산과 결산 심사뿐만 아니라 상임위 전체 회의에서 하는 의원들의 질의로 이루어진다. 이 질의자료를 준비할 때 나는 유독 긴장했다. 보좌관 초창기 때는 스트레스를 너무 받은 나머지 열등감에 시달리기도 했다. 질의뿐만 아니라 법안을 만들 때도 마찬가지였다. 정부 부처에서 만든 업무 보고에 대한 의문이나 언론 또는 민원인 등이 제기한 문제를 검토할 때 빠지지 않는 과정이 부처 담당자에게 전화 걸어 확인하는 일이다. 이런 통화는 사실 확인, 구체적인 정보 획득 등과 같은 목적도 있지만 현장 상황과 실질적인 법 집행을 일일이 직접 점검하기 어려운 국회의 한계를 보완할 기회가 되기도 한다. 정부는 법을 실제 현장에서 집행하면서 자료와 경험을 축적하기 때문에 가진 자료가 의원실보다 많을 뿐만 아니라 전문적인 경우가 많다.

부처 담당자와 통화할 때면 나는 나의 전문성이 부족한 것을 들킬까 봐 늘 노심초사했다. 근래 들어서는 장관이 의원의 입장을 배려해 조심스럽게 대해서인지 부처 직원 역시 의원실의 직원이 기초적인 사항을 물어도 친절하게 대답하지만 몇 년 전만 해도 그렇지 않았다. 장관이 의원의 질의에 가차 없이 대답하듯 부처 직원도 자료에 대한 충분한 이해나 분석 없이 전화하면 자기 시간을 빼앗지 말라는 속내를 말투에 드러내는 편이었다. 그만큼 정부 담당자와 얘기할 때 긴장됐다.

전문적인 측면에서 정부 부처에 비해 부족하다는 콤플렉스에서 벗어날 때까지는 적지 않은 시간이 걸렸다. 상임위원회를 여러 번 거치면서 업무 프로세스에 익숙해진 덕도 있지만 결정적인 건 국회의 감사는 전문가가 아니라 평범한 유권자의 입장과 시선으로 하는 것이라는 사실을 깨닫고 나서부터다. 정부 기관이면서도 정부로부터 독립성을 보장받아, 세입, 세출 결산 및 부처 등 국가기관 회계 감사, 공무원 감찰 등을 주 업무로 하는 감사원을 따로 둔 것이 바로 이 때문일 테다. 전문성을 갖고 정부를 감사하는 곳이 감사원이라면, 평범한 시민으로서 감사하는 곳이 국회다. 그 덕에 국회의원은 사회에서 쌓은 경력에 해당하는, 소위 자기 전문 분야를 관할하는 상임위가 아니어도 어느 분야든 그 상임위원이 될 자격을 갖는 것이다. 나의 전문성 부족을 인정하고, 국회의 역할을 제대로 이해하자 나의 태도도 당당해졌다.

일하면서 관찰한 바에 의하면, 실제로 행정 부처 직원은 대부분 한 분야 업무를 집중해서 또 꽤 오랫동안 지속하는 것에 비해, 보좌관은 물론이고 국회의원 역시 특정 법 집행 그리고 그와 관련된 업무에 대해서는 비전문가일 수밖에 없다. 대개 전문가적 권위가 높다고 알려진 금융 분야 출신이나 변호사 출신도 예외가 아니다. 예를 들어, 은행에서 오래 일했던 사람이 증권업이나 보험업에 대해서도 전문가라고 하기는 어려울 수 있다. 더욱이 오늘날 산업은 조직의 규모가 크고 업무가 세분화돼서 은행업에 근무했다 하더라도 모든 업무에 대해서 잘 아는 것은 아니다. 은행, 증권, 보험 등 금융 정책을 집행하는 정부 부처 역시 금융위원회의 각 부서에서 담당하고 있는데, 국회의원은 각자가 금융위원회 업무 전반을 다뤄야 한다.

변호사도 다르지 않다. 변호사라면 법 관련된 것은 뭐든 잘 알 것이라는 기대치가 있지만 일해 보니 환상이 조금 깨졌다. 변호사도 전문 분야가 다양하게 나누어져 있어서 자신이 맡은 분야 외에 다른 부분은 잘 알지 못한다는 인상을 받았다. 법조문에 익숙하고 법에 따라 어떻게 대응해야 할 것인가에 대해서는 전문가이겠지만, 입법이 목적하고자 하는 정책의 적절성을 파악하는 부분에선 특별히 뛰어난 점은 없었다. 『판사유감』의 저자 문유석 판사의 경험에 따르면 미국의 로스쿨 수업 중에는 정책, 입법 관련된 내용도 있는 듯하다. 독일의 사상가 막스 베버(Max Weber)는 "행정 운영을 담당한 훈련된 관료"라는 점에서 정부 관료보다 더 전문가라고 할 수 있는 사람은 없다고 말한다. 국민이든, 의회든, 대통령이든, 절대 군주나 입헌 군주든, 누구든 관료보다 "아마추어 처지"[33]라는 것이다(단, 그는 기업가만은 관료층의 전문 지식보다 우위에 있다고 지적한다. 기업가는 실무를 정확히 하는 것이 사활이 달린 문제지만, 국가 통계 등의 오류 같은 일로 관료가 직접적인 해를 입지는 않기 때문이다).

그렇다면 국회의원의 역할은 무엇일까. 비단 유권자 입장과 관점을 대변한다고 말하기엔 부족하고 아쉽다. 보좌관을 'General specialist'라고 한 건 비단 입법·정책에서부터 기획, 홍보, 선거 등 다양한 일에 능숙해서만은 아니니다. 입법이나 정책 면에서 보면 전체를 조망할 줄 알아야 한다는 의미도 크다. 보좌관 일의 목적이 국회의원의 의정활동에 있다면, 국회의원에게 더 필요한 능력이자 자질인 건 두말할 필요가 없다. 예를 들어, 금융위원회가 은행, 보험, 증권, 사적 금융 등 금융 영역 전반을 관할하듯 의원은 다양하게 세분돼 있는 각각의 전문 영역이 서로 어떤 영향을 주고받아 사회 전체의 경제 활동 또는 유권자 생활을 변화시키는지 가늠하고 그에 따라 정부 정책을 조율하며 법안을 내는 역할을 하는 것이다.

이 같은 능력을 갖추는 건 한두 해 또는 임기 한 번의 의정활동으로 충분히 이뤄내기 어렵다. 그래서 개인적으로 큰 정치하기에 적합하다고 판단하는 데 중요한 요소 가운데 하나가 의정활동의 연륜이라고 여긴다. 사회의 다양하고 복잡한 영역이 서로 주고받는 영향을 통찰력 있게 볼수록 국가 운영을 잘하지 않을까 하는 기대에서다.

국회의원이 어느 분야의 전문가인 것처럼 보이려고 애쓸 필요는 없을 것이다. 국회의원은 정치인이지 전문가가 아니다. 정치인이라는 자신의 역할을 잊고 정치인이면서 동시에 전문가의 명성까지 누리려고 욕심부리면 자칫 진짜 전문가의 능력을 활용하지 못할 수도 있다. 정치인으로서의 국회의원은 베버도 인정한 전문가 집단인 정부와 민간 사이 협력을, 또 사회에서 서로 상충하는 이해와 입장을 조화롭게 만드는 일에 전문성을 보여야 할 것이다.

10년 국회 생활의 보람

강산을 바꾸려고 할 게 아니라
나 자신의 성장을 기준으로

대학 졸업을 앞둔 마지막 겨울방학에 IMF가 터졌다. 많은 구직자가 혼란스러워했다. 나 역시 방황하다 대학원에 진학하기도 했고, 보습학원에서 일하기도 했다. 이후 운 좋게도 나는 1년이라는 짧은 기간 안에 자리를 잡게 되었다. 국회의원회관에. 어느 의원실에서 아르바이트생을 뽑는다는 공고를 우연히 보고 지원했고, 아르바이트지만 열심히 했다. 그 덕에 몇 개월 뒤에 처음 생긴 국회의원실 인턴직에 자연스럽게 채용됐다. 그렇게 국회 생활을 시작했다.

아무것도 모르는 사회초년생이 국회라는 거대해 보이는 곳에서 일하게 되어서인지 처음엔 얼떨떨했다. TV나 신문에서 접하던, 사람들의 관심을 한 몸에 받는 나랏일이라는 대단한 일을 하는 틈바구니에 끼여서 일하게 되다니. 나도 대단한 사람이 되는 것 같았다. 대단한 사람들과 함께 일하는 나 자신을 대견해하는 만큼 국회의원이 큰 산처럼 느껴지기도 했다. 의원 앞에서는 사소한 일에도 바짝 긴장해 쩔쩔맸다. 그래도 열심히 잘하고자 하는 의욕만큼은 끊임없이 샘솟았다.

처음 맡게 된 행정 업무도 사명감으로 일했다. 법안 입안과 질의 등이 사회를 직접적으로 개선하는 일이라면, 의원과 정책 보좌관이 무리 없이 업무를 추진할 수 있도록 뒤에서 받쳐주는 일도 의미 있는 일이라고 생각했다. 포지션을 옮겨 정책 업무를 하게 됐을 때는 사명감에 더해 개인적인 즐거움도 무척 컸다. 질의자료를 준비하는 게 그렇게 재미있을 수 없었다. 법률안(개정법률안)을 만드는 일도 처음엔 힘들었지만 입법조사처와 법제실 보강 등 입법 활동을 지원하는 제도가 확충되면서 훨씬 수월해지고 즐거웠다. 그런데 이런 즐거움만으로 국회 생활을 지탱하는 건 무리였다.

나는 일하면서 큰 보람을 느껴본 적이 없다. 물론, 내가 국회에서 일하게 된 건 사회 문제에 남다른 관심이 있거나 사회에 기여하겠다는 특별하고 거창한 의도 때문이 아니긴 했다. 나는 생계형 직장인에 가까웠다. 특별한 이념이나 신념도 없었다. 굳이 신념을 꼽자면 일할수록 느껴지는 의정활동의 전반적인 변화, 즉 나쁜 행위나 문제는 법이란 몽둥이를 휘두르기만 하면 해결할 수 있다는 식의 정책 흐름과 문제의 해결책을 빨리 제시해야 한다는 압력에 휘둘려 그런 방식이 초래할 최하위 계층의 피해를 소홀히 하게 되는 흐름이 우려되고 괴로웠단 정도였다. 사회초년생 시절에는 그런 미약한 신념조차 갖지 않았다. 말 그대로 그저 나를 고용한 의원의 손발로써 열과 성을 다해 움직였다. 일하는 내내 나의 직업관은 그랬다. 인정받아서 승진하는 것이 첫 번째 목적이었다.

위로 올라가고자 하는 욕망이 후퇴 없이 이른 시간 안에 달성됐다면 어떤 보람이라도 느꼈을지 모르겠다. 하지만 늘 그렇듯 일이 내 뜻대로 되지 않는다. 개인적인 일로 경력에 공백기가 생기고 승진도 기대처럼 되지 않자 몸과 마음이 급격히 탈진하기 시작했다. 재밌기만 하던 질의서 작성과 법안 준비가 지겨운 작업이 되어버렸다. 사회적으로 기여한다는 사명도 체감하기 어려웠다.

문제를 찾아서 개선하는 법안을 마련하고 통과돼도 나에게 그것은 그저 서류 작업이고, 국회라는 공간에서 이루어지는 일일 뿐 내가 직접 현실적인 변화를 느끼긴 어려운 일들이었다. 민원을 해결하면 그 변화를 피부로 느낄 수 있고 보람을 찾을 수도 있겠지만, 나는 상임위 업무를 주로 했고, 그나마 접한 민원은 운 없게도 청탁에 가까운 경우가 많았다. 대중 속에 있을 땐 무슨 일이든 국회의 잘못이라고 탓하면서도 스스로 권력 가까이에 올 기회가 있으면 콩고물을 받아먹을 게 없나 하는 듯 기대감을 내

비치거나, 권력 근처에 있다고 해서 자기 어깨에 힘주는 사람들을 보며 오히려 나는 환멸을 느꼈다.

그쯤 되니 내 소망은 승진이 아니라 중진 의원실, 즉 상임위 위원장실에서 일하는 것으로도 만족할 만큼 소박해졌다. 상임위 위원장은 회의 진행에 주력하느라 대개 구두 질의를 하지 않고 서면 질의만 하기 때문이다. 서면 질의서는 준비하기 훨씬 수월하다. 결국 나의 소망은 많은 변수를 대비해야 하는 구두 질의에서만이라도 벗어나게 됐다. 보잘것없는 이 바람은 질의서를 쓰기 싫어서 후배에게 떠넘기는 꼼수를 쓰는 여느 선배와 다를 바 없어 보였다.

나름 번지르르해 보이는 곳에서 참 힘들게 일했다. 늘 성과를 내야 한다는 압박감, 경쟁, 의원과 대중의 평가 같은 외부적 요인으로 인한 스트레스 탓도 컸지만 나 자신이 나를 힘들게 만들었다. 외부 스트레스를 조절할 수 있을 만한 방법을 찾지 않은 채 참고 이겨내려고만 했다. 일의 보람 역시 외부에서만 찾으려고 했다. 의원이나 대중에게서 받는 인정이 그러하고, 또 사회의 변화 같은 부분에서 내가 직접 체감할 수 있는 변화를 기대했던 부분도 다르지 않다.

내가 사회 변화에 기여할지도 모른다는 기대 그리고 그것을 확인할 수 있기를 바라는 마음은, 흡사 강물의 흐름을 바꾸거나 강을 메우겠다고 돌을 던지는 사람의 기대와 비슷한 것 아닐까? 애써 만든 법안이 통과되고 시행돼도 기대하는 만큼 수준의 변화를 느끼긴 어렵다. 법안이라는 화살이 조준한 문제는 해결할 수 있을지 몰라도 인위적인 힘 또는 압력은 늘 또 다른 문제를 파생시킨다. 화살이 박힌 과녁판이 튼튼하지 않으면 과녁 주위에 균열이 난다. 미국이나 유럽 등에서 법안이 하나 만들어지고 통과되는 데 청문회와 공청회, 각종 위원회 등 수많은 절차를 거치도록 하는 게, 그래서 오랜 시간이 걸리는 이유가 바로 발생할 수 있는 문제를 가능한 한 적게 만들기 위해서일 것이다. 그렇게 오랫동안 고민하는 사이 시민사회에서 문제 상당 부분을 스스로 해결하길 기대하는 부분도 있을 것이다.

제도가 만들어져도 실제로 제도가 기대하는 효과를 내느냐 하는 부분은 제도를 시행하는 주체인 사람에게 달려 있는 현실도 고려할 것이다. 영화 〈그린북〉에서처럼, 미국에서 노예가 해방되고 제도적으로는 인종 차별을 금지했어도 실제로는 화장실이나 잠자리 등 공간을 분리하고 하대하는 차별이 오랫동안 이어졌던 것처럼.

국회처럼 사회를 변화시킬 수 있는 곳이라는 기대를 한 몸에 받는 곳에서 일한다고 해서 사회의 획기적인 변화를 기대하며 일하는 건 번아웃되기 쉬운 자세인 것 같다. 적당한 거리 두기가 필요하다. 사명감의 무게에 짓눌려 최선을 다해 일한다고 하더라도 그건 나의 일일뿐 타인이나 사회에 영향을 미치길 기대한다면 결과적으로는 허망한 마음이 더 클지도 모른다. 즐거운 마음으로 하는 일이 타인이나 사회에도 긍정적 영향을 미칠 것이다. 그런 면에서 내 안의 만족, 나 자신의 내적 성장에 좀 더 초점을 맞췄다면 열심히, 즐겁게, 더 오래 일할 수 있지 않았을까 하는 아쉬움이 남는다.

민심을 반영하라, 법 만들기

3장

국회의원 스터디 클럽

새벽마다 모여서 공부하는 국회의원들

참여정부 말, 부처 장관을 지내고 당시 여권의 주요 인물로 여겨지는 한 인사가 의원총회[34]에 참석했다. 그때 나와 함께 일하던 국회의원은 지방에 일정이 있어 의원총회에 참석하기 어려웠다. 어떤 내용이 오가는지 파악하기 위해 내가 대신 참석했다. 의총은 주로 본청 대회의실에서 열리는데, 누군가가 이미 사용하고 있는 경우엔 예결위 회의장에서 열리기도 했다. 그날 의총 장소는 예결위 회의장이었다.

예결위 회의장은 로텐더 홀을 사이에 두고 본회의장을 마주 보고 있는데 모양과 구성, 운영도 본회의장과 거의 비슷하다. 규모가 1/2 정도인 본회의장의 축소판이랄까.[35] 회의장에 들어갈 수 있는 사람도 본회의장처럼 의원뿐이다.[36] 나도 회의장 한쪽 구석에 있는 참관실에서 의원들이 발언하는 모습을 지켜봤다. 국회의원 아닌 외부인사가 초청받아 온 만큼 그가 단상에 나와 발언했다. 그는 "어려운 시기지만, 그럴 때일수록 우리 당은 시류에 휩쓸리기보다 정체성을 지키고 또 새로운 가치를 찾아야 한다"라고 힘주어 말했다.

당시 우리 의원은 여당 소속이었다. 정권을 잡은 정당이었지만 의원들은 그만큼 더 혼란스러워했다. 박상훈은 『정당의 발견』에서 한국 정치사에서 정당의 이념이 불분명해진 시점을 '국민의 정부' 때로 꼽는다. IMF 이행조건을 수행해야 할 시점에 집권한 정부다. 친시장적이고 자본주의 구조에 부합하도록 경제를 개혁해야 하는 책임을, 한국의 진보 진영으로 분류됐던 민주당 계열이 지게 된 것이다. 당의 정체성이 점점 모호해졌고 그를 견제해야 하는 상대 정당까지 입장이 애매해지면서 한국 정치의 이념 기반이 흔들리기 시작했다는 것이다.

이어서 참여정부 시기엔 미국의 서브프라임모기지에 바탕으로 한 세계 경제의 초호황으로 정권은 국제 흐름에 따라야 했다. 당시 지지자 중에는 이러한 정부의 정책 방향에 커다란 불만을 가진 사람도 있었다. 나는 그때 여당 의원실에서 일하면서 수출을 포함한 해외에서의 상황이 절대적인 영향을 끼치는 한국 경제 구조상, 경제 부문에서는 좌우, 보수와 진보의 차이가 선명하기 어렵다는 생각을 하게 됐다. 내수 시장의 규모가 커서 우리끼리 경제 파이를 키워나갈 수 있다면 모를까(그마저도 한계가 있을 것이다), 국가 경제에서 수출의 영향을 무시할 수 없는 처지에서는 경제 정책의 고정 함수는 이념이 아니라 대외 무역 환경으로 삼는 게 합리적이고 실용적이며 현실적인 판단이라는 것이다. 의원들의 입장도 마찬가지였다고 생각한다. 국정 운영의 책임을 져야 하는 입장에서 여당 의원들은 야당 시절 무책임하게 외치던 대로 할 수 없다. 하지만 그런 방향은 여태 자신들이 지향하던 바와 달랐고 당연히 정책 방향을 결정하는 데서도 스스로 혼란스러울 수밖에 없었다. 새로운 정체성과 가치를 찾아야 한다는 목소리는 그런 배경에서 나온 것이었다.

의원들은 나름대로 노력했다. 그들끼리도 많은 얘기를 나눴을 테다. 대권 경쟁에서 패한 뒤 국회의원 임기 말에 등장한 복지 심포지엄, 정책토론회 등이 그 결과가 아니었나 싶다. 유럽의 보편복지에 의원들이 관심을 두기 시작한 것도 그 무렵이었다. 그리고 5년 뒤, 다시 국회에서 일하게 됐을 때 처음 접한 것도 의원들의 북유럽 보편복지 공부 모임이었다. 몇 달 동안 꼭두새벽부터 출근해 북유럽 복지 전문가라는 이들을 섭외해 열심히 공부했다. 매주 아침 7시부터 한 시간 반 동안 이루어지는 공부 모임은 의원들의 출석률도 좋았다. '복지'를 경쟁 정당과의 차별적 정체성으로 삼으려고 했던 것 같다. 전문가들은 강의하면서, 복지를 국가의 주요 정책으로 삼기 시작할 때부터 보편복지를 시행해야 한다고 누차 강조했다. 현실적인 제약에 따라 선택형 복지로 시작하고, 차차 복지를 확대해 나가면 미국의 단점을 답습할 것이라면서 미국 복지 정책의 부정적인 측면을 예로 들었다. 내가 기억하고 있는 당시 세미나실 분위기는 의원들의 사명감으로 가득 찼다. 그러나 지금 생각해 보면 특정 복지 형태에 편향되었던 것이 아닌가 하는 아쉬움이 있다.

예를 들어, 북유럽 복지를 보편 복지라고 이해하는 것도 단편적인 인식이라고 한다. 복지 국가는 사회보장이 시민의 기본권임을 천명한 모든 국가가 지향하는 바이고, 복지의 보편성은 체제와 개별 정책 그리고 급여 방식에 따라 다양하기 때문이다.[37] 물론 북유럽 방식 외에 다양한 복지 연구와 담론이 한국에서 충분히 다뤄지지 않았던 한계도 있기 때문이었을 것이다.

편향성과 한계 때문인지 북유럽 복지에 대한 공부에서도 놓친 부분이 있었다. 각종 행사 등 밤늦은 시각까지 이어지는 의정활동을 마친 의원들은 다음 날 피곤한 몸을 이끌고 새벽부터 사무실에 나와 학구열을 불태웠다. 그러나 그 공부는 북유럽 복지의 제도적 변천 과정, 그 내용 및 방법 등 주로 표면적이고 기술적인 부분에 관한 것이었다. 북유럽 보편 복지가 추구하는 가치, 바탕 철학은 놓친 것이다. 북유럽 국가들은 1960년대~1970년대부터 20여 년 동안 사회 정책의 대상 단위를 가족에서 개인으로 변경했다. 즉, 사회구성원의 '개인화'를 추구하는 북유럽 사회정책의 가치는 개인주의다. 여기서 '개인화'란 그 누구에게도 심지어 부모나 가족에게도 의존하지 않고 자립해서 살아갈 수 있는 상태를 의미한다. '보편 복지'는 여기서 기인한다. 북유럽의 보편 복지는 과거 무상급식 논란처럼 부모의 소득 차이로 인한 위화감을 무마시키기 위한 수단이 아니다. 예를 들면, 아이가 의식주를 부모에게 의지해야 하는 처지 때문에 자기 의지에 반하는 일을 하지 않도록 만들어주는 장치인 것이다. 이런 가치를 간과하고 겉만 좇다 보니, 아동 수당이 아이 자체를 위한 지원이 아니라 저출산 대책으로 전락해 아이를 어른들의 출산률 제고라는 목적 달성을 위한 수단으로 삼는 일이 벌어지기도 한다. 우리가 외국의 제도를 모델로 삼을 때 그들 철학과 가치까지 반드시 따라야 하는 건 아니다. 하지만 외국의 제도를 우리 사회에 적용할 때는 제도가 추구하는 가치, 문화 차이 등을 섬세하게 살펴보는 과정이 필요하다.

의원들의 소양이나 노력 부족이라고만 할 수도 없다고 생각한다. 국회의원은 현장에서 직접 상대 정당 세력과 경쟁하는 플레이어다. 비유하자면 전장에서 싸우고 있는 사람들이다. 그러다 보니 철학이나 가치 같은 관념적 요소를 차분히 숙고하고 성찰할 물리적 시간이 부족한 게 사실이다. 눈앞에서 경쟁 세력의 칼이 왔다 갔다 하는 현장에 있기 때문에 당장 눈에 보이는 성과가 필요한 입장이다. 따라서 정책을 입안할 수 있는 표면적이고 기술적인 부분에 치우칠 수밖에 없다. 만약 지금 국회에서 일하는 입장이었다면 나도 당장 성과를 낼 수 있는 이슈, 정책 대안을 찾아서 좀비처럼 달려들고 있을 것이다. 끊임없이 생사를 다투는 상황 속에 있는 사람들에게는 철학과 가치는 나중 일이 되기 마련이다.

국회에서 일하는 사람들을 심부름꾼으로 삼는 주인, 즉 유권자도 그만큼 철학과 가치를 추구하면 이 사회가 더 나아갈 수 있지 않을까. 정치가 대중의 욕구를 포획하고 드러내서 어떤 행동을 유발하도록 만드는 일이라면, 대중과 행정 권력 사이에 있는 국회의원의 일차적 임무는 복지 확충이라는 대중의 욕구를 제도화하는 일이다. 그 제도를 이용해서 궁극적으로 무엇을 얻고자 하는지를 발견하는 일은 유권자의 몫일 것이다. 정치인은 유권자가 중심을 잡아야 정책에 필요한 일들을 진행할 수 있다. 복지 정책이 효과를 내려면 비단 재정 확충이 아니라 소수(대기업이나 공공 부문이 개별적으로 제공함으로써 그에 소속된 구성원에게만 편중된)만 누리는 과도한 복지, 경직적인 고용 구조, 사회적 불신 등 유권자의 확실한 동의와 강력한 지지 없이는 감행할 수 없는 문제들을 먼저 해결해야 하기 때문이다.

한편, 정당의 일원으로서 국회의원 당사자도 경각심을 가져야 한다. 자신들이 적극적으로 추진하는 제도의 철학과 가치를 등한시하면, 제도와 담론을 정당의 미래를 담보할 정체성이나 가치로서 의미 있는 나침반으로 삼지 못한다. 그저 유권자의 지지를 지탱하는 도구로만 사용하게 될 것이다.

법 몇 개 만들었는지 무슨 의미가 있니

학자의 실력은 논문 개수와 비례하는가

"보좌관님! 아니, 이러시면 어떡합니까. 이 법안은 저희 의원실에서 추진하고 있던 거예요. 모르셨어요? 알고 계셨잖아요. 그런데 기사를 냅니까?"

다른 의원실의 직원이 우리 방에 성큼성큼 들어왔다. 의원 사무실의 모양은 직사각형으로 약간 길쭉하고 한쪽에 회의실과 의원실이 있어서 대개 그 반대편에 직원들의 책상이 일렬로 놓여 있다. 그 직원은 다른 직원들에게 인사도 하지 않고 사무실 제일 안쪽에 있는 선임 보좌관의 자리를 향해 달리듯 곧장 직진해 다짜고짜 항의했다. 자신이 개정안으로 내려고 준비하던 법안이 있는데, 우리 의원실에서 같은 내용으로 입법안을 내겠다는 보도자료를 낸 건 상도덕에 어긋난다는 내용이었다. 항의를 듣던 보좌관은 아무런 대꾸를 하지 않았다. 한마디라도 대꾸했다면 분명 그저 그렇게 냉랭하고 불편한 분위기에서 끝나지 않았을 것이다. 우리 보좌관은 국회에서 일한 경력이 오래된 사람이었는데 꼼수나 쓰는 뺀질이 보좌관이 아니었다. 책임감과 리더십이 있는 유형이어서 그때도 난처한 상황에 대꾸하지 않음으로써 더 불미스러운 일이 되지 않게 잘 넘겼다. 혼자 씩씩거리던 보좌관이 돌아가자 그가 어이없어했다. "아니, 법안을 누가 준비한다고 해서 다른 사람은 내면 안 된다는 법이 어디 있어? 참 나!"

입법안을 준비할 때 다른 의원실에서 준비하고 있는 것을 피해야 한다는 규칙은 없다. 불문율도 없다. 완전히 똑같은 내용이면 굳이 같은 개정안을 낼 필요가 없지만, 개정안 내용이 완전히 똑같은 경우는 없다. 다른 의원실에서 먼저 발의했거나 준비하고 있는 개정안이 우리가 준비하는 내용과 같으면 살짝 다른 내용을 추가해서 낸다. 비슷한 내용의 법안을 전부 위원회 안에 포함해서 처리하기 때문에 의원의 법안 통과 실적을 높일 수 있다. 이른바 숟가락 얹기 식 법안이다. 특히 언론에 대서특필되며 큰 관심을 보이는 문제가 있을 때 이런 방식으로 법안이 발의되곤 한다. 많은 사람이 주목하는 문제인 만큼 관련 법안을 발의하면 언론에 의원의 이름이 한 번이라도 언급되기 때문에 의원실 입장에서는 이 효과를 무시할 수 없다. 그 직원이 우리 의원실에 와서 따진 법안도 마찬가지였다. 그러나 해당 법안은 거의 같은 내용으로 개정안을 낸 또 다른 의원실도 있었고, 더군다나 원안이 정부안(정부에서 낸 법안)이었다. 기존 원안에서 관계 부처 협의와 규제개혁위원회 등 행정부 자체의 심사를 거치며 대폭 수정됐는데, 원안대로 해야 한다는 여론이 일었다. 그 법안에 관심을 갖고 있는 의원실에서는 여론대로 수정되기 전의 정부안을 거의 그대로 의원 발의 법안으로 내겠다는 것이었으니, 우리 사무실에 와서 상도덕을 운운하기엔 민망한 상황이 아닌가 싶었다. 결국 우리 의원실에서는 그 개정안을 내지 않았고, 그 법안 역시 여론의 영향을 받아 다시 원래대로 정부 입법으로 국회에 제출됐다.

이전과 달리 국회에서는 입법에 관한 각종 지원이 크게 향상되었다. 정책 업무를 처음 할 때만 해도 나는 입법안 준비를 가장 어렵게 느꼈다. 기존 법안에서 문제점을 찾고 어떤 식으로 고쳐야 할지 고민하는 것도 어려웠지만 입법안의 위헌 소지나 다른 법과의 충돌, 법 해석상 착오나 오해를 불러일으키지 않을 만한 명확한 법조문 작성 등 기술적 측면에서도 한계가 있었다. 이런 부분이 대폭 보강됐다. 의원실에서는 문제가 되는 사안, 법을 개정하려는 방향과 내용을 쓰고 자료를 첨부하여 국회의 법제실에 제출하기만 하면 된다. 법제실에서는 기술적인 부분뿐만 아니라 법안의 실효성까지 예측해서 개정안을 성안하고 의뢰했던 의원실에 회신한다. 공동 발의자를 모으고 정부와 현장 등의 이견을 조율하는 일이 남았지만, 의원실 입장에서 법안 발의는 더 이상 이전처럼 처음부터 끝까지 힘들게 애쓰지 않아도 되는 일이 됐다.

다만 법제실 인력에 비해 의원실에서 요청하는 수가 가히 폭발적이다. 신청해 놓으면 완성되기까지 족히 한 달은 걸릴 정도다. 언론에 이슈가 되어 여론이 뜨거운 경우라면 그토록 오래 걸리는 법제실의 회신을 마냥 기다리고 있을 수 없다. 예전처럼 의원실에서 도맡아 하거나 국회가 아닌 외부 자원을 활용하는 경우도 많다. 이런 현실에서 여론의 지지를 받는 정부안 원안은 의원실 입장에서 좋은 먹잇감이다. 여러 의원실에서 서로 자기가 내겠다고 달려드니, 그 보좌관처럼 자기가 먼저 찜했다며 으르렁댈 만도 하다. 나는 이런 환경에서 과연 법안을 몇 개 제출했는지가 국회의원의 의정활동을 판단하는 기준이 될 수 있을까, 하는 의문을 떨치지 않을 수 없었다.

의정활동에서 법안을 발의하는 숫자가 중요해진 시기는 제17대 국회가 끝날 때쯤으로 기억한다. 그때 정당에서 다음 국회의원 선거의 공천 기준에 법안 발의 숫자를 포함했다. 하필 우리 의원은 다른 의원의 공동 발의 요청도 마치 자기가 발의하는 것처럼 꼼꼼하고 신중하게 판단해서 법안을 만들어왔다. 법안 발의를 많이 할 수 있을 리가 없었다.

법처럼 공권력을 행사할 수 있는 근거를 일단 질러놓고 보자는 식으로 남발하는 게 더 낫다고 할 수 있을까. 법안 발의 개수가 자신의 정치 생명줄에 직접적인 영향을 주자 의원과 직원들 입장에서는 입법안의 내용보다 숫자에 비중을 둘 수밖에 없다. 음선필 홍익대학교 법과 대학 교수는 제18대 국회의 법률안 발의 건수는 비단 역대 국회뿐만 아니라 외국과 비교해 보더라도 대단히 많은 수치라고 지적한다.[38] 이 수치는 국회 임기를 거듭할수록 증가하고 있다(제17대 6,387건, 제18대 12,220건, 제19대 16,729건, 제20대(2019. 4. 12. 기준) 17,281건).

법안 발의 개수가 의정활동의 평가 기준이 될 수 있다고 생각하는 배경은 무엇일까. 아마 의정활동 평가의 어려움 때문일 것이다. 국회의원이 일하지 않고 놀고먹는다는 구시대적인 이미지까지 더해져 국회의원의 대표 권한인 입법권 행사를 성실히 수행하는지 엄격하게 감시하겠다는 취지다. 법안은 한 개, 두 개 셀 수 있으니 정량평가하기에 안성맞춤이다. 보여주기에도, 평가하기에도 숫자처럼 명확한 게 어디 있을까. 더욱이 법이 많으면 많을수록 좋다고 생각하는 경향까지 있으니 법안을 많이 만들어내도록 국회의원에게 인센티브를 부과하는 평가 기준에 문제의식을 느끼지 않는 것이리라.

정치인과 법에 대한 인식이 바뀌어야 하지 않을까. 개발 권위주의 시대에 형성된 이미지가 정치 권력과 사회에 대한 불만 탓에 지금까지 그대로 이어져 오고 있는 것 아닌가 한다. 앞서 말했듯 국회의원이 놀고먹는다는 인식은 현실과 다르다. 그들에게 부여된 특권은 과도할 수 있다. 하지만 국회의원이라고 해서 놀고먹으며 정치판에 있을 수는 없다. 경쟁적인 구조가 그것을 불가능하게 만든다. 또, 입법권 행사는 공장처럼 법안을 찍어내는 것이 다가 아니다. 정부가 제출하는 법안(정부안) 역시 입법부의 심사를 거쳐 국회에서 통과시켜야 공포할 수 있다. 정부안이든 의원안이든 법안 내용이 시민의 요구를 제대로 반영하고 있는지 견제하고 수정하는 심의야말로 입법의 핵심이다. 종종 의원 발의안이 국회를 통과하는 비율(가결률)이 낮다고 지적한다. 그러나 법안 가결률이 평균적으로 한 자릿수를 넘기지 못하는 미국이나 영국 등과 비교하면 줄곧 10~20%대에 이르는 우리 국회의 가결률은 꽤 높은 편이다.[39] 국회의 입법권이 반드시 법안 생산에만 있는 게 아닌 것이다.

국회의원의 법안 제출에는 법을 통과시켜 사회에 직접 영향을 주는 것 외에도 여러 기능이 있다. 그중 하나는 이슈가 되는 문제에 대한 해결책 제안이다. 법안을 제출할 때마다 언론에 보도자료를 내면서 일종의 브레인스토밍처럼 문제 해결을 위해 여러 의원이 사회에 다양한 의견을 제시하는 수단이랄까. 그러나 나는 이런 기능 또한 한국에서는 조심스러워야 한다고 생각한다. 독재정권 아래에서 국가가 막강한 공권력을 행사했던 경험 탓에 한국의 행정력은 민간에게 아직도 숨은 힘을 가진 것처럼 작용한다. 그렇기 때문에 통과는커녕 아직 발의한 것도 아닌데 어느 의원실에서 어떤 개정안을 준비한다는 소문이 돌면, 민간에서는 위축되고 긴장하는 현상이 적잖이 일어난다(법은 행정력을 행사하는 근거이기 때문이다).

많은 연구에서 우리 의회의 입법 과정에서 개선해야 할 점으로 법안 심의 기능의 확충을 꼽는다. 의원안에 대한 전문성 심의에는 청문회, 상임위원회 소속 전문 위원의 검토 보고, 법안심사 소위에 배석하는 정부 부처 관료 정도다(국회예산정책처와 국회입법조사처 같은 전문 기구가 있지만 이들은 의원안에 대한 심의보다 의원안 성안을 지원하는 기능을 한다). 그나마 청문회는 제정안이나 전부개정안(법률의 기존 조문 2/3 이상을 개정하는 법률안)처럼 대대적인 입법인 경우에 열리고, 국회 사무처 소속인 상임위 전문위원은 의원 발의 법안을 수용하는 방향으로 검토하는 성향이 있을 수밖에 없는 면도 있다. 반면 행정부는 법안을 국회에 제출하기 전에 여러 절차를 거치면서 까다로운 심사를 받는다. 자연히 시간도 오래 걸린다. 종종 부처 직원들이 행정부가 발의하려는 개정안을 들고 의원실에 찾아오는 경우가 있는데 바로 이 때문이다. 번거로운 절차를 피하고 빨리 발의하려고 의원안으로 대신 발의해달라는 편법을 쓰는 것이다. 이른바 청부 입법이다. 특별히 문제되는 내용이 없으면, 청부 입법 요청이 실패하는 경우는 거의 없다.

안 그래도 법안 발의 개수로 의정활동을 평가받는 입장에서 청부 입법 요청은 반가운 일 아니겠는가. 자칫 부실 입법이 될 여러 가능성을 막기 위해서 연구자들은 규제개혁위원회를 거치는 정부안에 비해서도, 양원 협의회나 규칙 위원회, 규제완화위원회 등을 따로 두는 외국 의회에 비교해서도 규제에 대한 심의를 강화하는 방안을 마련할 필요가 있다고 지적한다. 최근 정부 예산이 드는 법안인 경우에 비용추계서를 첨부하는 관행이 강화되었는데, 이에 더해 규제 영향 평가서를 첨부하는 등 법안 심의 관련 전담기구를 설치할 필요가 있다는 것이다. 미국이나 영국, 캐나다의 의원 발의안 가결률이 낮은 이유 가운데 하나가 이 같은 엄격한 심사의 영향도 있다고 한다.

혹자는 급증하는 의원 발의 법안 수를 들며 그 많은 법안을 제대로 심사하려면 국회의원 수를 증원해야 한다고 주장한다. 또 의정평가를 법안 숫자가 아니라 가결률로 바꿔야 한다는 목소리도 있다. 의원 발의 법안이 많아진다고 해서 반드시 그만큼 많은 심사 위원을 요구한다고 볼 수는 없다. 숟가락 얹기 식 법안도 상당수 있고 절반 이상이 조문 한두 개 수정하는 식의 법안이다. 이렇게 비슷한 내용의 법안은 전부 모아서 한꺼번에 심사하고 상임위원장안 한 개로 만들어서 통과시킨다는 점도 고려해야 한다. 따라서 가결률에는 위원장의 안 한 개만 통과되는 것으로 계산되고 비슷한 나머지 법안은 전부 대안 폐기가 되어 가결되지 않은 비율에 합산된다. 이런 법안이 제출됐을수록 가결률은 낮을 수밖에 없다. 법제처에서 발간한 『2018 의원 입법 지원 업무 편람』에 의하면, 실제로 위원장안에 포함돼 대안폐기된 법안을 하나하나 통과된 것으로 계산했을 시 법안 통과율은 53.9%(제16대 국회), 46%(제17대), 40%(제18대), 39.6%(제19대)로 절대 수치상으로 높다. 그뿐만 아니라 27%(제16대), 21.2%(제17대), 13.6%(제18대), 14.4%(제19대)인 가결률에 비해서도 두 배 이상 높다. 이런 현상에 대한 문제의식이 없으면, 법의 질을 개선하는 게 아니라 몇몇 주장처럼 의원 수(기득권) 확대, 또는 규제 양산 및 강화의 구실로 흐른다.

국회의원에 대한 유권자의 의정활동 평가 기준이 법을 몇 개 만들었나, 우리 지역 예산을 얼마나 확보했나 같은 사항에 치우쳐 있는 것은 정치인이 갈등을 완화하도록 만드는 게 아니라 오히려 갈등을 부추기게 만드는 원인 중 하나라고도 생각한다. 특히, 지역 예산의 양적 확보를 국회의원 활동의 잣대로 삼는 관행 또한 국회의원을 지역 이기주의 또는 지역 갈등의 수단으로 삼는 꼴이 될 수 있다. 의정활동 평가 기준은 국회의원이 우리 사회에서 어떤 역할을 하게 만들지 유인하는 결정적인 수단이기 때문이다.

자기 이익을 추구하지 않아야 하고, 갈등도 일으켜서는 안 된다는 의미가 아니다. 이익을 우선하는 건 본성이다. 그에 따른 갈등도 자연스러운 현상이다. 다만, 지역 이익을 최우선으로 삼아 싸우는 일은 사실 기초의회 의원의 몫이다. 국회의원은 기초의회 의원보다 큰 정치를 하는 사람이다. 큰 정치란 지역 이기주의를 넘어 갈등을 중재해서 서로 화합하게 만드는 권력 행위 아닌가. 그러나 국회의원에게 들이대는 잣대에는 그런 부분이 희박하고 오히려 거꾸로다.

국회 의안정보시스템에 올라와 있는 발의 법안들을 긁어서 의원 이름으로 분류해 개수를 비교하는 건 간단하다. 그러나 그만큼 함정도 많다. 오히려 시간 낭비라고 해도 과언이 아닐 만큼 의미가 있는 것일까 반문하게 된다. 의정활동을 제대로 평가하고 싶다면 양적 통계가 아닌 법안들을 하나하나 클릭해서 살펴보고 판단해야 할 것이다. 국회의원을 감시하는 유권자 역시 전문가가 아닌 만큼 법안이 사회에 미치는 영향, 규제의 해악 등을 세세하게 알 수 없는 노릇이다. 그렇지만 법안이 민생을 위한 법안인지, 아니면 특정 직업이나 집단의 이익을 보장하는 밥그릇 챙기기 법안인지 구분하고 따진다면 지금보다는 입법 활동의 질을 높일 수 있지 않을까.

그보다 더 나은 방법은 현재 사회운동 단체 중심의 외부 평가자들이 책임성과 전문성을 높이는 것이다. 정성평가 기준을 수립하는 데 있어서 합의를 도출하기 어렵고 기준 자체가 다분히 주관적일 수 있는 한계와 위험이 있는 것은 사실이다. 하지만 언제까지고 국회의원의 의정활동을 정량평가에만 기댈 수 있는 것도 아니다. 싸우는 정치가 신물 난다면 의정활동 평가 기준에 갈등 완화 성과 지표를 강화하면 된다. 유권자가 그들을 평가할 때 어떤 의정활동을 중요하게 보느냐는 국회의원을 다루는 가장 단순하면서도 즉각적인 방법이다.

시민 없는 시민단체

GO만 바라보는 NGO

"시민단체는 NGO이지 GO가 아니야. 시민단체가 지적하는 걸 귀 기울여야 하지만, 우리는 국회야. GO는 NGO가 주장하는 걸 그냥 그대로 수용해서는 안 돼. 다양한 입장의 목소리를 다 들어봐야지."

상임위 회의에서 쓸 질의자료를 준비할 때 혹은 입법안을 만들려고 할 때 그에 마땅한 문젯거리를 찾는 건 늘 쉽지 않다. 언론을 보면 온통 문젯거리인데 지적할 거리를 찾기 어렵다는 게 말이 되느냐 싶겠지만, 언론이 문제 삼는 걸 그대로 부처 장관에게 물으면 낭패 보기 쉽다. 기사를 읽으면 문제가 분명하다. 그런데 막상 부처 담당자 등에게 문의하면 열에 아홉은 그 나름대로 합리적인 또는 어쩔 수 없는 한계가 있다. 기자가 중립적인 입장에서 쓰려고 해도, 언어로 표현되는 이상 한쪽으로 치우친 방향으로 전달될 수 있다. 그래서 기사를 질의 소재로 삼거나 활용할 때는 반드시 확인하는 과정을 거쳤다. 기사는 어떤 것이든 열에 아홉은 상임위 회의장에서 문제 삼기엔 적합하지 않으니 나머지 하나를 찾는 일이 쉽지 않았던 것이다.

나는 곧잘 시민단체 홈페이지를 살펴보곤 했다. 그곳에는 나름 명쾌한 해법과 주장에 대한 근거 데이터가 갖춰져 있다. 어떤 단체는 사회 분야별로 나눠서 이슈를 정리해놓기까지 해서 때론 시민단체가 국회의 또 다른 입법 지원 조직인가 싶을 정도였다. 그 내용을 참고하면 정책 자료를 만들기가 수월했다. 그런데 그렇게 만든 자료는 의원에게 번번이 퇴짜를 맞았다. 의원에게 보고했을 때 일리 있는 내용이면 관련 부처와 다른 관계자 등의 입장을 두루 알아봤는지 내게 재확인했고, 미처 확인하지 못한 내가 머뭇거리면 다시 알아보라고 지시했다. 그럴 때마다 깊이 알아볼수록, 제시된 해결법과 주장이 명쾌할수록 파생되는 문제들은 복잡하고 심각했다. 의원은 늘 강조했다. "시민단체는 자신의 입장에 따라 움직이는 집단이기 때문에 그들은 한쪽 입장만 주장해도 된다. 그러기 위한 이익집단이다. 시민단체가 'Not Government Organization(NGO)'인 이유다. 국회는 국가기관이다. 공권력이라는 힘을 휘두르도록 허가하는 규제(입법) 권한을 쥔 곳이다. 그에 대한 책임의 무게를 항상 의식해야 하고, 이해

관계가 얽힌 모든 당사자뿐만 아니라 영향을 받을 수 있는 여러 사람을 가능한 포괄할 수 있도록 주의를 기울여야 한다"고.

복직한 국회에는 어느새 시민단체의 존재감이 꽤 커졌다. 이제는 의정활동 자료를 만드는 데 참고하는 정도가 아니라 아예 성안(안건을 만듦)까지 한 입법안을 들고 찾아오는 경우도 있을 정도였다. 함께 일하던 보좌관 가운데 한 명이 시민단체를 통해 의원실에서 일하게 된 경우인 영향도 있겠지만 특별히 우리 의원실에서만 볼 수 있는 모습이 아니었다. 어느 의원실에서 발의한 개정안을 검토하다가 법안의 역효과에 관한 의문점이 생겨 물어보니 그 법안을 준비했던 담당자는 "아, 그런 문제가 있을 거라고는 생각하지 못했어요. 어느 시민단체가 발의해달라고 개정안을 가져왔기에 우리는 발의만 한 것이거든요"라고 대답해 놀란 적도 있다. 결국 그 법안은 통과되지 않았다. 논의조차 되지 않았던 것으로 기억한다. 법제처에 의뢰한 발의안이 완성되기까지 족히 한 달은 기다려야 하는 상황에서, 주장과 논거도 어느 정도 갖춰져 있어서, 의원실에서는 공동 발의하겠다는 의원 9명만 모으면 바로 발의할 수 있는 이런 법안에 국회의원이나 보좌관 입장에서는 솔깃하지 않을 수 없다.

그뿐이랴. 언론플레이 수완이 뛰어난 시민단체도 있다. 한 시민운동가에 따르면, 한국에서 여러 시민단체가 본격적인 활동을 시작한 1980년대 후반부터, 시민단체에선 주장하는 쟁점이 언론에 부각되도록 노력을 기울였다고 한다. 오늘날 시민단체가 문제를 제기하면 언론이 보도하는 시스템은 지난 30여 년 노력의 결과라는 것이다. 좋은 질의서 열 개보다 언론에 보도되는 자료 한 개를 더 좋아하는 국회의원 그리고 그를 위해 일하는 직원으로서 그러한 조직적 수완이 탐나지 않는다고 하면 거짓말이다. 자신들이 이슈화하는 문제와 해법의 제도화, 즉 제도권에서의 세력 확장이라는 시민단체의 요구와 법안 발의, 언론 홍보라는 국회의원의 니즈가 맞아떨어져 갈수록 GO(국회와 정부)에 대한 NGO(시민단체)의 영향력은 그저 GO를 감시하고 비판하며 견제하는 경쟁적이고 부차적인 차원에 그치지 않는다. 시민단체의 역할은 매우 중요하다. 그러나 GO와 긴밀한 이해관계를 갖는 흐름이 바람직하다고 여겨도 될 현상일까 되짚어 보게 된다.

시민단체의 역할 중에는 국가 제도를 바꾸는 데 영향력을 행사하는 일도 있다. 국회에서 대변하지 못하는 소수자, 소외된 약자의 목소리를 대변한다는 점에서 시민단체가 국가 제도를 지향하는 건 자연스러운 현상이다. 사회가 발전할수록 시민단체의 활동은 국가, 즉 GO를 향하는 방향으로 이루어진다고 한다. 그러나 이것은 민주주의가 어느 정도 발전하고 성숙한 사회에 해당하는 얘기일 것이다. 이런 사회구성원은 수백 년 동안 '개인'으로서 자율과 자치 경험을 쌓으며, 자유민주주의 사회를 이끄는 주인으로서 갖춰야 할 시민적 소양과 능력을 체화했다. 실제로 이런 사회에서 국가는 보조적 역할을 할 뿐 시민이 자율적으로, 주도적으로 운영하는 시민의 영역이 있다.

가령, 영국에서는 예산 지원을 받는 공립학교라도 학교 운영에 관한 사항은 전적으로 일반 시민들로 구성된 학교 관리 위원회에서 결정한다.[40] 학부모, 해당 학교 출신, 또는 교육 전문가여야 하는 특별한 자격요건이 있는 것도 아니다. 지방 정부에서 제공하는 희망 신청서를 작성해서 통과되면 학교를 몇 군데 추천받고, 원하는 학교에서 기존 관리위원과 면접을 본 후 승인받는 게 전부라는 것이다. 지방 정부는 학교와 지원자 사이를 연결해주는 역할에 그치고, 중앙 정부는 교육 수준이나 내용에 대해 감사를 할 뿐이다. 인사 및 예산 집행, 과목 선정 등 학교 운영과 그 책임은 해당 학교의 관리위원회라는 시민이 맡는다. 그런 시민사회에서는 문제 해결을 스스로 할 수밖에 없다. 이들이 국가를 지향하는 건 자연히 그 해결 방식이나 내용을 정책에 반영하는 형태일 것이다.

우리 사회에 '시민사회'라고 할 영역은 존재하는가. 사회경제적 실체로서 시민사회를 처음 정립한 사람은 게오르크 헤겔(Georg Wilhelm Friedrich Hegel)이다. 18세기 산업 사회에 진입하며 법적으로 소유권이 인정되고 계약을 바탕으로 한 국가관이 성립되면서 시민사회를 개념적으로 규정할 수 있었다는 것이다.[41] 이를 바탕으로 하면, 한 사회는 국가, 시장, 시민사회로 구성된다. 이러한 시민사회는 "국가의 통제 바깥에서 개인이나 집단 간에 사적이고 자발적인 합의에 따라 조직되는 영역이다."[42] 우리 사회에는 과연 국가, 즉 중앙 권력의 영향이 미치지 않는 영역이 있을까?

금융 산업 영역에는 증권업협회나 상장기업협회, 증권거래소, 금융감독원 등이 있는데, 모두 자율기구다. 회원사들이 자금을 조달해서 세웠고 운영도 조달된 자금으로 이루어진다는 점에서 일종의 시민 영역이다. 그러나 이들이 문제가 됐을 때 스스로 책임지게 만들 수 있는 결정 권한은 미약하다. 금융감독원이나 증권거래소는 철저히 정부의 통제를 받고 있을 뿐만 아니라 국회의 감사 대상으로서 준정부 기관이나 마찬가지고, 각종 협회는 금감원 등의 통제를 받고 있다. 그러니 문제가 생겨도 시민 영역이라고 할 수 있는 이들 조직에서 책임질 일도, 할 수 있는 일도 없다. 사람들 역시 '법의 사각지대'라며 공권력의 개입을 호명하고, 실제로도 국가가 개입해서 직접 민간을 처벌하는 것 외에 다른 뾰족한 방법이 없다. 시민 영역은커녕, 지방자치단체 또한 허울만 '자치'일 뿐 중앙 권력의 통제 아래에 있다. 심지어 시민단체 또한 중앙에 집중돼 대형화, 관료화되고 있다는 지적이 있다. 시민운동이 국가권력의 감시와 비판에만 치중한 나머지 지역으로 분산되지 않아 공공 문제를 스스로 해결할 수 있는 정책 마련이나 서비스 생산을 하지 못하고, 따라서 시민의 '참여'를 유도하지도 못하고 있다는 것이다. 이런 실태는 다시 실효성 높은 구체적인 대안보다 추상성 높은 대의만 강조하며 실속 없는 논란을 일으키는 현상으로 이어진다는 지적도 있다. 실질적 공공 문제는 국가 권력에 의존해야 해결되는 것이다.

일하면서 시민단체에서 제안하는 정책 제안서를 종종 받았다. 대개 변호사들이 작성한 것들이었다. 어느 변호사는 의원과 함께 법을 만들겠다며 국회에서 기자회견을 한 적도 있다. 협업은 그만의 장점도 있겠지만 한국의 시민단체가 점점 정치인을 데뷔시키는 아카데미로 변하는 것은 아닐까 우려 섞인 마음이 들었다. 시민사회에서 소외된 약자에게 필요한 서비스를 스스로 생산하지 못한 채 공권력을 통해 문제를 해결하려고 한다면 그것이 과연 시민운동일지, 시민사회의 역할이 축소될 가능성을 우려하지 않을 수 없다.

시민단체에서 오히려 더 강하고, 더 많은 국가 규제를 요구할 때마다 혼란스러웠다. 시민단체가 국가 공권력에 대항해서 시민 자율의 영역을 보호하고 확대하려는 게 아니라 오히려 시민의 영역을 국가 권력에게 내주려고 하는 듯해 아이러니했다. 시민이 스스로 결정하고 책임질 수 있는 영역이 없으니 시민단체 또한 국가 권력만 바라보게 되는 것 아닐까. 19세기 미국을 관찰하며 민주주의와 인간에 대한 통찰력을 보여준 프랑스 철학자 알렉시스 드 토크빌(Alexis de Tocqueville)은 『미국의 민주주의』에서 자발적 결사체와 시민적 습속이 자리 잡지 못한 곳에는 민주주의가 싹트기 어렵다고 지적했다. 시민사회가 국가의 통제 바깥에서 자발적인 합의로 운영되는 영역이라면 시민의 습속이란 단연코 자율이다. 시민사회가 국가에 요구해야 할 것은 더 많은 통제와 보호가 아니라 우리 스스로 결정하고 해결할 수 있는 영역이 아닐까.

끼리끼리 도와주는 법안 공동 발의

국회에서 이어지는 품앗이 전통

종교인 퇴직 소득세를 감면하는 소득세법 개정안이 세간의 주목을 받았다. 2018년 1월부터 종교인도 세금을 내기 시작했는데 다시 이를 완화하려는 움직임이 있어서였다. 종교인의 세금 문제는 오랫동안 특혜 논란이 됐던 만큼 이 개정안 역시 이슈가 됐다. 기사를 보는데 내용보다 개정안 공동 발의자 구성이 눈에 띄었다. 법안 발의의 최소 요건인 발의자 10명을 딱 채웠는데 여당 의원 5명, 야당 의원 5명인 것이다. 여야가 사이좋게 반씩 참여해서 발의하는 법안은 생소했다. 아마 국회에서 이런 법안은 손에 꼽을 만큼 희귀한 것 아닐까 싶다. 상대 정당 의원에게 공동 발의 서명을 받는 일은 드물었고, 또 상대 정당 소속 의원의 법안에 공동 발의자로 참여하는 일도 거의 없었기 때문이다.

앞서 한국 정치의 분열과 갈등은 각 정당의 이념이 서로 달라서가 아니라 오히려 너무 비슷해서 격렬하다고 분석했다. 일하는 동안 느낀 바로도 국회의원의 성향을 구분할 수 있는 가장 믿을 만한 기준은 고향 등 출신 지역이었다. 만약 소신대로 정책 활동을 한다면, 법안 공동 발의에 참여하는 의원 구성이 한쪽 정당으로 편향되지는 않을 텐데, 실제로는 그렇지 않다. 한 일간지가 실시한 제20대 국회 입법 네트워크 분석에 따르면,[43] 여당인 더불어민주당 의원끼리 법안을 발의한 비율이 80.6%, 다른 당 의원과 함께 발의한 법안이 19.4%다. 제1야당인 자유한국당도 다르지 않다. 같은 당 의원끼리 법안을 발의한 비율이 79.3%, 다른 당 의원과 공동 발의한 비율은 20.7%다.

입법안을 완성하면 '공동 발의 요청서'라고 하여 법안 취지와 핵심 요약 등과 함께 공동 발의에 참여해주길 바란다는 인사말을 한 장짜리 문서로 만들고, 개정법률안을 첨부해서 각 의원실에 돌린다. 의원실을 일일이 찾아가는 건 아니고 의원회관 1층 현관 옆에 있는 각 의원실 우편함과 본청에 있는 상임위원장 우편함에 한 부씩 넣는다. 그러면 다음 날 아침, 직원이 (보통 출근하며) 우편함에 들러서 그 안에 있는 것들(신문, 월간지, 정책 자료 등 공동 발의 요청서 외에도 다양하다)을 모아 갖고 온다. 자료를 분류, 정리하면서 다른 의원의 공동 발의 요청서들을 담당 직원에게 전달한다.

국회의원이 대략 300명이다. 그리고 공동 발의 요청서와 법안이 적으면 A4 용지로 3장, 많으면 10장이 넘는 경우도 있다. 보통 대여섯 장이라고 하면, 300명에게 다 전달하기 위해 1,500장 정도를 복사해야 한다는 얘기가 된다. 아무리 최첨단 복사기가 열심히 일한다 해도 보통 일이 아니다. 이 때문에 대개 다른 정책 담당자들은 의원과 같은 정당 소속인 의원실에만 공동 발의 요청서를 돌린다. 그럼 일이 반으로 줄어든다. 일을 수월하게 하려고 꾀를 부린다고만 볼 수 없다. 300곳에 가까운 의원실 우편함에 전부 공동 발의 요청서를 넣어놔도 다른 정당 소속 의원실에서 공동 발의를 하겠다고 연락 오는 경우는 매우 드물기 때문이다.

복직했을 때 예전부터 하던 대로 의원실 모두가 회람하도록 공동 발의 요청서를 돌렸지만 시간이 지나면서는 나와 일하는 의원이 소속된 정당 소속 의원실에만 법안 요청서를 넣었다. 그래도 미련이 남아 다른 정당 소속이어도 같은 상임위원회인 의원실, 해당 법안에 관심을 가질 만한 의원실 몇 군데에는 요청서를 보냈다. 가뭄에 콩 나듯 다른 정당 소속 의원실에서 공동 발의하겠다는 연락이 왔다. 나는 더 반가운 마음에 냉큼 서명을 받으러 달려가곤 했다. 손에 꼽을 만큼 아주 드문 일이고, 발의자 10명 가운데 다른 정당 소속 의원 한두 명의 공동 발의는 법안 통과 가능성에 유의미한 영향을 주는 것도 아니다. 하지만 발의자를 같은 정당 소속 의원들로만 채우는 건 편 가르기 같은 느낌이 들었다.

다른 정당 소속 의원실에 공동 발의 요청서를 돌려도 연락이 오지 않았다는 건 법안을 검토한 결과가 부정적이어서가 아니라 아예 검토하지도 않아서일 가능성이 크다. 우리 의원실도 별반 다르지 않았기 때문이다. 심지어 같은 정당 소속 의원실에서 요청하는 공동 발의안도 꼼꼼히 검토하는 경우가 드물 것이다. 각 의원실에서 들어오는 공동 발의 요청서 수가 많고, 매일매일 그렇게 법안이 쌓이니, 일일이 제대로 검토하기엔 물리적인 시간이 부족하다. 같은 정당 소속 의원실에서 요청한 공동 발의안 중 활동하는 상임위, 언론에서 논란이 되고 있는 일 그리고 의원이 평소 관심 가진 분야와 관련한 법안 외에는 굳이 챙겨서 검토하지 않게 된다. 시간이 한정돼 있고, 공동 발의안보다 우리 의원의 대표발의안을 만드는 일이 더 중요하기 때문이다. 또 질의자료, 토론회 기획 및 자료 준비 등 법안 상정만이 일의 전부가 아니다.

그럼 공동 발의는 어떻게 이뤄질까. 전화가 걸려온다. 공동 발의를 하고자 하는 의원실의 담당자가 법안 내용을 간단하게 설명하면서 검토를 따로 부탁한다. 직접 찾아오기도 한다. 그럼 공동 발의하려는 의원실 직원은 다른 의원실에 일일이 전화를 걸고 찾아갈까. 그럴 리 없다. 가능하지 않을 뿐만 아니라 그도 다른 업무를 해야 하고, 그런 식이라면 찾아오는 사람이 너무 많아서 변별력 있는 노력이 되지도 않을 것이다. 아무래도 평소에 친분 있는 의원실에 찾아가게 된다. 국회의원의 공동 발의 네트워크 분석 자료 중에는 공동 발의자 명단에 동시에, 자주 오르는 의원끼리 가까운 사이일 것이라는 식의 추측이 있다. 그럴 수도 있지만 의원 본인보다 의원실 직원끼리 가까운 경우가 더 많을 것이다. 공동 발의 여부를 의원이 직접 결정하더라도, 의원이 직접 검토하면 오히려 내용을 보고 판단하는 경우가 많기 때문이다. 물론 의원이 직접 친한 의원을 찾아가서 법안을 설명하고 공동 발의에 참여시키는 경우도 있지만 그리 흔한 일은 아니다. 공동 발의자를 모으는 일은 우선 보좌관의 일이기 때문이다. 보좌관들이 실무진이다 보니, 친분이 있는 직원끼리 직접 얘기하면 적극적으로, 가능한 긍정적으로 검토가 이루어진다. 이른바 공동 발의 품앗이다.

법안 품앗이가 공동 발의의 정당 편향성을 낳는 주요 원인이라고 할 수는 없지만 영향이 전혀 없다고 할 수도 없을 것이다. 품앗이로 인해 법안 발의 편향성이 심해진다면 그건 너무 많은 법안을 효율적으로 처리하기 위한 나름의 자구책에서 생긴 한계일지도 모른다. 같은 정당 소속의 친분 있는 의원실 몇 곳을 선정해 공동 발의를 특별히 부탁함으로써 발의 시간을 단축시키려는 방편인 면도 있을 것이다. 발의 참여가 법안 내용에 대한 심도 있는 검토와 판단보다 친분이나 편의에 조금이라도 더 영향을 받는다면, 발의 단계부터 법안에 대한 심의성이 떨어질 수밖에 없다고 봐야 한다. 더욱이 각 정당의 지향이 대립하는 쟁점 법안이라면 또 모른다. 많은 법안에서 이런 식의 공동 발의 편향성이 커지는 흐름은 법안 심사가 현실에 입각한 합리적이고 심도 있는 논의보다 힘겨루기 식의 분위기로 흐르는 데도 영향을 주지 않을까. 우리 정당들의 이념 선명성이 크면 당연한 현상이라고 납득할 수 있겠지만, 그도 아닌 상황에서 이렇게 높은 수준의 공동발의 편향성은 정치인의 갈등이 화합이나 갈등 해결보다는 싸움을 위한 싸움, 공익보다는 정당 또는 국회의원 개인의 정치적 이익을 위한 투쟁임을 드러내는 또 다른 현상 같아 씁쓸하다.

혼인빙자간음죄 폐지가 국회에서 이루어질 수 없었던 이유

설득과 중재보다는 몸 사리기

"이 개정안에 동의하는데, 지역 민심은 그렇지가 않아서…."

공들여 마련한 개정안 공동 발의 요청을 위해 찾아간 의원실에서 들은 대답이었다. 법안을 준비해서 공동 발의 요청서를 의원실에 보낸 후, 여러 날이 지났는데도 공동 발의자가 채워지지 않으면 개정안 작성을 주도한 보좌진이 다른 의원실의 공동 발의 담당자를 찾아다니며 법안의 취지와 내용을 설명하면서 동참해 달라고 설득한다. 일종의 영업이다. 그렇게 이 의원실 저 의원실 다니다 보면, 개정안이라는 상품을 들고 다니는 영업맨이 된 기분이 든다. 공동 발의 명단에 사인하겠다는 답을 들으면 물건 하나 판 것처럼 보람차고, 거절당하면 어깨가 축 처진다.

내가 주도적으로 추진한 법안 중 잊지 못하는 법이 있다. 혼인빙자간음죄 폐지안이다. 당시 우리 의원은 여성가족위원회 위원으로 활동 중이었다. 마침 여성의 권리 향상을 위해 일하는 여러 단체에서 혼인빙자간음죄 폐지를 주장하고 있는 시점이었다. 혼인빙자간음죄가 여성의 성적자기결정권을 침해하기 때문이라는 게 골자였다. 혼인빙자간음죄가 전제하고 있는 여성은 자기 삶을 스스로 독립적으로 살아가지 못하는 미성숙한 상태다. 상대가 결혼하겠다는 약속을 어겼다 하더라도 그 일에 국가가 관여하는 건 성관계라는 자기 몸과 관련한 자기 결정의 책임을 스스로 감당하지 못하는 존재, 즉 여성을 어떤 보호장치가 필요한 불완전한 인간으로 본다는 것이다. 더욱이 결혼과 성관계는 스스로 결정할 사적인 사안이 아닌가.

여성계는 이미 오래전부터 위헌 헌법 소원을 여러 번 제기한 바 있고 헌법재판소는 이를 기각했다. 판결문을 살펴보니, 최근으로 갈수록 최종 결정을 위한 재판관들 투표에서 한두 표 차이로 기각됐고, 반대 의견에서도 혼인빙자간음을 명시한 법률이 여성을 불완전한 존재로 전제하고 있는 부분에 대해서 문제가 있다고 봤다. 다만 국민 다수의 정서가 이를 받아들이기 어려워할 것을 우려해 위헌 판단을 내리기 어렵다고 밝혔다.

사안을 조사할수록 여성의 자립성을 훼손하는 법이라는 확신이 들었다. 의원을 포함해 직원들은 이 법을 폐지하는 게 당연하다고 여겼고 다른 의원실에서도 취지에 공감하며 격려했다.

하지만 거기까지였다. 국회에 있는 사람들 대부분 이 법은 폐지되어야 한다고 지지했지만 그건 개인적인 생각일 뿐, 국회라는 대의기관으로서 또는 대의기관을 위해 일하는 사람으로서의 의견은 아니었다.

국회의원은 자신을 선출한 유권자의 의사를 대신하는 사람이라는 한계를 벗어나기 힘들다. 자신을 뽑아준, 그리고 또 뽑아줄 유권자 생각을 염두에 둔다. 특히 혼인빙자간음죄처럼 전통적 도덕관과 관련 깊은 사안은 더욱 민심을 거스르기 힘들다는 사실을 그때 깨달았다. 비교적 개방적이고 진보적인 도시 지역의 국회의원도 조심스러워했는데 하물며 아직 전통 관습이 많이 남아 있는 지역의 의원은 손사래를 칠 내용이었다. "이 법이 없어져야 하는 건 맞는데, 지역에서 알면 우리 큰일 나요. 어르신들이 들고일어날 걸요." 결국 이 법안은 헌법재판소에서 폐기됐다. 최근에는 낙태죄가 헌재에서 폐기됐다.

혼인빙자간음죄 폐지에서 알 수 있듯이 의원들은 어떤 결정에서 유권자를 의식하는 만큼 이제는 유권자가 이런 첨예한 사안은 국회에서 충분히 치열하게 논의할 것을 요구해야 하지 않을까. 논란이 크고 고민이 되는 사안일수록 국회로 가져와서 의원들이 자유롭게 다양한 의견을 수렴하고 절충하며 설득하는 역할을 하도록 만들어야 한다고 생각한다. 그것이 국회의 진짜 역할이다. 그런데 현실은 도리어 논란이 될수록 매번 헌재에 국회 역할을 떠넘기고 있다. '정치의 사법화' 현상이다. 원론적으로 정치의 사법화는 민주주의 수준이 높아지는 과정에서 자연스럽게 나타나는 현상이다. 민주주의가 발전함에 따라 여러 갈등이 표면에 나타나고 논의 과정을 통해 이런 갈등을 해결하는데, 합의되지 않는 사안을 마지막 방법으로 사법부에 맡기는 것이기 때문이다. 그러나 대한민국 의회에서 나타나는 정치의 사법화는 갈등을 논의하면서 다루는 정치 과정을 소홀히 하는 것이 문제다. 혼인빙자간음죄, 낙태죄처럼 현대와 전통 관념이 충돌하는 문제뿐만 아니라 선거구 문제와 같이 정치적인 이슈마저도 민감하고 어려운 갈등에 대한 해결을 헌재나 선관위 같은 기구에 미루고 의회는 회피하는 경향이 크다는 것이다. 국회가 이런 역할을 다른 국가기관에 미루는 한 의회의 능력이 강해지기 어렵다. 국회의원의 자성도 필요하지만, 대중의 존재와 영향력이 커진 만큼 국회가 능력을 키워 제 역할을 다하도록 만드는 일은 오직 유권자만 할 수 있다.

사람들은 정치인이나 국회의원이 유권자와 동떨어져서 활동한다고 생각한다. 하지만 오늘날 대중의 영향력은 생각하는 것 이상으로 강력하다. 10년 전만 해도 전문 서적에서나 등장하던 포퓰리즘이란 단어가 근래 들어 자주 등장하고, 실제로 그런 현상을 우려해야 한다는 목소리가 커지고 있다. 그만큼 정치인이 유권자를 지나칠 정도로 의식한다는 의미다. 급증하는 매체의 영향력 덕에 정치와 대중 사이에 있던 소통 장벽은 무너진 지 오래다. 마케팅의 대가 필립 코틀러(Philip Kotler) 노스웨스턴대학교 교수 역시 소셜미디어 등 매체 활용 증가로 인해 소비자는 기업에 더는 자신이 내놓는 제품을 구매만 하는 수동적인 존재가 아니라고 강조한다. 이 현상은 정치에도 그대로 적용된다.

처음 국회에서 일하기 시작했던 1990년대 후반과 2010년대는 달라졌다. 불과 20년 사이에 대중의 존재는 커졌다. 인터넷과 스마트폰은 정치인에게 대중이 코앞에 있는 것처럼 느껴지게 만든다. 정치인에게 유권자는 이제 강력한 힘이자 위기다. 정치와 대중 사이 거리가 가까워질수록 국회는 '대의'기관의 역할이 커진다. 갈등과 문제를 해결하는 데 필요한 전문성과 지난한 타협의 인내에 익숙하지 않고, 감정과 이분법적 호소를 정의 실현이라고 여기는 경향이 강한 대중의 성향에 끌려가는 것이다. 막스 베버가 강조한 정치인의 신념이나 책임 윤리는 정치인이 유권자와 어느 정도 동떨어져서 그들에게서 영향을 덜 받을 수 있을 때 가능했던 얘기가 아닐까. 이제까지 정치권의 쇄신이 사회 변화에 긍정적으로 이바지했다면, 지금은 유권자 자신의 쇄신이 사회 변화에 실질적 기여를 가져오는 시대 아닐까.

문제만 생기면 학교에서 가르쳐야 한다?

교육 만능주의, 법 만능주의

성폭력, 가정폭력 사건이 언론에 유독 자주 보도된 적이 있다. 상임위에 성매매 금지특별법을 상정해 놓고 논의하던 때로 기억한다. 법안에 관해 의견을 나누면서 여러 가지 혜안을 모았는데 빈번하게 언급되던 주장이 '교육'과 관련된 내용이었다. 몰라서, 의식이 부족해서 일어나는 사건이므로 학교에서 아이들에게 가르쳐야 한다는 주장이었다. 처음에 성폭력이 이슈가 됐을 땐 그러려니 했다. 다음에 가정폭력이 논란이 되자 가정폭력에 관한 의식 등에 관해서도 수업 커리큘럼에 넣어야 한다고 했다. 그다음에는 또 건강관리를 위해 식습관 및 영양 교육도 해야 한다고 했던가. 너도 나도 학교 수업에 추가할 의식 교육을 하나씩 제안하는 분위기였다. 갑자기 우리 의원이 혼자 다른 목소리를 냈다. "폭력 사건에 대한 의식교육을 수업 과목으로 반드시 편성하도록 의무화해야 하는 건가요? 문제가 생길 때마다 관련 지식을 학교에서 가르치도록 수업을 추가할 건가요? 그러면 다른 학업 과목은 언제 가르치나요? 학교에서 전부 감당할 수 있는 것입니까?"

의원의 뒤에 앉아 있던 나는 깜짝 놀랐다. 회의장에서 우리 의원을 바라보는 시선도 '이 분위기에서 무슨 뜬금없는 소리야?' 이러는 것처럼 느껴졌다. 보좌하는 사람으로서 당황스러웠고 창피하기도 했다. 회의가 끝나고 회의장을 나가는데 한 부처 직원이 내게 달려왔다. "의원님 말씀이 맞아요. 사실 학교에 그런 식으로 문제를 떠맡겨서는 안 되죠. 학교가 그런 일을 하는 곳은 아니니까요." 내 발걸음을 막고 말하는 목소리에는 안타까움이 묻어 있었다. 교육으로 간단하게 해결하려는 흐름에 동의할 수 없지만 막상 이의를 제기하기 어려운 분위기에서 나온 한탄이랄까. 회의장에 들어오지 못하고 밖에서 대기하고 있던 부처 직원들과 관계자들로 가득 찬 복도에서 얼떨결에 붙잡힌 나는 경황없이 대답했다. "아 네, 그렇군요. 그렇게 말씀해 주셔서 고맙습니다."

문제의식이 진지하게 와 닿은 건 수년이 지나고서였다. 국회에서 일하면서 모든 문제의 원흉으로 지적받고 원망받는 세월이 쌓이자 과연 국회의원이, 정치인이, 정부가 정신 차리고 양심껏 잘하기만 하면 정말 모든 문제가 해결되는 걸까, 하는 의문이

들었다. 우리 사회가 이렇게 흘러가게 된 것이 법으로 사회구성원을 제어하지 않아서, 정부가 민간에 공권력을 행사하는 게 부족해서일까. 나를 비롯해 의원실의 동료들 그리고 다른 의원실 직원까지 수백 명이 매일 같이 법을 만들 구실이 없을까 눈에 불을 켜고 찾고 있는데 문제의 원인이 아직도 법에 있는 것일까.

국회에서 일하는 동안에는 일상생활을 하면서도 늘 어디 국가가 개입할 만한 곳이 없는지 더듬이가 곤두서 있었다. 국가라는 공권력이 개입하려면 법이라는 근거가 있어야 하고, 근거를 마련하는 일은 곧 내 실적이 되기 때문이었다. 뉴스에서 '법의 사각지대'라고 하는 기자의 코멘트는 늘 반가웠다. 파블로프의 개가 침 흘리듯 본능적으로 달려들었다. 국가의 개입이나 법을 더 만드는 걸 달가워하지 않는 목소리는 거의 듣지 못하지만 법을 만들라거나 더 강하게 규제하려는 공권력의 개입은 환영받았다. 성폭력, 가정폭력, 심지어 식습관 문제까지 학교에서 의무적으로 교육하는 것을 해결책으로 여기는 분위기 역시 같은 맥락이라는 사실을 깨달았다. 주입식 교육에서 탈피해야 한다며 목소리를 높이면서도 사회적 문제에 대한 의식과 태도를 학교에서 가르치면 사람이 바뀌어 문제도 해결될 거라는 가치관을 바탕으로 하기 때문이다. 이 또한 학교라는 법의 영향력 아래의 기관을 통해 국가 통제로 문제를 해결하는 방식인 것이다.

사회문제마저도 학교에서 담당하기를 바라는 모습은 우리가 제도 교육, 국가(법)에 지나치게 의존하고 있다는 것을 보여주는 게 아닐까. 엄청난 교육 의지 덕분에 개인과 사회가 이만큼 발전한 경험 때문일까? 권위주의적인 국가 주도로 발전한 영향 때문에, 가장 손쉽고 확실해 보이는 방법이기 때문에, 신뢰할 방법이 그것 뿐이기에 우리 사회에서는 모든 문제를 법, 제도 또는 국가 권력으로 해결하려는 성향이 크다.

독재 시절엔 법 만능주의의 효과는 컸다. 교육 만능주의 위력은 얼마나 대단했나. 부모나 선생이 가르치는 대로 고분고분 따르는 착한 아이처럼, 정부가 지시하고 의도하는 대로 사회가 흘러갔다. 그런데 경제가 발전하고 제도의 민주화를 이룬 후에는 사회구성원의 자의식이 커지면서 '법·제도·교육 만능주의'는 힘을 잃는다는 게 문제다. 법과 규제를 만드는 일은 이제 그리 어렵지 않게 됐다. 사회구성원이 이상향으로 여기는 내용으로 조문을 작성하면 된다. 많은 사람이 바라니까 국회 통과도 가능하다. 하지만, 그 법이 실제 사회에서 작동하는 건 전혀 다른 문제다.

예를 들어, 한강 공원의 쓰레기 문제도 있다. 여의도 등 주차 공간이 웬만큼 마련된 한강 공원은 날씨만 따뜻해지면 쓰레기로 몸살을 앓는데, 얼마 전 한강 공원에 쓰레기를 버리면 과태료 부과 대상이 된다는 사실을 우연히 알게 됐다. 하지만 실제로 그 규정을 공무원이 집행하는 건 불가능에 가깝다. 그저 몇 시간에 한 번씩 공원 일대에 안내 방송을 쩌렁 쩌렁 내보내면서 공원을 찾은 사람들의 협조를 구하고 있을 뿐이다. 사람들이 떠나고 난 다음 날 아침마다 공원의 꼴은 말이 아니다. 그렇다고 해서 공원을 찾은 사람들이 서로 파파라치가 되어 신고해야 할까. 가정폭력에 관한 법도 그렇다. 피해자를 가해자에게서 격리하고 보호하고자 해도, 피해자가 다시 가해자에게 돌아가는 경우가 생각 외로 많다고 한다. 사회구성원도 이웃 가족의 공공성 문제에 개입하는 걸 꺼려한다. 이런 정서는 판결에 영향을 미친다. 참혹한 가정폭력이 언론에 크게 보도될 때마다 법·규제를 강화해야 한다는 여론의 압박이 생기고, 형량을 늘리는 법안이 통과되어도 실제 재판에서 그렇게 판결하는가 하는 문제는 다르다. 사안에 대한 사회구성원의 관심과 정서의 영향이 더 중요하기 때문이다.

판사 문유석은 『판사유감』에서 범죄는 "절멸의 대상이라기보다 관리의 대상"[44]이라고 주장하며 엄벌주의와 필벌주의에 대해 설명한다. 범죄자의 형량이 높은 대표적인 국가 미국이, 그에 비해 평균 형량이 1/4 수준인 프랑스보다 더 안전한 나라라고 하기 어렵다는 사실을 말한다. 또 카파라치 같은 상호 감시와 밀고는 실제로 충동범죄를 제외한 범죄율을 떨어트리는 효과가 있지만 사람들이 일상에서 늘 감시받음으로써 느끼는 고통이 범죄로 인한 고통보다 클 수 있음을 우려한다. 법은 만능이 아닐 뿐만 아니라 또 다른 위험을 낳는다는 것이다.

우리는 문제가 생길 때 법을 제정(혹은 개정)하기만 하면, 그 문제가 다 해결된 것처럼 여기는 경향이 있다. 그 기대에 따라 국회는 밤낮으로 법을 만들고 있다. 그런데도 사회 문제가 개선되고 있지 않다면, 법이 부족해서라기보다 형식상의 규범이 제대로 작동하기 위해 필수적인 사람들 태도, 우선되는 가치, 생활 규범이 미처 그것을 따르지 못해서가 아닐까 하는 생각이 든다. 한국은 경제뿐만 아니라 자유민주주의 역시 제도를 바꾸면서 이루게 되었다. 그런데 자유민주주의는 시민의식으로 작동하는 체제다. 이제는 사회구성원의 의식 변화가 먼저고 그에 따라 제도가 변하는 형태가 되어야 하지 않는지 고민해 봐야 할 때다.

하여튼 목소리 큰 사람이 이긴다

힘겨루기가 먼저인 사회

"회의를 정회합니다. 탕, 탕, 탕."

판결 후 내리치는 작은 나무망치인 의사봉은 주로 판사의 것으로 알려졌지만 실제 재판에서는 의사봉을 쓰지 않는다고 한다. 국회에서는 여기저기서, 단계마다 의사봉을 두드린다. 본회의장, 예산결산특별위원회 회의장, 17개 상임위 회의장에 각각 하나씩 있다. 17개 상임위에는 각각 예산심사소위, 청원소위, 법안심사소위가 또 있다. 그 각각의 소위 회의장에도 의사봉으로 회의를 진행한다. 회의를 시작할 때(개회)와 끝낼 때(산회)뿐만 아니라 의안을 상정할 때 그리고 그 안을 가결 또는 부결할 때도 의사봉을 내리친다. 그뿐만이 아니다. 회의를 잠깐 멈추는 정회 때도 사용한다. 탕, 탕, 탕 소리는 그중에서도 개회나 산회, 의안 상정과 가결 또는 부결보다 정회를 알리는 신호로 더 많이 쓰인다. 그만큼 국회에서는 회의가 중간에 중지되는 경우가 다반사다. 국정감사처럼 아침부터 시작한 회의가 저녁 늦게, 때로는 밤까지 이어질 때, 의원과 국무위원 등의 휴식을 위해서 상임위원장은 의사봉을 두드리며 정회를 선언한다. 추가 자료를 준비하거나 의논이 필요할 때도 정회한다. 이보다 훨씬 많은 경우는 의견이 충돌할 때, 좀처럼 논의가 진척되지 않을 때다. 뉴스에서 종종 의원들이 아웅다웅하는 모습이 등장하는데 대개 상임위 회의장에서 다툼이 일어난다. 매체에 자주 등장하진 않지만 실제로 정회가 더 빈번하게 이루어지는 회의는 법안심사소위다(의원들이 발의한 법안 가운데 해당 상임위 소관 부처가 집행하는 법안들에 대한 심사가 밀도 있게, 실질적으로 이루어지기 때문이다).

소위 회의실은 상임위 회의실 뒤쪽에 있는 작은 방을 사용한다. 소위 위원장과 위원 예닐곱 명, 속기사 한 명, 정부의 담당 국장이나 기타 참고인들이 앉는 직사각형의 긴 테이블과 의자가 있고, 그 뒤 벽에 등받이를 붙여놓은 간이 의자가 그 테이블과 의자를 둘러싸고 있다. 의원은 각각 테이블 한 편에 같은 정당 의원끼리 앉아 경쟁 정당의 의원을 마주 본다. 보좌관은 의원을 보좌해야 하므로 각자 자기 의원 뒤에 있는 간이의자에 앉는다. 그 옆으로 정당에서 상임위 정책 전반을 지원하는 정책전문위원이 자리를 잡고 법안이 어떻게 논의되는지 살핀다. 사무실에 들어오지 못한 정부 부처와 관련 민간 조직 관계자들은 문 밖 복도를 점령하고 문 근처를 배회한다. 법안소위가 열리면, 회의실은 물론이고 그 일대까지 북적북적해지는 게 언뜻 보면 무슨 큰 볼거리라도 벌어진 것 같은 모습이다.

법안심사소위가 자주 정회되고 소위 회의장이 북적대는 건 의회가 의안 심사에서 상임위 중심주의를 채택하고 있기 때문이다. 본회의보다는 상임위 전체 회의가, 상임위 전체 회의보다는 소위원회 회의가 실질적인 검토를 하고 있으며 여기서 통과되는 대로 본회의까지 통과되는 경우가 많다. 따라서 법안 관련 일의 실무자들은 법안심사소위 논의 과정을 가장 중요시한다.

작은 공간에서 회의가 중단되면 백이면 백 국회의원들은 전부 회의실을 빠져나간다. 하지만 직원을 비롯한 나머지 보좌관들은 그러지 못할 때가 있다. 정회가 언제 재개될지 알 수 없기 때문이다. 충돌하는 의견에 대해서 속기록을 의식하지 않고 의원끼리 허심탄회하게 의견을 나누기 위해 정회할 때 주로 회의가 중단된다. 이때 의원들은 대개 소위 회의실 옆에 있는 상임위 위원장실로 가는데, 그곳까지 직원들이 따라 들어가는 경우는 거의 없다. 그야말로 의원끼리 터놓고 얘기하는 자리다. 보좌진은 앉아 있던 간이의자에서 엉덩이를 뗄 이유가 달리 없는 것이다.

그러다가 회의를 열 수 있는 의원의 정족수가 모자라거나 정말 의원끼리 대화가 통하지 않으면 회의가 무산된다. 소위 회의실에서 멍하니 대기하다가 누군가에게서 그 소식을 들으면 그제야 보좌진도 사무실로 돌아가는데, 애매하게 논의가 지연되면 난감해진다. 사무실로 돌아갈까, 남아 있을까. 돌아가면 해야 할 일이 많은데…. 머릿속으로는 다른 일들을 세면서 돌아가지도, 남아 있지도 못한 채 시간을 죽인다. 보통 한 시간 가까이 고민하곤 하는데 보좌관의 이런 모습은 사실 호사에 가깝다. 정부 등 국회의 외부에서 온 관계자들, 무엇보다 속기사는 확실한 정보를 듣기 전까지는 자리를 뜰 수 없는 처지다.

이처럼 국회에서 정회는 대개 의견이 충돌할 때 이루어진다. 정회는 첨예한 갈등이 있다는 일종의 신호다. 이렇게 대립할 때 그 갈등을 풀어내는 방식을 보면 우리 사회의 모습을 비춰주는 것 같다. 법안을 두고 부딪칠 때 정회를 자꾸 반복하는 건 대개 자기주장을 관철하는 데 주력할 뿐 상대 입장을 헤아리면서 타협점을 찾는 걸 목표로 하지 않기 때문이다. 이견이 좁혀지지 않고 평행 상태가 지속되면 법안을 계류시킨다. 그러다가 창문 밖에서 "국회는 놀고만 있는 것이냐"는 비난이 일면, 어떻게든 법안을 통과시켜 성과를 내놓아야 한다면서 조급해하기 시작한다.

이때 의원들은 자신의 정당에서 꼭 통과시키려고 하는 법안을 서로 거래하는 방식으로 문제를 해결한다. 자신의 당이 원하는 법안을 통과시키는 데 찬성하면 상대가 원하는 법안도 통과되도록 찬성하겠다는 식이다. 이런 과정에서는 현실적 상황이나 변수를 고려하고, 법안 내용에 대해 합리적으로 토론하기보다는 목소리가 큰 사람, 즉 힘(여론)을 과시하며 더 잘 싸우는 쪽이 유리하다. 상대를 수세로 몰면 자신이 원하는 방향이나 내용을 더 많이 반영할 수 있고, 상대가 원하는 건 덜 들어줄 수 있기 때문이다. 유권자로서는 어떤 사안에선 내 의견이 반영된다 싶다가도 어떤 사안에 대해서는 전혀 그렇지 않으니 국회에 불만이 생길 수밖에 없는 것 아닐까.

거래 방식이나 여론 전, 힘 싸움 따위를 근절해야 한다는 의미가 아니다. 이런 방법도 때로 쓰일 수 있지만 문제는 민감한 사안에 관한 법안 논의는 거의 협상 방식으로 이루어진다는 것이다. 의원들도 결국 '딜'을 이용해야 할 것으로 예측하기 때문에 사전 논의는 시늉만 하듯 최선을 다하지 않는 경우가 생긴다. 또 상대에게 양보를 요구받을 상황을 고려해서 그 부분을 일부러 극단적으로 설정해 놓는 일도 발생한다. 예를 들면, 규제의 강도가 2 정도면 될 것을 5 정도로 법안에 담아서 양보하는 척 협상에 이용하는 것이다. 이런 방식을 그대로 둔 채, 국회의원 수를 늘리거나 의원의 정당 비례를 맞추는 등 제도를 제아무리 바꾼다 한들 민의 반영 문제가 개선될까?

민의(국민의 뜻)란 단순하지 않다. 수많은 서로 다른 의견이 각기 자기 목소리를 내기 때문이다. 그 자체로 갈등의 온상이다. 갈등을 푸는 방법은 다양하다. 토머스 홉스(Thomas Hobbes)나 니콜로 마키아벨리(Niccolo Machiavelli)처럼 폭력적인 힘을 사용할 수도 있다. 막스 베버도 정치를 갈등 그 자체로 보고 이 힘(행정력, 권력)을 사용할 수 있는 권한에 대한 투쟁이라고 정의했다. 홉스

나 마키아벨리, 베버의 시대에는 사회가 혼란스러웠다. 명예를 중요하게 여기던 홉스 시대엔 사람들이 사소한 일에도 명예 훼손이라며 시비가 붙는 등 다툼이 잦았는데, 이를 툭하면 결투로 해결했다. 베버가 활동하던 때는 독일이 제1차 세계대전에서 패한 후였다. 정치학 교수 최장집은 베버의 연구는 의회 능력이 약했던 당시 독일의 정치 상황에 맞춰져 있다고 지적한다.

그렇다면 의회의 능력이란 무엇일까. 대중의 표상이 모인 기관이란 점에서 의회가 민주주의를 상징한다면, 의회의 능력이란 민중의 다양한 뜻을 조화롭게 하나로 만드는 힘이다. 현재 한국도 당시 독일과 비슷하게 행정부보다 의회의 힘이 약하다. 서로 다른 목소리를 조화롭게 만드는 능력, 즉 갈등 해결 능력이 부족한 것이다.

의회 역할이 큰 사회에서는 의회가 갈등의 장이기도 하지만, 한편으로는 갈등 해소의 장이 된다. 만약 의회가 갈등 해소의 장이 되지 못하면, 제각기 다른 입장에서 다른 요구를 하는 민중의 다양한 뜻이 집결한 의회는 갈등 그 자체가 된다. 그런 곳에서 정치는, 홉스, 마키아벨리, 베버의 시대처럼 힘겨루기하는 행위밖에 되지 않는다. 이겨야만 뜻을 이룰 수 있는 것이다. 그와 다른 민의는 반영되지 않고 묻힌다. 갈등 해소를 싸워 이기는 방법으로만 이루려고 하는 한 아무리 선출 방식을 이렇게 저렇게 바꾼다 한들 나아질 가능성이 있을까. 선출 방식, 승자 독식의 선거 제도도 문제지만, 갈등 중재(대화와 협상) 능력과 태도가 개선되지 않는 한 민심이 반영되지 않는다는 불만은 계속될 것이다.

그런데 국회에서 일어나는 일이지만 왠지 영 낯설지만은 않은 모습이다. 이웃끼리, 아니면 길거리나 직장 등에서 다툼이 생겼을 때 서로 목소리를 높이고, 둘 사이에는 메아리가 울린다. "법대로 해!" 결국 찾아가는 곳은 둘 중 한 사람의 손을 들어줄 수밖에 없는 판사 앞이다(마치 국회가 골치 아픈 문제를 사법 기관의 판결로 해결하려 하듯이). 이긴 사람은 만족스럽겠지만, 진 사람은 판사가 공정하게 사안을 헤아리지 못한다며 불만을 품을 수밖에 없다. 한국에서 목소리가 커야 하는 건 일상에서나 대의기관이나 마찬가지다.

법안 심사와 월권행위

국회의 법안 심의 부실이 가져온 변칙

언젠가 정부와 여당뿐만 아니라 야당에서까지 지대한 관심을 두고 심사하던 법안이 있었다. 부처 직원, 의원과 보좌관들, 정당의 정책 담당자들 모두 몇 날 며칠 동안 그 법안을 검토하느라 법안심사소위원회 회의실은 긴장과 열정으로 가득했다.

밤늦게까지 이어진 회의를 끝내고 뒤늦게 저녁을 먹기 위해 식당에서 식사를 기다리는데 의원의 휴대폰이 울렸다. 의원이 통화 버튼을 누르자 다짜고짜 따지는 목소리가 전화기 너머로 들렸다. 스피커 모드로 설정했나 싶을 정도로 큰소리가 들렸지만, 뭐라고 하는지는 제대로 알기 힘든 흥분된 목소리였다. 의원이 못 말리겠다는 듯 한숨을 다 쉴 때쯤 상대방의 흥분했던 목소리가 잠잠해졌고, 그제야 의원은 차분하게 대답했다. "우리도 할 만큼 하고 있는 거야. 알았어. 그렇게 하도록 해 볼게."

나를 비롯해 깜짝 놀라 의원을 바라보고 있던 직원들이 누구냐고 물었다. 우리 의원과 친분이 있는 다른 의원이었다. 그제야 나는 그가 왜 우리 의원에게 전화했는지 짐작했다. 법안소위에서 한창 몰두하고 있는 법안 때문이었다. 그는 우리와 같은 상임위가 아니었지만 그가 의정활동에서 목표로 삼고 있는 일과 관련 있다고 생각했는지 그 법안에 지대한 관심이 있었다. 이후 그 의원실 직원이 나를 찾아왔다. 법안소위 위원이기는커녕 자기가 소속된 상임위도 아닌데 법안소위에서 논의되는 과정을 일일이 점검하라는 지시를 받은 것이다. 그렇게까지 자신에게 중요한 사안이고 아무리 서로 막역한 사이라지만 동료 의원에게 화풀이하듯 쏘아붙이는 건 인격적으로도, 국회의원으로서도 좋은 인상을 주기 어려운 태도였다.

아니나 다를까, 법제사법위원회에 속해 있던 그 의원은 그 법안이 자신의 기대에 미치지 않는 수준에서 상임위를 통과해 법사위로 넘어오자, 법안을 통과시키지 않고 붙잡아 놓았다. 모두가 머리를 싸매고 열심히 검토해서 관련 부처 및 상임위 여야 의원까지 합의해 힘들게 통과시킨 법안이 법사위에서 통과되지 못하고 묶여 있자 모두가 당황했다. 깜짝 놀란 정부 부처 직원들은 소관 상임위 의원도 아닌 그 의원에게 달려가서 상황을 설명하고 설득했고, 의원들을 도와 법안을 검토했던 직원들은 불만을 터트렸다. 법사위가 상원이야 뭐야! 미국 의회에서는 상원의 권한 중 하원이 발의한 법안에 대해 승인하고 수정할 수 있는 권리가 있는데 이 상황과 들어맞은 것이다.

법안이 통과되는 과정은 크게 상임위원회(법안심사소위원회), 법제사법위원회, 국회 본회의 순이다. 법안심사소위원회 회의는 법안이 상임위 전체 회의에 상정되고 나면 다음 전체 회의가 열리기 전까지 며칠 동안 열린다. 상정된 법안을 법안심사소위원회의 위원들이 관련 부처와 국회에 있는 입법 지원 조직 등의 도움을 받아 집중적으로 검토하고 수정해서 합의에 이르면 통과되는 것이다. 그렇지 않고 소위에서 우려되는 부분이 있거나 의원 사이 의견이 조율되지 않으면 계류(더 논의할 법안으로 남겨 놓음)시킬지 결정한다.

법안이 상임위의 법안심사소위원회를 통과하면, 다음 상임위 전체 회의에 안건으로 상정해 법안심사소위 위원이 아닌 다른 의원들의 의견을 듣고 표결한다. 이 자리에서는 원칙적으로 찬반 토론이 이루어지는데, 실제로는 비단 찬성 또는 반대 의견에 국한되지 않고 당부 등 법안에 대한 다양한 의사표명이 이루어진다. 그 뒤, 다시 한 번 상임위 위원장이 법안심사소위에서 심사 보고한 내용에 대해 의원들의 이견을 받는다. 대개 의원석에서 누군가가 "없습니다"라고 대답한다(법안심사소위를 통과한 법안에 대해서 상임위 의원이 반대하는 경우는 많지 않다). 위원장은 비슷한 내용의 법안을 모으거나 법안소위 등에서 수정한 내용 등을 반영한

'위원회 안(위원장 안)'으로 제안하고자 한다면서 이의가 없는지 또 묻는다(위원회 안은 원안을 심사하는 과정에서 수정 내용을 반영하기 위해 원안을 폐기하고 새로운 안을 입안하여 위원장 명의로 제출하는 '위원회 제출 대안'이다). 그러면 의원석에서 "예~"라고 대답하고, 위원장은 "각각 가결되었음을 선포합니다"라고 말한다. 만약 법안 통과에 반대한다면 의원은 손을 들어 반대 의사를 표시한다. 그 수가 절반을 넘지 않으면 법안은 가결된다.

그렇게 상임위에서 통과된 법안은 바로 본회의에 회부되지 않고 또 다른 상임위원회인 법제사법위원회로 넘어간다. 법사위는 소관기관 관련 사항 이외에 법률 관련 전반을 다룬다. 법안 내용에 관해 다시 논의하는 것은 아니다. 본회의에서 의결하기 전에 법안 내용이 헌법에 위배되지 않는지, 다른 관련 법률에 저촉되지 않는지, 법안 자체의 조항 사이에 모순이 있지 않은지, 법률 용어가 명확하고 적합한지 등 기술적 부분을 마지막으로 점검하는 수준이다. 의원 입법 지원 업무 편람에도 '법사위의 체계 및 자구심사권은 어디까지나 체계와 자구 심사에 한하고 법률안의 정책적 내용면까지 실질적으로 심사할 수는 없다'는 내용이 있다. 해당 상임위에서 통과돼 법사위에 넘어간 법안이 그 내용을 이유로 계류되고 있다면 그것은 법사위의 월권이고 국회 법안 심사 원칙에서 벗어난다고 할 수 있는 것이다. 그러니 상임위에서 통과시킨 법안을 묶어둔 그 의원의 모습이 당혹스러울 수밖에.

최근에는 종교인 퇴직 소득세를 감면하는 소득세법 개정안을 법사위에서 통과시키지 않았다. 해당 상임위인 기획재정위원회에서 통과된 법안인데 반대 여론이 거세게 일어나는 등 논란이 되자 법사위에서 계류시킨 것이다. 사회적 합의가 충분하지 않은 채 다분히 특정 세력의 이익에 편향된 부분이 있어 이런 조치에 안도하고 환영하는 분위기였다. 하지만 절차상으로 보면 개선돼야 할 일이다. 법사위에서 계류시켜야 할 정도로 문제가 되는 내용의 법안이 있다면, 굳이 법사위가 그러한 편법이나 월권행위를 하지 않아도 될 장치가 이미 국회에는 마련돼 있다. 전원위원회다.

전원위원회는 법안을 상임위 중심으로 심사하면서 본회의의 법안심의가 형식화되는 것을 보완하려는 취지로 도입한 제도다.[45] 상임위 심사를 거치거나 상임위가 제안한 의안 중에서 정부조직에 관한 법률안, 조세 또는 국민에게 부담을 주는 법률안 등에 대해서 의원의 4분의 1 이상이 요구할 때 개회하게 되어 있다. 그러나 이 제도는 유명무실하다. 역대 국회에서 이 위원회가 열린 건 국군의 이라크 파견 동의안에 대해 세 번 열린 게 전부다. 나 역시 법안 심의 절차에 전원위원회라는 게 있는지 일하는 동안에는 알지 못했다. 법사위에서 통과되면 바로 본회의로 넘어가는 줄 알고 있었던 만큼 실제로 법안 심사를 위해서 전원위원회가 열린 적이 한 번도 없었다.

이 제도의 취지에 따르면, 동료 의원을 다그칠 정도로 동의하기 어려운 법안이 있거나 또는 상임위에서 여론을 충분히 수

렴하지 않고 특정 이익만 반영해 통과시킨 법안이 있을 때 전원위원회를 활용할 수 있다. 전원위원회 제도가 존재하는데도 이를 활용하지 않고 원칙에서 벗어난 방법을 사용하는 현실 역시 이제 우리 국회에서 법을 많이, 빨리 만들기보다 '잘' 만들어야 한다고 요구해야 할 때라는 사실을 보여주는 것 아닐까.

· 법률안 심사 과정 ·

출처 2018 의원입법 지원업무 편람, 법제처

법률안에는 크게 제정안, 개정안, 폐지안이 있다. 제정안은 기존에 없던 법률을 새로 만들어 제시하는 안건으로, 국회 심의와 의결을 통과하면 '법률'로 공포된다. 개정안은 기존 법률을 수정한 안건으로, 일부개정안과 전체개정안이 있다. 폐지안은 기존 법률을 없애고자 하는 안건이다. '국회의원이 법을 만든다'고 할 때의 법은 대개 개정안(법안)이라고 한다. 국회의 입법 활동은 법률안 제출뿐만 아니라 국회에 접수된 모든 법안을 심의하고 의결하는 활동까지 아우른다. 법률안은 정부와 대통령도 낼 수 있다. 국회의원이 의안을 낼 때는 '발의', 정부가 낼 때는 '제출'로 구분한다. 국회의원이 내는 법안에는 대표 발의안과 공동 발의안이 있다. 제·개정안을 직접 만드는 국회의원이 대표 발의자가 된다. 발의 조건은 공동 발의자 9인 이상, 즉 해당 개정안에 동의해서 함께 발의하겠다고 나서는 의원을 최소 9명 모으는 것이다.

내가 검토하지 않은 법안을 표결하라고?

법안 의결은 생각보다 만만치 않은 일

국회의원 선거를 4월에 치르고 나면 그해 6월에 첫 국회가 열린다. 새로운 임기를 시작하면서 맨 먼저 하는 일은 상임위원회 위원을 정하고 국회의장과 부의장, 상임위원장 등을 뽑으며 국회를 구성하는 것이다. 상임위 위원 명단 등도 본회의를 통과해야 하는 사안이기 때문에 이 시기에 열리는 본회의에서는 이러한 안건을 모아 의결한다. 그래서 이때 열리는 본회의에서는 주로 동의안, 결의안, 규칙안, 선출안[46] 등에 대해서 국회의원의 동의를 구하고 법률안은 거의 상정되지 않는다. 이전 국회에서 논의가 끝났던 정부 제안 법률안이나 시급한 것 외의 법률안은 대개 국회 개원 후 첫 정기회에서 열리는 본회의에 처음 상정된다.

정기회는 매해 9월에 열리며 보통 추석 연휴 끝난 후 시작되는 국정감사를 치르는 회기다. 이 기간에 결산뿐만 아니라 법안 심사도 많이 이루어진다.

정기회든 임시회든 본회의가 열리면 회의를 진행하는 의장 목소리, 발언하는 의원의 목소리가 의원실에 있는 스피커를 통해 각 의원실에 중계된다. 의원실에서 스피커 볼륨을 조절하지 않는 한, 직원들도 각자 자신의 일을 하면서 동시에 본회의장 안의 분위기를 파악할 수 있다. 중계는 국회의장이 "회의를 시작합니다"라고 말하면서 의사봉을 두드리는 소리가 나오기 전부터 시작된다. "띵~ 띵~ 띵~" 세 음정을 한 쌍으로 이룬 벨 소리 뒤에 "의원님들은 본회의장으로 이동해 주시기 바랍니다"라고 녹음된 안내 멘트가 본회의 예정 시간 15분 정도 전부터 울린다. 본회의가 있을 때마다 개회 예정 시간이 훌쩍 지나고 나서까지 계속된 탓에 그 목소리가 뇌리에 박혔는지, 아직도 본회의장을 생각하면 안내 소리부터 생생히 떠오른다. 본회의를 시작할 수 있는 최소 인원이(전체 국회의원 중 5분의 1 이상) 모이는 데 그만큼 오래 걸린다는 뜻이다.

새 임기가 시작하는 국회가 열리고 나서 본회의에 법안 의결이 있는 첫날이었다. 본회의 시작을 알리는 벨 소리가 울리자 사무실을 나섰던 의원이 한참 지나 돌아왔다. 의원실로 들어가다 말고 갑자기 돌아보며 본회의 첫 법안 의결 소감을 던졌다. "아니, 어떻게 내가 검토하지도 않은 법안들을 투표하라고 하지? 내용도 잘 모르는 법안에 대해서 어떻게 찬반 의사 표시를 하며 국회의원인 내가 검토하지 않은 법안이 어떻게 통과되느냐고!" 하필 그가 서 있던 자리가 선임 보좌관 옆자리였다. 옆에서 갑자기 토로하는 의원 모습에 당황한 보좌관이 순간적으로 머뭇거리는 사이에 의원이 지시사항을 던져놓고 의원실로 들어갔다. "다음부터는 본회의에 상정되는 법안을 미리 검토해 줘요."

순간 어안이 벙벙했다. 본회의에 상정되는 법안은 한두 건이 아니다. 1~2건 또는 3~4건 상정될 때도 있지만, 100개 안팎이 흔하며 200개가 넘는 경우도 있다. 당시 정기회에는 본회의에 상정된 법률안이 101개였고, 그다음 임시회엔 69개, 그 이듬해 첫 임시회 본회의엔 다시 106개, 정기회 땐 150개였다. 그 모든 것을 전부 다시 검토하라는 지시는 생뚱맞게 들렸다. 15개의 상임위에서 이미 통과시킨 법안들이라 의원실에 관련 자료가 들어오지 않는다. 각 상임위에서 의결한 검토 보고서나 제안서를 찾으려면 상임위 홈페이지에 접속해 하나하나 찾아봐야 하는데, 본회의를 앞두고 그런 일을 한다는 것은 누구에게도 들어본 적 없었다. 법안 심사 프로세스는 그런 식으로 이뤄지지 않기 때문이다.

법안을 심사하는 일은 주로 상임위에서 이루어지고, 더 심도 있게 검토하는 건 상임위 중에서도 법안심사소위원회에서 이뤄진다. 법안소위에서 심사해 합의한 내용을 법안소위 위원장이 상임위 전체 회의에서 보고하는데, 그 끝에 부디 법안소위에서 열심히 검토한 내용대로 가결해 줄 것을 부탁드린다는 말을 덧

붙인다. 이러한 보고 방식은 본회의에서도 마찬가지다. 상임위에서 통과시킨 법안 검토 내용을 상임위원장이 본회의장 단상에 나가 보고하는데, 그 끝에 부디 상임위원회에서 열심히 검토한 원안대로 가결해주길 부탁한다고 당부한다. 물론 검토 내용에 이의가 있거나 반대하는 의원, 찬성하는 의원은 자기 의견을 말할 수 있고 찬반 투표에서 자신의 의사 표시를 자유롭게 하는 것도 상임위 전체 회의든 본회의든 똑같다. 그러나 기본적으로 상임위는 법안소위 검토 내용을 존중하고, 본회의는 상임위에서 의결한 내용을 존중하는 것이 불문율이다. 상임위에서 통과된 법안을 법사위에서 그 내용 때문에 계류시키는 행태에 많은 직원이 수긍하지 못하고 적지 않은 불만을 초래하는 데는 그런 이유도 있다.

나는 이런 법안 심사 방식을 일하면서 자연스럽게 알게 됐을 뿐 왜 그렇게 하는지는 잘 알지 못했다. 후에 궁금해서 찾아보니 '한국 국회는 제6대 국회 이후 상임위원회 중심주의를 채택하면서 정책 의제설정 과정에서 국회 본회의가 아닌 상임위원회가 주도적인 정책의제설정 역할을 담당하고 있다. 실제로 상임위원회에서 의결된 법안은 대부분 본회의에서 그대로 의결되고 있는 상황으로, 제18대 국회의 경우에 위원회에서 보고한 법안이 본회의에서 부결되는 사례는 7건에 그치고 있다'[47]고 한다. 따라서 의원의 찬반 투표는 여야 대립하는 쟁점 법안인 경우엔 주로 당론을 따르고 나머지는 대개 본회의장 안에서 상임위원장이 검토

보고하는 내용과 본회의장에 있는 법안 관련 자료를 훑어보고 의원 스스로 판단해서 결정한다. 본회의에 상정된 법안 가운데 특별히 주시하면서 오랫동안 관심을 가져온 분야거나 이슈되는 법안, 혹은 여론이 주목하는 법안이 아닌 이상 의원이 소속된 상임위 소관이 아닌 법률을 굳이 직원들과 의원이 따로 검토하는 경우가 없는 것이다.

법안이 안건으로 상정된 본회의에 처음 참석한 국회의원이 의아해서 돌아왔던 건 국회의원이라면 국회에서 이루어지는 모든 일을 당연히 알 것이며, 찬반 의사 표시로 이루어지는 법안 통과에 대해서는 더욱 잘 알리라 기대했기 때문이었을 것이다. 정치인, 국회에 불만이 많은 사람의 목소리 가운데 간혹 국회를 없애버리자는 극단적인 얘기도 비슷한 기대에서 나온다. 제대로 일하지 않고 싸우기만 하는 한심한 국회라면, 차라리 우리가 직접 국회의원 일을 하는 게 낫겠단 생각일 것이다. 특히 휴대폰이나 인터넷을 통한 전자 투표 등으로 국회의원들이 하는 투표를 시민들도 얼마든지 할 수 있다는 주장은 국회의원의 역할을 대부분 본회의장에서 법안에 대해서 찬반 투표하는 것으로 생각하는 데서 기인한다고 할 수 있다.

그러나 더 높은 투표율을 위해 우편 투표를 도입했다가 효과가 없거나 오히려 투표율이 떨어져서 종전의 방식을 유지하는 스위스의 모습[48]에서 볼 수 있듯이, 투표의 편의성은 참여율을 담보하지 않는다. 그뿐만 아니라 무엇보다 국회의원도 통과되는 법안에 대해서 모두 아는 것은 아니다. 그중 제대로 아는 법안은 자기 상임위에서 다뤘던 내용 일부분인 경우가 대부분이다. 법안을 자세히 봤다고 하는 법안소위 의원도 상정되는 법안 내용을 전부 제대로 파악하기 어렵다. 물론 언론에 소개되고 사람들의 주목을 받는 법안에 대해서는 국회의원도 잘 안다. 유권자가 관심을 두기 때문이다. 하지만 쟁점 사항이 크지 않으면 부처 담당자나 국회 전문위원의 설명에 의지해서 검토한다. 그만큼 검토해야 할 법안이 많기 때문이기도 하다. 더욱이 국회의원의 일은 법안 검토만 있지 않다. 어쨌든 다양한 의정활동 중에서 법안 상정을 주요 소임으로 둔 사람도 현실적으론 일부만 직접 깊이 있게 검토할 수 있다. 이런 현실을 감안할 때 유권자가 직접 법안에 대해 투표하면 되므로 국회의원은 없어도 된다는 주장은 큰 의미가 없는 것이다.

권력이 "어떤 일을 일으키는 힘"[49]이라면, 집행 기관인 행정부가 권력 기관이다. 권력은 정당성을 부여받을 때 합당한 것이 된다. 정당성을 부여하는 매개가 법이다. 행정부의 권력 집행이 반드시 법에 근거해야 하는 것이 바로 이 정당성 때문이다. 법은 "어떤 사건의 배열이나 조합(권력 기관의 집행 행위)을 정당한 것으로 인정해주는 것"이라는 점에서 그 자체로 권위다. 법이나 규칙, 조례 등을 만드는 입법기관(국회 및 지방의회)은 권위기관이며, 국회는 규칙이나 조례보다 상위에 있는 법을 만드는 곳이므로 최고의 권위 기관이다. 그런 점에서 국회가 모든 문제를 해결해야 한다며 국회에만 관심과 시선을 집중하는 사회라면, 그 자체로 권위주의 사회라고 할 수 있지 않을까.

국회만 바뀌면 많은 문제가 해결될 것이라고 기대하기 전에, 단계적으로 살펴볼 필요가 있다. 자신이 사는 동네의 지역의회 일부터 챙겨보는 것이다. 지역의회야말로 자신이 생활하는 곳에서 체감할 수 있는 실질적인 일들을 결정하는 곳이다. 자신의 실제 삶을 영위하는 곳이지만 지역의회에 어떤 안건이 올라오고 어떻게 처리되는지에 대해서 관심 갖는 이들은 드물다. 많은 일이 중앙 권력의 영향력 아래에 있는 탓이다.

그러나 거꾸로 사회구성원이 국회만 바라보는 한 중앙 권력의 영향력은 계속해서 커질 뿐 작아질 수 없다. 지역 의회가, 즉 시민이 자율적으로 결정할 수 있는 영역은 설 자리를 점점 잃게 된다. 먼저 자신이 발 딛고 있는 곳을 돌아보는 것도 방법이다. 그 다음으로 국회가 제 기능을 하는지 살펴보면서 정치가 순항을 이루도록 유도할 때, 주인으로서 심부름꾼을 제대로 다룰 수 있을 것이다.

국회가 예산 낭비를 다 감시할 수는 없다

국정감사보다 더 힘든 연말 예산, 결산 심사

우연히 케이블 TV에서 호주 드라마를 봤다. 배경이 뉴질랜드의 어느 바닷가 동네로, 휴가철에 관광객이 많이 찾아올 만큼 아름다운 곳이다. 화면에 표시된 제목은 〈힐링이 필요해〉였는데, 원제는 칼럼니스트인 주인공의 일을 강조한 듯 〈800 words〉다. 중년 남성인 주인공의 일상과 주변에서 일어나는 이야기를 보여주고 마지막에 그가 쓰는 칼럼으로 정리하는 방식이다.

한 에피소드가 인상적이었다. 마을에 있는 빈 땅에 관한 이야기다. 마을의 공유지를 그 마을에 사는 한 사업가에게 위탁해 개발하기로 했던 듯하다. 그런데 그 과정에서 어떤 의혹과 궁금증이 생기자 언론인인 주인공이 취재하러 다니기 시작했다. 한

국으로 따지면 동사무소 또는 구청에 가서 담당 공무원에게 관련 서류를 보여 달라고 실랑이를 벌이는 모습과도 비슷했다. 공무원이 순순히 자료를 내줄 리 없다. "당신이 뭔데, 왜 그걸 알려고 하는가?"라고 하며 직원이 따져 묻자 주인공이 발끈했다. "나는 세금을 내는 사람이다!" 내 예상과 전혀 다른 대답이었다. 나는 당연히 주인공이 자신은 언론인임을 내세우리라고 생각했다. "나는 기자다. 공공의 문제를 취재해서 알리는 게 내 일이다"라는 식으로. 그러나 그는 언론인으로서의 취재 권리에 앞서 납세자로서의 알 권리를 내세웠다. 직원은 반박하지 못했다. 납세자로서 그의 자격과 권리에 수긍했다. 주인공과 공무원 모두 자신의 정체성을 직업이 아니라 '시민'에 둔 것이다. 납세가 시민으로서 해야 할 의무라면 알 권리, 즉 그 돈이 어떻게 쓰이는지, 관련된 공공의 일이 어떻게 처리되는지 챙기는 일도 시민으로서 해야 할 일이라는 관념을 공유하고 있는 것이다.

이와 비슷한 모습은 또 다른 장면에서도 드러났다. 주인공과 러브라인을 그리는 여자 배우가 그를 돕기 위해 마을의 공유지 개발에 관해 잘 알 만한 동네 친구에게 그 의혹의 내막을 알려 달라고 했다. 그러자 친구도 공무원이 그랬던 것처럼 '네가 뭔데, 왜 그걸 알려고 하느냐'는 식으로 반문하며 거부했다. 이에 대해서 그녀도 자신은 세금을 내고 있는 납세자라고 대답하는 것이었다. 공유지 개발에 어떤 의혹이 있다면 그에 관한 알 권리를 요구할 자격이 납세보다 더한 게 없으며, 또한 납세자로서 의혹을 견제하는 건 당연한 의무라는 의미를 내포하는 것 같았다. 그 친구 역시 반박하지 못했다. 비록 드라마지만, 판타지가 아닌 이상 타깃 시청자가 공감할 수 있는 정서와 태도를 바탕으로 이야기를 만들어낸다는 점에서 그들의 시민 의식을 엿볼 수 있는 일화가 아닐까.

사람들이 자신의 일상이 이루어지는 곳에 관심을 두고 문제가 생길 때 적극적인 태도를 보이는 모습을 보고 부러운 마음이 들었다. 자신의 정체성을 납세자에 두고 나선다는 것은 시민 대다수가 일상에서 늘 세금 집행에 예민하게 촉각을 세우고 있는 의미라고도 할 수 있기 때문이다. 세금 낭비를 막아서 집행이 효율적으로 이루어지게 하는 데 그보다 더 효과적인 견제는 없을 것이다.

드라마를 그저 흘겨볼 수 없었던 건 국회에서 일하는 동안 예산결산특별위원회 지원 업무를 했던 경험의 영향이다. 지난해 정부의 예산 집행 내역 보고서라고 할 수 있는 결산 심사와 정부가 짜는 다음 해 예산 계획인[50] 예산안 심사는 법안 심사와 마찬가지로 소관 부처에 따라 각 상임위에서 이루어진다. 상임위에서 의결한 예·결산은 본회의에 상정하기 전에 따로 구성한 예산결산특별위원회의 심사를 한 번 더 거친다. 이 특위는 다른 상임위에 비해 많은 인원인 국회의원 50명으로 구성한다. 그리고 그 아래에 다른 상임위처럼 소위원회(예산안등조정소위원회, 결산심사소위원회)를 두고 소수의 의원이 더 면밀하게 검토한다.

두 개 소위 위원은 다 합쳐 22명 정도로 예결특위 전체 위원의 절반 정도다. 즉, 의원이 예결특위 위원이라고 해서 반드시 소위에 들어가는 건 아닌데, 당시 나와 함께 일했던 의원은 소위, 그것도 예산안등조정소위원회 위원에 들어가는 나름의 영광을 거머쥐었다. 소위 중에서도 예산안등조정소위원회(당시 명칭은 계수조정소위원회)는 의원들이 서로 들어가고 싶어서 쟁탈전을 벌인다. 정부가 짜 온 다음 해 예산안을 실질적으로 심사하면서 유권자 관점에서 부족하거나 과하게 배정된 예산을 조정하는 권한이 있는 덕에 그 과정에서 자기 지역구에 배정된 예산을 좀 더 면밀하게 검토하고 조정할 수 있기 때문이다. 의원들이 다음 국회의원 선거 운동을 할 때 유권자의 마음을 끌기 위해 대표적으로 내세우는 업적은 그 지역의 예산을 얼마나 챙겼나 하는 것이다. 그래서 특히 국회의원 임기 마지막 정기국회 때 예산안등조정소위에 들어가고 싶어한다. 그 영향으로 다음 국회에서도 의원이 된다면 보좌관 역시 일자리를 지킬 수 있는 확률이 높아지니 개인적으로는 좋은 일이지만, 세상에 공짜는 없는 법. 대신 그만큼 일복 터지는 상황을 감수해야 한다.

소관 부처 관련 사항만 심사하는 상임위와 달리 예결특위는 그 대상이 행정부 전체다 보니 의원실에 들어오는 자료가 어마어마하다. 더욱이 예산안등조정소위에서는 예산안 조정을 할 수 있기 때문에 행정부 최종 예산안에서 배제된 사업의 관할 부처 담당자들에게는 다시 예산을 배정받을 수 있는 마지막 기회다.

그들이 간절한 마음으로 따로 건네주는 자료가 이미 어마어마한 자료 위에 더 쌓인다. 그때 나는 그 일을 모두 혼자 처리했던 탓에 말 그대로 자료 더미에 파묻혀 있었다. 의원실을 찾아오는 수많은 사람이 들어왔다가 가는 것만 알 뿐 누가 어떤 자료를 주는지도 모르는 채 연일 이어지는 특위 회의 자료를 준비하느라 모니터에서 시선을 떼기 어려웠다.

줄곧 상임위 소관 부처 예·결산 자료를 검토해 왔지만 행정부 전체 부처의 자료를 다루는 건 차원이 다른 일이었다. 행정부 전체의 예·결산 자료는 한 국가의 세금 배분과 집행 현황을 한꺼번에 파악한다는 점에서 규모부터 엄청났다. 국민의 피땀이 묻은 돈과 직접적으로 관련된 만큼 일의 무게도, 나의 어깨도 유난히 무거웠다. 그러나 개인적인 사명감이나 열의와는 별개로 한계는 분명했다. 한정된 시간에 안에 방대한 자료를 하나하나 꼼꼼하게 들여다볼 수 없는 노릇이었다. 나는 표기된 숫자만 볼 수 있을 뿐 집행 과정에서 어떤 일들이 일어났는지, 숫자가 함축하는 현실을 일일이 파악하기란 불가능했다. 이 때문에 여러 직원이 나눠 일하고 예결특위 위원이 무려 50명이나 있는 것이다. 예산정책처 등 각종 기관에서 심의자료 지원을 하지만 그래도 한계가 있다.

의원들은 각자 관심 있는 분야나 더 잘 아는 사업을 중점적으로 보기 마련인데, 그것이 중복되는 경우가 많을 뿐만 아니라 더욱이 유권자나 언론이 관심을 두고 있는 사업이 있다면 의원이 아무리 많아도 자연히 다들 그 사업의 검토에 치중할 수밖에 없기 때문이다. 국정감사가 끝나 다른 직원들은 숨 돌리고 있는 시기, 예결특위 업무로 나는 여전히 고군분투 중이었다. 작은 땅덩어리에 불과하지만 한국이란 나라의 예산 집행이 얼마나 어마어마한지 새삼 놀랐다. 하지만 압도적으로 많은 자료 속에 파묻혀 허덕인 상황 때문인지 예·결산 심의를 지원하면서 기억에 남는 건 어마어마한 세금이, 움켜쥔 모래가 손가락 사이로 빠져나가는 것처럼 순식간에 사라지는 느낌뿐이다.

복지 담론이 커지며 전체 지출에서 복지가 차지하는 비중을 늘려야 한다는 목소리가 오래전부터 있다. 복지 확충에 대한 논의에서는 증세가 불가피하다는 주장도 늘 따라온다. 한국이 당면한 과제로서 동의하지만, 우려가 앞서는 것도 사실이다. 세금이 민간에 집행될 때 왜곡되는 부분이 과연 없을까 하는 부분 때문이다. 교육·문화·농림수산·산업·지역개발 등 대부분의 분야에는 부담금·교부금·위탁금·장려비·보조금 등이 있고 정부 법인 등 실제로 사회복지 성격을 갖거나 역할을 하는 곳도 적지 않다. 이런 예산 항목이 사회복지로 분류되지 않는 현황과 그 규모가 꼼꼼하게 파악돼 있는지 확인하는 것부터 필요하지 않을까 한다. 그뿐만 아니라 한국은 경제 위상에 비해서 지하경제의 규모가 상당히 큰 편이며 국가의 성장을 위해서는 반드시 개선해야 할 일이라는 지적도 늘 있었다. 특히 복지의 전제는 정부, 즉 공공 부문의 투명성인 만큼 이 부분을 복지 담론에서 소홀히 여기면 안 된다. 복지에 국한된 얘기만은 아니다. 세금을 걷고 집행하는 일에 있어서 그 과정의 투명성은 기본 중의 기본이다. 세금을 제아무리 많이 걷는다 한들, 또 복지 예산을 증가시킨다 한들 공공 부문의 투명성이 보장되지 않으면 기대만큼의 효과가 나오기 어렵다. 흔히 말하는 복지 천국 북유럽, 특히 스웨덴의 복지는 세금 징수와 집행의 투명성이 핵심이라 해도 과언이 아니다.

국회에서 국정감사 자료나 법안 자료 등을 준비할 때 행정부처 담당자에게 언성을 높이며 실랑이를 벌이는 대표적인 이유가 정보 공개다. 확인과 검토가 꼭 필요한 자료인데도 정보 공개법과 사생활 보호 등의 이유로 보여주려고 하지 않아서 애를 먹는 경우가 있다. 가끔 상임위 회의장에서 국회의원이 국무위원에게 공식적으로 자료를 요구하는 모습이 매체에 나오는데 보좌관과 실무자 사이 벌어지는 실랑이로는 자료를 받지 못했기 때문이다. 이렇게 집행기관의 정보 공개 수준이 높지 않은 우리와 달리, 스웨덴 등 북유럽 국가는 원칙적으로 행정정보 사항을 포괄적으로 사전에 공개한다. 천국 같은 그들의 복지는 이런 바탕 위에서 이루어지는 것이다.

호주 드라마에 한창 빠져 있는 중에, 마침 국회에서 어느 의원이 막대한 국방 예산을 두고 부처 장관을 향해 '국민이 그 내용과 단위를 일일이 알아서 무엇 하겠냐'는 발언을 했다는 뉴스를 들었다. 국회의원이 국가(정부)에 국민의 납세자 권리를 챙겨줄 필요가 있냐는 식으로 말하는 일보다 더 충격적인 것이 있을까 싶었다. 하지만 그다지 논란이 되지 않았을 만큼 사람들은 관심을 두지 않았다. 국회의원이 그렇지 뭐…라고 끝난 정도였다고나 할까.

• 국회 결산안 심의 과정 •

국가결산보고서 제출(5월 31일까지)

상임위원회 예비 심사 → 소위원회 심사 보고

예산결산특별위원회 종합 심사

본회의 심의 및 의결 (국회법: 정기국회 개회 전까지)

정부 이송

• 국회 예산안 심의 과정 •

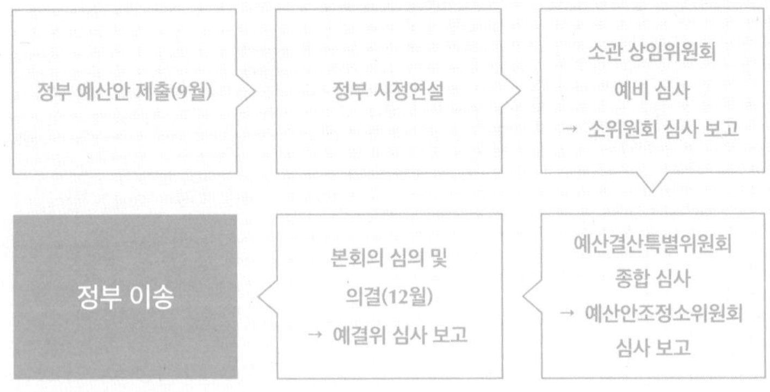

출처 국회예산정책처

국가 예산을 행정부가 제대로 집행하고 있는지 심사하는 것도 국회의 역할이다. 지난해 예산 집행을 심사하는 결산 심사, 다음 해 예산 집행 계획을 심사하는 예산안 심사로 나뉜다. 5월 말에 정부가 지난해 예산 집행 내역을 국회에 제출하면 대개 6월 임시회 상임위에서 소관 부처 결산을 의안으로 상정한다. 예산은 정부가 계획안을 국회에 9월 초까지 제출하게 되어 있는데, 9월~10월에 국정감사를 진행하는 정기국회가 열리기 때문에 국정감사가 끝난 후 예산안을 검토한다. 각 상임위 검토 후엔 예산결산특별위원회에서 종합적으로 한 번 더 검토한다. 그 후 본회의 의결을 거친다.

항상 위기라고 말하는 정치인들

법이 강자에게 유리하게 작용하는 이유

행정 비서에서 정책 비서로 전환했을 때 무척 즐겁게 일했다. 사회의 문제를 찾아내서 고민하고 정부와 함께 해결 방법을 모색하거나, 법안으로 만드는 정책 업무가 재밌었다. 그런데 어느 시기가 지나자 나도 모르게 쌓인 스트레스를 감당하기 힘들었다. 대중을 상대로 국회의원의 일을 뒤에서 지원하는 입장인 만큼 절대로 실수해서는 안 된다는 압박감이나 직장인으로서 개인적인 스트레스 따위가 아니었다. 그보다는 정서적으로 피폐해지는 것 같았다. 나 자신이 염세주의자가 되어가는 느낌이라고 할까. 나는 정서적으로 점점 모든 일을 부정적으로 평가했고 받아들였다. 업무상 매일 뉴스를 모조리 확인해야 했던 탓일까.

많은 사람의 기대처럼 국회는 정의를 바로 세워 어려운 사람을 돕는다는 거창한 취지로 일한다. 그래서 국회에서 일하는 사람들의 관심은 사회의 어두운 면에 집중되어 있다. 국회의원, 특히 보좌관들이 매일 뉴스를 빠짐없이 훑는 건 이 때문이다. 부조리하고 불합리한 일들을 찾기 위해서다. 국회에서 일했던 때의 모습을 돌아보니, 문득 사회의 어둠은 법을 만들고 법 집행을 감독하는 사람들의 생존에 필요한 먹을거리 같다는 생각이 들었다. 소비자를 속이고 대중을 핍박하는 세력이 있어야 일거리가 생긴다는 면에서 기자도 크게 다르지 않은 듯하다.

이들에게는 불의가 횡행할수록, 사람들이 정의를 갈구할수록 기관에 속해 있는 사람들의 영향력이 커지고 무엇보다 실무차원에서는 일하기 편해진다. 유권자의 불만이 크고 명확할수록 질의서를 쓸 때나 법을 개정할 때 깊이 파고들지 않아도 크게 문제가 되지 않는다. 제대로 파악하고자 한다면 얽히고설킨 게 많아 진짜 방안을 찾기가 쉽지 않을 일이 많다. 하지만 꼼꼼하게 검토하지 않아도 명확한 근거를 제시하지 않은 채 대중 정서에 편승해서 추상적인 대의만 언성 높여 추궁하는 식으로 질의 시간을 채울 수 있다. 운이 좋다면 속 시원하다며 도리어 더 좋은 호응을 받을 수도 있다. 실무자의 일이 수월해지는 것이다. 졸속 입법의 배경에는 이런 영향도 있는 게 사실이다. 국회 일은 어둠을 없애려고 하는 일인데, 지금 같은 추세의 국회는 정말로 어둠이 사라지면 도리어 할 일이 없어지는, 존재감이 사라질 것 같은 아이러니한 면이 있다.

나는 내 일의 기반이 이런 부정성을 바탕으로 한다는 사실을 받아들이기 어려웠다. 반면 한국 사회의 부정적인 면을 부각하면서 늘 위기라고 목소리를 높이는 정치인을 보면, 역시나 나와는 그릇이 다르구나 싶은 생각이 든다. 정말로 우리 사회가 문제 덩어리라고 생각하는지 그 속마음을 누가 알까 싶지만 그렇게 말할수록, 그 말에 호응하는 사람이 많을수록 정치인은 할 일이 많아지고 그 자신도 중요한 사람이 되어 간다. 사람들이 그에게서 자기 삶과 가족 그리고 사회의 희망을 찾고 의지할수록 정치인의 존재감과 영향력은 커질 수밖에 없다. 어깨가 그만큼 무거워지겠지만, 누군가에게 자기 존재감이 커지는 상황은 가히 중독성 있는 쾌감을 안겨 준다. 더욱이 그 쾌감은 각종 특권이라는 실질적인 혜택으로 증명된다. 흔히 정치인의 특권을 문제 삼지만 오늘날 특권은 권력이 있다고 해서 작당 모의하듯 스스로 부여할 수 있는 것이 아니다. 세상에 공짜는 없다. 정치인이 과도한 특권을 누린다면, 그것은 우리가 그만큼 정치인(국가)에게 의존하고 있다는 사실을 드러내는 것이다.

일상을 철학적으로 쉽게 풀어내 한국인이 사랑하는 작가로 꼽히는 알랭 드 보통(Alain de Botton)은 『뉴스의 시대』에서 뉴스가 공포, 두려움, 쾌락, 질투 등의 감정을 조장하며 결국은 그 굴레에 종속되게 만든다고 지적한다. 그는 마치 중세 시대에 종교가 하던 역할을 현대 사회에서는 뉴스가 담당하고 있다고 비유한다. 기자와 정치인의 속성이 비슷하다면, 알랭 드 보통의 표현에서 뉴스를 정치로 바꿔도 문제없을 것이다. 언제나 위기와 사회의 부조리함을 말하는 정치인이 공포, 두려움, 분노 등의 감정을 조장하면서 결국 자기 세력의 굴레에 종속되게 만드는 건 사람들을 교회(가톨릭)에 종속시키려 했던 중세의 종교와 같다고 하면 과도한 비유일까?

오늘날 정치 세력은 자기 의지를 민간에 행사할 때 법을 수단으로 한다. 대표적인 것이 세무조사다. 한때 매체를 장식했던 치킨 가격 인상 논란에서도 세무조사가 등장했다. 치킨 회사들이 치킨의 값을 올리려고 하자 이를 막으려는 정부는 세무조사로 맞대응했다. 회사들은 정부의 뜻대로 가격을 올리지 않았고 정부는 세무조사를 실시하지 않았다. 만약 치킨 회사에서 탈세했다는 정황이 있다면, 치킨 가격과 상관없이 세무조사를 실시해 바로잡았어야 할 일이다. 치킨 가격 논란에 국한되는 현상이 아니다. 한국에서 세무조사는 민간이 국가의 의지를 따르게 만들기 위해 곧잘 사용되는 대표적인 위협 수단이다. 공권력이 자의적으로 집행되고 있는 실태를 보여 주는 대표적인 행태이기도 하다. 법이 이렇게 자의적으로 집행되다 보니, 민간 입장에서는 걸리면 잘못했다기보다 억울하단 생각이 들고, 공권력에 대한 신뢰도 하락하기 마련이다.

한편 이렇게 이익이나 생존에 큰 타격을 줄 수 있는 위협에 노출돼 있다는 생각이 들면 민간에서는 어떻게 할까. 국회와 정부 등 공권력의 동향을 살피기 위해서 자원을 투입하게 되고 이것이 동향 체크, 정보 수집 같은 일을 위한 로비 등으로 이어진다. 퇴직하는 고위 공직자를 기업체에서 억대 연봉을 제시하며 데려가는 일이 사라지지 않는 건, 규제의 임의적 가변성을 피하고자 그들에게 정부나 입법기관, 정치권 동향 등에 대해 정확한 정보를 획득해 오게 하려는 목적도 적지 않다. 그래야 미래를 계획하고 안정적으로 경제활동을 이어갈 수 있기 때문이다.

고위 공직자나 일부 기업만의 일이 아니다. 검찰이나 세무서의 하급 공무원도 퇴직 후 유관기관에 재취업해 대관 업무를 맡는 경우가 허다하다. 이런 행태의 순기능적인 측면을 고려하면 반드시 근절해야 할 일인지 논의해 봐야겠지만, 금지해도 소용없다는 건 이미 알 수 있다. 수년 전, 퇴임하는 고위 공직자가 유관기관에 재취업하지 못하도록 했더니 그 자리에 낙선한 정치인이 대신 차지하는 현상이 나타났기 때문이다. 중국에 '상유정책 하유대책(上有政策 下有對策)'이란 속담이 있다. 위에서(왕, 상사) 정책을 만들면, 아래에서는(백성, 부하) 대책을 만든다는 의미다. 오늘날로 치면, 상위 권위기관인 의회나 행정부에서 법·규제를 만들면 그 대상이 되는 사람이나 조직은 그 정책으로 인한 비용을 최소화할 대책으로 대응하기 마련이므로 강제적인 법·규제의 효과에 너무 의존하지 말라는 교훈이다.

판사 몇 사람과 재판에 대한 얘길 나눈 적이 있다. 힘 있는 사람이나 기업에서 많은 경우 유리한 판결을 받는 이유가 무엇인지 물으니, 본인과 주변 동료 판사의 경험에 의한 개인적 의견이라면서 조심스럽게 대답했다. 그중 공통된 하나는 그들은 대개 자신의 행위가 법에 위배되지 않았다는 충분한 증거를 제시하는 경우가 많다는 것이다. 그 얘길 들으니, 국회에서 본 정황이 떠올랐다. 기업 같은 경우엔 규제의 주요 대상이 될수록 규제에 대응하기 위해 많은 자원을 투입한다. 규제의 최고 권위기관인 국회는 물론이고 규제와 관련된 여러 국가 기관에 각각 인력을 구성해 동향을 파악하고, 그렇게 각 기관에 파견된 직원들은 규제에 대한 보고서를 제출한다. 정보로써 그 보고서들은 축적된다. 그러다 만약 어떤 갈등이 생겨 소송에 이르게 된다면, 또 그에 대응하기 위해 많은 자원을 투입한다. 이러한 자원 투입의 바탕은 그간 수집해 온 방대한 정보일 것이다. 그러니 상대가 민간의 다른 사업자든 국가기관이든, 소송에서 이길 가능성도 클 수밖에 없지 않을까.

반면 평범한 보통의 사업체나 개인은 이렇게 규제 관련 정보를 수집할 자원도 여력도 없다. 관련 부처나 구청에 물어보고 그들에게서 얻은 정보를 바탕으로 일을 추진한다. 그러다가 (부처나 구청 직원도 미처 알지 못했던) 어떤 법에 걸려들어 소송을 당하면 대응하기도 어려울 수밖에 없다. 가령, 간단한 일로 세무서를 찾아가도 직원들이 업무 편람을 보면서 우왕좌왕하는 경우가 적지 않던가. 복잡한 세무 법, 세금 제도 때문이다. 재판에서 판사에게 제시할 증거가 될 정보의 질과 양, 즉 정보력이 부족하니 불리할 수밖에 없다.

이것은 기본적으로 법의 문제라고 생각한다. 법도 일종의 정보라는 점에서 법을 최고 가치로 두고 옳고 그름을 판단하는 사회에서는 법에 대해 잘 아는 것, 즉 정보력이 좋은 사람에게 유리하다. 문제 되는 행위를 규제하려는 나름의 선의지만, 계속해서 그런 식의 법을 만드니 법의 그물망은 촘촘해지고, 그 망에 걸리지 않기 위해 강자는 자원을 더 투자하게 되고, 그런 자원을 투입할 여력이 없는 대다수의 사람은 쉽게 법의 그물망에 걸려 넘어지는 현상이 나타난다. 법이 많고 촘촘해서 행위자의 자율성을 허용하는 범위가 넓지 않을수록 힘 있는 기업, 권력자, 강자에게 유리해지고 약자에게 불리하게 작용하는 것이다. 한국납세자연맹 김선택 회장에 의하면, 한국에서는 법 내용이 자주 바뀌면서 늘어나고 복잡하기로 손에 꼽는 세무 관련 법·제도조차 스웨덴 같은 나라의 경우엔 단순하다고 한다. 비단 법 집행의 효율성을 고려해서만이 아니라 약자에게 불리한 법의 정보 비대칭성도 염두에 두는 것 아닐까.

물론 언론에서 말하는 뒷거래나 부정부패가 전혀 없다고 말하고자 하는 건 결코 아니다. 단지 '사람'의 도덕성 문제를 넘어 사회에서 법이 어떻게 작용하는지, 법의 속성과 시스템 측면의 현상을 살펴보자는 것이다. 문제의 원인을 뇌물 수수, 눈감아 주기 등 윤리적 문제라고만 생각하면, 나와는 무관하게 그들만 바뀌면 되는, 나는 그저 분노하기만 하면 되는 간단한 문제로 치부

할 수 있다. 하지만 부도덕한 행태에 분노하며 '사람'을 바꿨는데도 나아지는 게 없다면 진짜 문제는 도덕성이 아닐 것이다. 국회의원을 제대로 다루고 싶다면 법의 속성, 작동하는 방식에 대한 이해와 업데이트가 필요하다.

상식이 아닌
법이 우선되는 주객전도

법으로 이상향을 만들고자 하는 선의의 역설

얼마 전, 가족 사이의 호칭 문제를 정부가 개선하겠다는 발표를 들었을 때 아주 놀랐다. 가족끼리 평등 의식을 고취하겠다는 의도에는 나 역시 더없이 동의한다. 평소 가족 사이뿐만 아니라 전반적으로 우리가 서로를 부르는 호칭에 문제가 있다고 생각하고 있기 때문이다. 그러나 이 문제는 시민이 자발적으로 개선해야 할 사적이고 문화적인 일이다. 어렵더라도 사회구성원이 스스로 바로잡아야 할 일이다. 이런 일에 공권력이 서슴없이 개입하려는 시도 같아 덜컥 겁이 났다.

이 소식을 계기로 나는 문득 국회에서 일하던 시절의 내 모습을 돌아봤다. 나는 우리 의회에서 행정부에 대한 질의가 주로 행정력을 강화하라는 방향으로 치우친다는 사실을 깨달았다. 과도한 행정력을 견제하기보다 민간 사이에 어떤 문제가 있기만 하면 이 문제 해결에 대해서 해당 부처는 어떤 방안을 갖고 있는가라는 식으로 부처 장관에게 질의하는 것이다. 정부의 주된 임무를 민간 사이에서 일어나는 문제에 끼어들어 해결하는 것이라고 너무 당연하게 생각했다. 물론 정부의 행정력이 법에 저촉되지 않는지를 살피는 건 기본이지만 민간에서 문제가 일어나면 행정력이 개입해 해결해야 한다고 여겼다.

법을 입안할 때는 어땠는가. 법을 만든 개수 등으로 의정활동을 평가하고 개정안 발의 보도자료가 국회의원의 홍보 도구가 되면서 의원들의 법안 만들기 경쟁이 점점 가열됐다. 어떤 의원이 법안 발의로 언론의 주목을 받으면, 다른 의원실에도 영향을 미친다. 일단 보좌관들이 초조해진다. 어서 빨리 우리도 무언가를 만들어야 할 것 같은 압박을 느낀다. 법안을 만들기 쉬운 환경(법제실의 입법 지원, 아예 개정안을 손에 쥐고 찾아오는 민원인 증가 등)이고, 개정안 제출과 보도자료가 의원의 홍보 역할을 톡톡히 하니 '건수'가 있으면 다 법으로 만들어내고 싶은 욕구가 커지고, 때론 유혹처럼 느껴지기도 했다.

법은 본래 공권력이라는 강력한 힘을 행사하는 정치 권력과 공무원을 견제하기 위한 수단이다. 그런데 법에 대한 우리 사회의 요구를 보면, 공권력이 아니라 이기적인 타인을 구속하는 가장 정당하고 바람직한 수단으로 여기는 듯하다. 부정 청탁 및 금품 등 수수의 금지에 관한 법률이 민간까지 확대 적용될 때도 호응이 컸던 것으로 기억한다. 나 역시 이 법의 취지에는 동의하지만, 과연 법을 어떻게 집행할 것인가 하는 부분에서는 의구심이 있었다. 행정 인력이 포괄할 수 없을 만큼 규제 대상의 범위가 지나치게 광범위해지면서 사람들이 서로를 감시하는 꼴이 되지 않을까 하는 노파심이 들었다. 이 법이 금지하는 금품과 선물을 받았다고 자진 신고하는 건수가 크게 늘었다는 한 일간지의 보도를 보고[51] 우려가 더 커졌다. 학부모에게서 받은 선물을 돌려주는 것에 그치지 않고, 이를 신고하지 않으면 징계위원회에 회부되는 규정으로 인해 자진 신고가 늘어났기 때문이다. 민간이 금품을 요구하는 공무원을 규제하는 게 아니라 주객전도 현상이 나타나는 것이다.

우리에게 법은 무엇일까. 우리가 생각하는 법은 시험을 앞둔 학생이 세우는 계획 같은 것은 아닐까. 공부 잘하는 학생의 비결 가운데 하나가 계획이다. 체력, 습관, 환경 등을 고려해 자신의 여건에 맞춰 계획을 세운다. 자연히 계획을 잘 지키고 그 결과가 좋은 성적으로 나타난다. 공부를 못 하는 학생도 계획을 세운다. 자신의 여건을 고려하지 않고 시험 범위를 끝까지 다 공부해야 한다는 이상에 맞추는 경우가 많다. 나도 그랬다. 이상에 맞는 완벽한 계획을 세우다가 시간을 허비하고 제대로 공부하기도 전에 지쳤다. 우리나라의 법도 비슷한 것 같다. 사회가 문제투성이라면 일단 '이상향'에 맞춰 문제 요소를 억제하는 방식으로 규제를 만든다. 이렇게 만들어진 법이 사회에서 작동하느냐는 다른 문제다. 부정 청탁법 역시 사회 전반의 부정부패를 법으로 해결하려는 선의, 즉 이상향을 담고 있지만 시행 초기에 바짝 긴장했던 것과 달리 시간이 지나 익숙해지면서 여전히 줄 사람은 주고, 받을 사람은 받는 현상이 나타나고 있다.[52]

법을 문제 해결의 만능 수단처럼 쓰려다 보니, 민간에서 해결될 수 있는 사적 영역의 문제까지 공권력의 개입을 촉구하는 현상이 나타나는 것이리라. 도덕을 강제하고, 자발적으로 지키기 어려울 것 같으면 법이나 공권력으로 강제해서라도 구현하려고 하는 태도가 나타나게 된다. 독재 권위주의 시대엔 사회 전반의 강압적인 분위기 탓에 오히려 이런 성향이 드러나지 않았는데, 민주화 이후 억압이 사라지자 오히려 타인을 규율하기 위해 법 권위의 강압을 사람들이 스스로 요구하는 현상이 나타나고 있다는 분석도 있다. 법의 타당성을 생각하지 않고 형식적 정당성만 확보하면 무엇이든 규제가 가능하다고 믿는 것이다.

이런 사회에서는 상식과 합리보다는 기계적인 법과 규칙을 우선한다. 마음을 담은 선물과 부정 청탁을 사회구성원이 스스로 구분하지 못하고 헷갈려 하는 현상이 나타난다. 합리성이 결여되면 인간이 법과 규칙을 지키는 게 아니라 법과 규칙에 구속된다. 스스로 합리적 판단을 하기 어렵기 때문에 더욱더 법과 규칙을 찾는다. 이런 사람들이 모인 사회에서는 법이라는 권위를 만들어내는 권한을 가진 이들의 힘, 특권이 점점 커질 수밖에 없는 게 당연하다.

국회에서 일하면서 깨달은 한 가지는, 법치는 법으로 이룰 수 있는 게 아니라는 사실이다. 법은 법치의 수단이 될 수도 있고 인치의 수단의 될 수도 있는 보조 역할을 할 뿐이다. 정치권과 관료의 각성도 중요하다. 하지만 법 자체의 성질로 보자면 그보다 더 중요한 핵심은 법을 사용하는 사람들, 즉 사회의 주인인 구성원들이 합리성을 바탕으로 스스로 일을 해결할 수 있는 힘이다. 공부 못하는 학생의 계획이 계획만을 위한 계획인 것에 지나지 않은 것처럼 말(혹은 형식적으로)로만 법치가 아닌 사회를 만들려면, 인위적인 조정을 위한 국가 개입은 가능한 적은 영역에서 스스로 개선이 도저히 안 될 때로 한하도록 노력해야 하지 않을까. 사회구성원이 스스로 문제를 해결하는데 서툴다고 해서 섣불리 공권력이 개입하려고 하면, 주인 자리는 결국 정치 권력이 되고 말 것이다.

법치는 어떻게 무너지는가

마트에서 고객 사정에 따라 물건값을 다르게 받는다면

법이라는 어떤 일정 규칙에 따라 사회를 운영하는 시스템(법치)과 사람이 여건에 따라 사회를 운영하는 시스템(인치)의 차이는 대형마트와 재래시장에서 물건을 살 때 벌어지는 일로 비유할 수 있지 않을까 하는 생각을 종종 한다.

우선 대형마트의 청결과 쇼핑 동선, 주차 등에서 기인하는 편리성 등은 본질적으로 질서 정연에서 기인한다고 할 수 있다. 이 질서 정연함은 가격에도 반영된다. 모든 물건에는 정해진 가격이 있다. 제조사와 유통사에서 결정한 가격이 있고, 가격은 물품이 매장에 진열된 이후엔 절차나 규정을 무시하고 임의로 변경할 수 없다. 관계자든 소비자든 마찬가지다. 안타까운 처지에 놓여 힘들게 살아가는 사람이라고 해서 정해진 가격 아닌 할인 금액으로 물건을 살 수 없다. 그것은 일종의 특혜다. 반대로 아무리 돈 많은 사람도 그에게만 비싸게 사도록 만들 수도 없다. 마트 안에서 공급자의 권한은 제한적이고 소비자는 평등하다.

재래시장에서는 가격 흥정이 가능하다. 손님이 없는 가게에서 물건을 보다가 가격 흥정에 들어가고 가게 주인도 깎아주려고 하던 찰나, 다른 손님이 와서 물건을 사갈 듯한 태도를 보이면 주인은 이전 손님에게 눈짓을 보낸다. 실제로는 깎은 가격을 받으면서도 다른 손님에게는 본래 가격을 그대로 받는 것처럼 시늉하는 것이다. 가격 차별이다. 주인은 손님에 따라 누군가에게는 최소 마진만 남기고 싸게 팔고, 누군가에게는 최대 마진을 붙여 비싸게 팔 수 있다. 재래시장에서 가격은 주인 마음대로 결정할 수 있다. 이런 임의성과 자의성 때문에 대형마트와 다르게 주인의 권한이 강력하다.

손님은 가격을 지불할 능력만 있으면 되는 게 아니다. 주인의 마음을 움직일 수 있거나 주인에게 유리한 것을 제안할 수 있는 위치에 있으면 물건 구매에 유리하다. 손님들이 항의하더라도 누구에게 얼마에 팔지는 기본적으로 주인에게 달려 있다. 공식적인 가격표가 있어도 사람들은 그것을 신뢰하기 어렵고, 가게 주인을 상대할 때뿐만 아니라 손님 사이에서도 눈치 싸움이 일어나는 등 시장을 이용하는 사람 사이 신뢰가 하락한다. 평등은 구호로 전락한다.

법치, 즉 법에 근거한 질서란 일종의 대형마트 운영과 같은 것 아닐까. 원가 등 제조 및 유통 비용과 이윤, 소비자 선호 등이 복합적으로 작용해 가격을 형성하면 마트에서는 소비자가 부자든 가난하든 권력자이든 아니든 또는 마트 직원이든 임원이든 누구나 그 가격으로 구매해야 하듯이 법 역시 공론화를 거쳐 결정되면 어떤 상황이든 똑같이 적용된다. 이런 방식은 공평하고 평등하게 또 질서 정연하게 사회를 운영하는 최선(최고가 아니다)의 시스템이다. '정' 같은 인간적인 냄새를 원한다면 재래시장처럼 사회를 운영하면 된다. 고무줄처럼 사람에 따라 법을 임의로, 자의적으로 적용하는 것이다. 정으로 모든 것을 판단하는 사회에서는 열심히 해도 형편이 나아지지 않는 것처럼 보이는 사람, 적은 급여를 받고 혼자 살아가는 안타까운 사람에게는 잘못을 저질러도 법 적용을 느슨하게 하거나 예외로 두고, 괘씸한 사람에게는 더 강하고 엄하게 법을 적용할 수 있다. 그 잣대를 직접 만들고 집행하는 사람에게 임의적이고 자의적인 권한을 부여해야 하는 건 필수다. 공평하고 평등한 마트의 질서 정연과 합리성 대신 때로는 정이 넘치고 때로는 바가지를 쓰는 재래시장의 무질서와 불편을 선택하는 것이다.

모든 문제를 법과 공권력이 해결해야 한다며 권위와 권력에 의지하는 사회일수록 아이러니하게도 법치와 멀어진다. 대형마트 가격이, 어려운 사람이 재기하도록 도와야 하고 또 나쁜 사람을 벌해야 하기 때문이다. 가격을 누군가가 누군가를 위해 임의로 자의로 변경할 수 있다면, 그것은 재래시장이지 마트가 아니다. 법치 사회에서 어려운 사람을 돕거나 나쁜 사람을 벌하는 일은 마트의 계산대 밖에서 이루어질 일이다. 계산대에서는 정해진 가격을 지불하도록 하고, 계산대 밖으로 나왔을 때 사람들이 그가 재기할 수 있도록 돕거나 또는 뉘우칠 수 있도록 꾸중하는 것이다. 그 계산대 밖 영역이 바로 '시민사회'다.

의원실에 찾아오는 민원인의 사연 중에는 안타까운 경우도 적지 않았다. 법과 규칙에 얽매이는 공무원이 해결할 수 없어서 법을 고칠 수 있는 기관인 국회로 문제를 갖고 오는 것인데, 아이러니하게도 바로 국회가 법을 다루는 곳이어서 오히려 다루기 어려운 경우가 있다. 법을 적용하려면 보편성을 갖춰야 하기 때문이다. 소수에게 불규칙적 또는 산발적으로 일어나서 통계를 내기 어렵거나 일정량 이상의 표본을 구하기 어려운 일에 대해선 법 제정으론 입법에 한계가 있다. 각종 사례를 모두 법으로 구제하면 예외 조항과 단서 조항으로 가득한 어렵고 복잡한 법이 된다. 이런 법은 지키기도, 집행하기도 어렵다. 법이 어느 경우엔 엄격하게 적용되고 또 어느 경우엔 느슨하게 적용되는 일이 생기는 것이다. 반면, 예외적인 한두 사례의 문제를 다룰 수 있는 시민사회, 즉 계산대 밖 자율의 영역이 크면 클수록 법은 반드시 적용돼야 할 곳에서 엄격하게 지켜질 수 있을 것이다. 또, 법이 포괄하지 못하는 소수를 시민사회가 보듬을 수도 있을 것이다.

모순적이게도 법치는 법으로 이룰 수 있는 게 아니다. 법은 보조적 수단일 뿐 핵심은 스스로 자발적으로 일을 해결할 힘을 가진 구성원, 그런 시민들의 역할에 달려 있다. 그래서 법은 아웃라인을 그릴 수 있을 정도면 충분하다고 여길 때, 사회구성원이 법으로 촘촘한 그물망을 만드는 일을 거부하고 그 나머지를 스스로 규율할 때 법치를 이룰 수 있다. 반면 이런 '시민사회'가 부재하면 법이 도덕적 역할까지 수행하길 바라면서 사생활이나 사적 관계에서 일어나는 사소한 일에도 공권력이 개입하길 촉구하게 될 가능성이 크다. 법치는 시민의 영역, 즉 시민사회를 전제로 설계된 시스템이기 때문이다.

국회가 민심을 반영하지 못하는 이유

시민사회의 부재

지난 대통령 탄핵 정국이 일어난 지 얼마 지나지 않아서였다. 자주 참여했던 독서 모임에서 정치 이야기가 나오자 사람들이 반성한다며 말했다. "그동안 너무 내 일에만 몰두했던 것 같아요. 이번 일을 겪으면서 앞으로는 정치에 더 관심을 기울이고 적극적으로 참여해야겠다고 생각했어요." 고백을 듣는데 속으로 이런 생각이 떠올랐다. '굳이 정치에 참여하려고 할 필요 없어! 주인의식을 갖고 자기 생활에 충실한 게 돕는 거야!' 정치에 관심을 두고 더 참여해야겠다는 말에 나는 덜컥 겁이 났다. 아마 그는 뉴스에 신경을 쓰지 않으면 정치권 소식과 쉽게 멀어질 수 있는 환경에 놓여 있고, 나는 정치판 한가운데 있었기 때문에 이런 생각이 들었던 것이리라.

흔히 우리가 관심을 두고 '참여'해야 한다고 말하는 정치는 대부분 '국회'를 의미한다. 그러나 우리가 국회에 대해서 정말 무관심한지 되물어본다면, 대답은 '아니오'다. 무슨 일이 생기면 모든 시선이 국회로 쏟아져 정치권을 바라보면서 불만을 토로하지 않는가. 독서 모임에서 한 이야기는 이런 뜻이 아니었을까. 정치에 관심을 기울이고자 하는 태도는 뉴스를 꼬박꼬박 챙겨보겠단 의미, 적극적으로 '참여'하겠단 것은 자신도 적극적으로 함께하겠단 의미일 것이다. 우리 사회에서는 정치 '참여'를 국회 일, 정치인 행태에 왈가왈부하는 것이라고 믿는 경향이 있기 때문이다. 우리는 사회적으로 바람직하지 않은 행태를 보이면 너도 나도 '참여'해야 한다며 목소리를 높이곤 한다. 언젠가 국회의원들에게 문자 폭탄을 보낸 것처럼. 청와대 청원 사이트에 서명하는 일도 정치 참여라고 여길는지 모르겠다. 그런 일련의 행위들이 정치 '참여'라면, 우리의 현실은 과잉 참여가 문제라면 문제 아닐까.

축구 경기 보는 것을 좋아하는 사람 중엔 광적인 팬이 많다. 열혈 팬들은 경기마다 경기장에 가서 집중하며 경기를 관람한다. 경기장 관람석에 앉아서 때로는 야유를, 때로는 환호성을 지르고, 친구들과 선수들의 움직임과 기량에 대해서 이러쿵저러쿵 침 튀겨가며 목소리를 높인다. 그는 축구 경기에 '참여'하는 것일까? 조용히 경기를 보는 사람에 비해 더 적극적으로 '참여'하는 것일까? 경기장에서 아무리 열성적인 모습을 보여도 그는 경기

내내 말 한마디 하지 않는 사람과 차이가 없다. 둘 다 그저 경기를 구경하는 사람들이다. 많은 사람이 직관적으로 생각하는 정치 참여의 모습도 이와 비슷하다. 정치에 관해 이러쿵저러쿵해도 축구 팬이 경기에 훈수 두는 것에 불과하다. 국회의원에게 문자를 폭탄처럼 보내도 경기에 불만이 가득한 광팬이 선수에게 항의 문자를 보내는 것과 다를 바 없다. 자유민주주의 체제를 가진 사회에서는 구성원의 이런 태도를 두고 '구경꾼 민주주의'라고 부른다. 마치 축구 경기장 관람석에서 양쪽 선수들이 뛰는 모습에 열광하듯 뉴스를 통해 정치인 행태를 보고 왈가왈부하고 있다는 것이다.

'참여'를 하려면 관중석에 있던 축구 팬이 경기장 안으로 뛰어 내려가야 할까? 직접 경기를 구성하는 선수가 된다면 그것은 참여다. 다만 백이면 백 아마추어 경기로 전락할 게 뻔하다. 더욱이 주인은 따로 있는 손님으로서의 참여에 지나지 않는다. 주인으로서의 참여는 따로 있다. 축구 경기의 주인은 누구일까. 돈을 받고 뛰는 선수인가, 돈을 내고 열광하는 팬인가. 둘 다 아니다. 주인은 실제로 가장 많은 돈을 버는 사람이다. 축구 경기를 기획한 사람, 즉 축구 협회다. 이들은 경기라는 판을 짜서 팀과 선수 그리고 관객을 초청한다. 음식을 만들어 놓고 손님을 맞이하는 식당 주인처럼, 팀과 선수를 일종의 볼거리 상품으로 만들어놓고 관객을 맞이하는 것이다. 이때 식당의 손님이나 축구 경기 관람객은 주인이 짜 놓은 판에 '참석'한다고 하지, '참여'한다고 하지 않는다. 우리가 관심을 가져야 할 진짜 '참여'는 식당이나 경기를 운영하는 주인의 일이다.

'참석'과 '참여'의 차이는 철학자이자 사회이론가인 위르겐 하버마스(Jurgen Habermas)가 『공론장의 구조변경』에서 공론 형성 과정을 설명하는 데서도 발견할 수 있다. "우리는 일반적으로 공원 광장 시청 같은 모든 사람이 접근할 수 있는 공공장소나 공공건물에서 이루어지는 일과 행사를 '공공성 있는 것'이라고 생각한다. 행사의 주체는 중세 봉건사회에서 볼 수 있는 것처럼 제후 또는 군주와 기사일 수도 있고, 현대사회에서처럼 국가의 공권력일 수도 있다. 이렇게 일반 공중이 '참관(참석)'만 할 뿐 직접적으로 '참여'하지 않는 행사의 공공성은 (중세 군주의 궁정에서 이루어지는 것처럼) 권력을 대표해 과시하는 대표적 공공성에 불과할 뿐 진정한 공론 영역을 형성하지 않는다."[53] 즉, 행사를 직접 기획하고 진행하지 않는 한, 손님으로서 참석일 뿐 주인으로서의 '참여'는 아니라는 의미다.

이런 모습을 확인할 수 있는 대표적인 행사가 있다. 각종 지방 축제다. 2014년에는 1,000개가 넘는 지역 축제가 열렸다. 언론 보도에 따르면, 이들 지역 축제에는 500억 원이 넘는 예산이 소요됐는데 한 개를 제외하고 전부 적자를 면치 못했다.[54] 예산을 축내는 것도 문제지만 진짜 문제는 축제의 주최가 각 지역의 지방 정부라는 사실이다. 사람들이 즐겁게 축제를 즐겨도 지역 축제의 주인은 따로 있는 것이다. 반면 우리 지역 축제가 본 따 만든 모델인 유럽이나 일본 등 선진국의 지역 축제는 다르다. 각종 해외여행 프로그램에 비치는 모습만 봐도, 이들 축제는 마을 주민이 기획하고 준비한다. 마을 사람들이 어떻게 스스로 저렇게 작지 않은 규모의 축제를 준비할 수 있는 것일까. 단지 머릿속에 그려보는 것만으로는 엄두가 나지 않는다. 이런 비슷한 생각을 하는 사람들이 많으니 정부나 지자체 차원에서 관료들이 대신 기획하는 것일 테고, 사람들 역시 정부와 지자체의 시도를 당연하게 받아들이는 것 아닐까. 지역 주민이 기획하고 볼거리를 준비해서 타지 사람들을 불러 모으는 외국의 축제와 전혀 다르게 우리 축제에서는 주인이 돼야 할 사람들이 손님으로 '참석'하는 형국이다. 세금만 좀먹는 적자 덩어리로 전락하는 건 어쩌면 당연한 일일지도 모른다.

작지 않은 규모의 이벤트나 축제를 민간이 주도하는가 아니면 관이 주도하는가, 이것이 시민 영역 차원에서 선진국과 중후진국을 구별할 수 있는 대표적인 기준 아닐까. 국가(정부)에 기대지 않고, 주민이 스스로 행사를 기획하고 준비하고 시행한다는 건 민간의 역량이 관료 못지않게 크다는 것을 의미하기도 한다. 그런 일을 해낼 수 있을 정도의 능력이 있으니, 그제야 비로소 관료나 정치인 같은 국가 기관을 심부름꾼으로 부릴 수 있는 것 아닐까. 자기가 속한 공동체 일을 직접 하니 주인 의식은 자연스레 발휘될 것이다.

영국이나 미국처럼 오랜 자유민주주의 전통을 지닌 사회에는 이처럼 국가(관료)의 개입 없이 시민의 힘으로만 운영되는 영역이 있다. 앞서 예를 들었던 영국의 학교 운영처럼, 학교의 예·결산, 운영방안, 교사 임명권을 가진 교장의 선임과 해임 결정 등은 시민에 의해 자율적으로 이루어진다. "학교, 병원, 문화기관, 자선단체의 의사결정은 거버너(governor)라 불리는 관리위원들이 맡는데, 이들 모두가 자신의 직업을 따로 가진"[55] 지역 주민이라고 한다. 생업에 따로 종사하면서 거의 무보수 자원봉사로 이루어지는 관리위원 업무는 자기가 사는 공동체에 대한 자발적인 관심과 사회적 책무를 다하려는 주인의식 없이는 불가능하다. 정치나 국가의 역할이 이러한 시민 영역이 잘 작동하도록 느슨하게 관리하고 통합하는 일이라면, 시민의 자율적 운영 자체가 바로 '정치 참여'일 것이다.

따라서 시민사회가 존재하지 않으면, 아무리 정치에 참여하고 싶은 욕구와 의지가 있어도 좀처럼 참여할 수 없다. 자연히 국가(행정부)가 시민사회에서 행할 모든 일을 결정하고 수행하게 된다. 관료와 정치인을 불만스러워하며 무능력하다고 깔보면서도, 무능한 관료와 정치인에게 모든 문제의 해결을 의존하는 악순환을 벗어나지 못한다. 그런 사회에서 의회는 국가 운영의 중심으로서 행정부에 민심을 반영하고 관철시키는 역할을 수행하기 어렵다. 도리어 사회구성원의 지지를 바탕으로 선출된 행정부 수반(대통령)의 의지를, 그의 행정 권력 행사에 필요한 근거(법)로 제공함으로써 사회에 전달하는 수단으로 전락하기 쉽다. 즉,

제 기능을 하는 강한 의회에는 자율적으로 운영되는 시민사회의 존재가 필요한 것이다.

프랑스의 정치 철학자 토크빌은 『미국의 민주주의』에서 섬뜩한 전망을 했다. 자유민주주의에 내재하는, 자유민주주의를 지탱하는 힘인 자치를 없애는 독소(신분 해체에 따른 경쟁 심화, 대중의 익명성이 가져오는 책임 회피, 포퓰리즘 등) 때문에 자유민주주의 사회 시민은 자신이 세운 정치 체제의 주인이 될 것인지 노예가 될 것인지 중대한 갈림길에 서게 될 것이라 말했다. 사회의 주인 자리를 지키기 위해 지금 우리에게 필요한 건 시민사회의 형성 아닐까. 우리 국회를 자기 역할은 다 하는 강한 의회로 만들기 위해서라도.

국회는 내가 알지 못하는 정보의 집합체

인식의 한계와 국회

두 번째 국회의원실에서 일할 때였다. 같은 정당 소속인 다른 지역구 의원이 사퇴하는 일이 있었다. 나와 일하는 의원은 비례대표였지만 여러 사정으로 그 지역구 관리를 맡게 됐다. 얼마 후 대선 기간에 접어들자, 선거 운동에 올인하기 위해 사무실 직원 모두가 지역으로 내려가서 지냈다. 나는 줄곧 서울에서 나고 자라서였는지, 길지 않은 기간이었지만 그곳의 환경이 매우 이질적이고 낯설게 느껴졌다.

처음 지구당 사무실로 출근한 날이었다. 어떻게, 어떤 선거 운동을 할지, 조를 어떻게 짜서 어느 구역 일대를 방문할 것이며 사람들에게 어떻게 홍보할지 등 회의를 끝내고 나니, 얼추 점심

시간이었다. 밖에 나가 먹을 여유가 없어 배달로 식사를 주문했다. 전화를 끊고, 우리는 테이블을 붙이고 의자를 모아 놓았다. 지구당 사무실의 행정을 담당하는 여자 직원이 음식 정리가 쉽도록 테이블에 신문지를 깔았다. 부산스러운 사이 식사가 도착했고 모여서 맛있게 먹었다. 식사를 마친 남자 직원들이 하나둘 숟가락과 젓가락을 테이블에 놓기 시작했다. 그런데 그게 끝이었다. 다들 빈 반찬 그릇을 정리하는 시늉은커녕 몸만 싹 빠져나갔다. 이게 무슨 일인가. 내 눈이 우왕좌왕하는 사이 좀 전의 여자 직원이 벌떡 일어나 그들이 먹은 밥그릇과 수저, 반찬 그릇을 차곡차곡 포개기 시작했다.

어안이 벙벙했다. 자기가 먹은 잔반 그릇을 태연하게 두고 일어난 남자 직원들, 그걸 말없이 치우는 여자 직원까지 모든 게 당연하다는 듯 자연스럽게 움직이고 있었다. 내가 마땅히 받아들일 수 있는 모습과는 사뭇 달랐다. 국회에서 아직 커피는 여직원이 타는 것이라는 관행이 남아 있긴 하지만, 남자라고 해서 자신이 밥 먹은 자리를 치우지 않은 채 가 버리는 일은 없었다. 여자라고 다른 사람이 먹던 잔반과 식기를 치우는 것, 더욱이 그걸 남녀 모두 아주 당연하게 여기는 태도도 당황스러웠다. 내가 지낸 곳에서 본 모습, 자연스레 여기던 일이 다른 곳에서도 그러하리라 쉽게 생각했던 것이다. 이 작은 나라에서도 사고방식부터 생활, 의식, 가치관이 전혀 다를 수가 있다는 사실을 깨달았다.

세상은 내 마음 안에 존재한다는 말이 있다. 이 말을 인지 측면에서 풀면 세상은 내가 아는 것들로만 구성되어 있다는 의미가 된다. 지구 반대편에서 일어나는 일을 내 방 안에서도 클릭 몇 번으로 알 수 있다 해도 카메라가 비춰주는 것, 클릭하는 것만 보게 되는 것일 뿐이다. 평생 여러 곳을 돌아다니고, 아무리 높은 자리에 위치해도 그는 자기가 아는 것, 보는 것, 접하는 것, 느끼는 것만 알 뿐이다. 보지 못한 것, 인지하지 못한 것은 그의 세계에는 존재하지 않는다.

이런 인식의 한계는 자신의 가치관에도 영향을 미친다. 일례로 '서민'에 대한 인식이 그러하다. 한국보건사회연구원에서 실시한 서민 개념에 대한 국민 인식 조사[56]에서 사람들은 서민을 중산층과 빈곤층 사이에 위치한 계층으로 보는 것으로 나타났다. 이런 인식에 따라 구분하면 한국인은 빈곤층 20%, 서민 30%, 중산층 30%, 상류층 20%로 구성돼야 한다. 그런데 조사를 위한 설문에서 전체 응답자의 67%가 자신을 서민이라고 답했다고 한다. 실제로 서민이 될 수 있는 사람은 30% 정도 밖에 되지 않는데도 많은 사람이 자기 자신을 서민이라고 생각하는 것이다.

『골목의 전쟁』 저자 김영준은 이런 현상이 나타나는 원인을 자기 주변 사람들을 기준으로 자기 위치를 파악하기 때문이라고 지적한다.[57] 주위에는 나보다 잘사는 사람도 있고 그렇지 않은 사람도 있다. 그렇다면 자기가 접하는 사람들 가운데에서 자기 자신은 대개 평균이 되기 쉽다는 것이다. 다양한 정보를 접할 수 있다고 해도 인간이 인지하는 정보는 한정되어 있다. 어떤 판단을 내릴 때 참고하는 정보는 더 제한적이다. 소통의 지평을 넓혀준다고 알려진 소셜미디어 역시 의미가 없다. 『파이낸셜 타임스(Financial Times)』에 실린 질리언 테트(Gillian Tett)의 기사("How Twitter went tribal" 2017. 2. 3)에도 같은 맥락의 글이 실려 있다. 소셜미디어가 비슷한 생각을 하는 사람들을 더 쉽게 찾는 도구로 활용돼 서로 다른 배경과 처지인 사람들과의 교류를 감소시켜 오히려 서로를 이해하기 어렵게 만든다는 것이다.

존 메이너드 케인스(John Maynard Keynes)와의 논쟁으로도 유명한 오스트리아 출신의 경제학자 프리드리히 하이에크(Friedrich Hayek)가 가장 경계한 것이 바로 이런 인간의 인지 한계를 간과하고 내리는 판단이었다. 개방 시장 경제에서 가격과 시장 움직임을 비롯한 여러 경제 활동은 광범위한 영역과 지역에 걸쳐서 유기적으로 움직인다. 하지만 인간은 아무리 뛰어나다 할지라도 세상 모든 일을 알 수 없다. 똑똑하고 현명하고 지혜로운 인간이라도 그저 자기가 접하는 정보만으로 결정을 내릴 수밖에 없다. 그 정보의 양이 제아무리 많고 특별하다 해도 그것은 상대적일 뿐이다. 이런 인간의 인지 한계를 보완하기 위해 통계나 설문 조사 등을 활용한다. 그러나 이 역시 일부분만 반영하는 한계를 완전히 벗어나기 어렵다. 제한적인 인지와 정보의 한계 속에서 광범위한 영역과 지역에 걸쳐 유기적으로 움직이는 시장에 인위적 조치를 취할 경우 어떤 문제가 생길지 예측하는 일은 더욱 어렵고 위험하다는 것이다.

그런데 정보를 전부 반영해서 간단명료하게 보여주는 지표가 있다. 시장에서 결정되는 가격이다. 시장 가격은 한 개인이 전부 파악할 수 없는 수많은 다양한 정보가 실시간으로 반영된 정보의 집합체나 마찬가지이다. 하이에크가 인간의 인지 한계를 강조하며 가격을 존중해야 한다고 주장했던 게 바로 이 때문이다.

국회도 시장 가격과 비슷한 성격이 있다. 내가 알지 못하는 사람들 생각의 집합체라는 것이다. 줄곧 서울이라는 메트로폴리스를 벗어난 적 없던 내가 지구당 사무실에서 서울과 완전히 다른 지역의 정서, 생활 관습을 접하고 알게 됐듯, 한국이 아무리 작은 땅덩어리라고 해도 지리적 환경에 따른 생활과 그 생활의 바탕이 되는 사고방식, 가치관 차이는 실로 적지 않다. 이런 차이는 각 지역의 대의기관(국회의원)이 집결하는 국회의 활동에서 드러날 수밖에 없다. 국회의원은 자신을 선출한 지역 사람들의 정서와 가치관, 이익을 드러내는 목소리이기 때문이다. 그 작용은 무엇이 어떤 식으로 서로 영향을 주고받는지 수치화하거나 명시할 수 없을 만큼 복합적이고 다양하다. 가격이 어떻게 무엇 때문에 변하는지, 굵직하고 큰 영향을 끼친 요소 한두 가지는 설명할 수 있어도 수없이 많은 나머지 요인을 다 꼽을 수는 없는 것과 같다.

정치가 그 사회 유권자 평균 수준으로 수렴한다는 말이 있는 것도 바로 이런 작용의 영향 때문이기도 할 테다. 국회의원이 되기 전에는 그런 사람이 아니었는데, 권력을 쥐더니(국회의원이 되더니) 사람이 변하는 것 같은 현상도 이 때문일 수 있다. 정치가 자꾸 답답하게 느껴지고 우리(나와 내 주변 사람들) 의사를 왜곡하는 것처럼 느껴지는 현상도 국회는 다른 지역(또는 계층, 집단)의 정서, 가치관, 선호 이익 등이 반영되는 내가 알지 못하는 정보의 집합체이기 때문인 영향도 있을 것이다. 『골목의 전쟁』의 저자 김영준은 그의 블로그에서 서민에 대한 모순적인 인식을 두고 사람들은 "자신을 세상의 중심으로 여기고 세상을 본다는 점에서 자신을 과대평가하고, 실제 자신의 경제 계층보다 낮춰 여긴다는 점에서 과소평가"한다고 지적한다. 정치에 대해서도 그렇게 말할 수 있을 것 같다. 자신과 그 주변을 사회의 중심으로 여기고 국회를 본다는 점에서 자신을 과대평가하고(그래서 내 뜻과는 전혀 다르게 움직인다고 불만을 품게 되고), 반면 자기 자신이 의원의 의정활동이나 정치에 끼치는 영향력에 대해서는 미미하다고 여긴다는 점에서 과소평가한다고.

에필로그

우리 사회에서는 문제를 개선하려면 구조를 바꿔야 한다는 주장과 개인이 먼저 바뀌어야 한다는 목소리가 대립하는 경향이 있습니다. 구조와 개인에 대한 문제는 흡사 닭이 먼저냐 달걀이 먼저냐는 오랜 의문만큼 어려운 문제인 것 같습니다. 저는 국회에서 일하면서 개인에 관해 관심을 두고 주목하게 되었습니다. 법, 제도, 구조를 바꾸는 한가운데에서 많은 사람이 열심히 애쓰는 모습을 보았습니다. 그런데도 사회 문제가 크게 나아지지 않는다고 한다면 어쩌면 개인에게도 하나의 돌파구가 있는 것 아닐까 하는 것입니다. 구조를 형성하고 제도를 움직이는 힘도 결국은 개인에게서 나오는 것이니까요.

『대한민국 국회 보좌관입니다』를 쓰며 법과 우리 사회에 관해 탐구하다 보니, 우리 사회에서는 구조가 개인보다 더 중요한 위치에 있다는 사실을 발견했습니다. 법·제도, 즉 구조가 모든 것을 결정하기 때문입니다. 평범한 개인의 역할보다 법·제도에 직접적인 영향을 미치는 몇몇 사람이 훨씬 더 중요한 구조입니다. 그런 사회에서는 모든 문제의 원인이 오직 구조와 제도, 즉 국가 공권력(법)을 다루는 국가 기관에 있는 것처럼 보입니다. 사회 구성원은 더 강하고 능력 있는 정치인을 기다리고 의존하게 될 수밖에 없습니다. 자연히 의회는 민심을 최고 권력인 행정 수반에게 전달하는 것이 아니라 오히려 행정 수반의 의지를 민간에 관철하는 수단으로 전락하기 쉬울 것입니다.

일상에서 갈등이 생겨도 "법대로 해!"를 외치고, 마찬가지로 국회에서도 논란이 큰 민감한 사항은 제대로 논의하지 않고 헌법재판소나 선거관리위원회 같은 곳으로 미뤄버립니다. 문제를 늘 법에 의존해 해결하려다 보니, 새로운 문제가 생기면 그와 관련된 법을 또 만들어야 한다는 요구가 거세게 일어나는 것도 자연스러운 현상입니다. 법의 사각지대가 있으면 큰일 날 것처럼 말이죠. 가랑비에 옷 젖듯이 그렇게 사회는 점점 법의 그물망으로 덮어지고, 시민의 상식은 설 자리를 잃게 되는 것 아닐까 합니다.

사회 구성원이 자율적으로 운영하는 영역이 줄어들면 개인의 능력과 역할이 더 이상 중요하지 않습니다. 개인의 힘으로 해결할 수 있는 구조가 아니기 때문입니다. 이런 구조에서 개인이 할 수 있는 정치 참여는 공적인 기관에 문자를 발송해 의사표시를 하는 것, 혹은 인터넷 게시물에 '좋아요'를 누르거나 온라인으로 청원하는 정도 외에는 전무하다시피 합니다. 시민운동은 소비자 운동처럼 상업적인 성격의 소극적 캠페인에 그치는 경우가 많습니다. '개인'이란 무언가에 의존하지 않고 스스로 살아가는 능력을 갖춘 사람을 의미하는데, 사회적으로 공공성 있는 일에서 적극적으로 능력을 발휘할 여지가 드문 구조인 것입니다.

누군가가 주인임을 확인하는 방법은 누가 책임을 지느냐에 달려 있습니다. 책임을 지기 때문에 그에게 결정 권한을 주는 것이기도 하고요. 우리는 우리가 주인이라고 믿지만, 법(공권력)이 개인(민간)에 앞서는 사회에서는 법을 다루는 정치인이 주인이 되는 아이러니한 상황이 발생합니다.

사회의 중심은 개인이어야 합니다. 우리가 구조의 변화에 목마른 만큼 개인의 변화도 이루어져야 한다고 생각합니다. 국회에서 일하는 동안엔 국회의원이 우리 가운데 뽑힌 정치인이므로 '국회의원의 수준을 높이기 위해' 개인이 변해야 한다는 것에 그쳤습니다. 그러나 책을 탈고한 지금은 '시민이 자율적으로 운영하는 영역을 확대해나가기 위해' 개인이 변해야 한다는 생각으로 바뀌었습니다.

국회의원은 하는 일에 비해 과도한 기득권을 갖고 있다고 지적받습니다. 국회의원 중에서도 그 지적에 동의하는 사람이 적지 않습니다. 종종 기득권을 내려놓겠다는 국회의원도 있습니다. 하지만 결국 시늉에 그치고 맙니다. 그들이 기득권을 유지할 수 있는 배경에 사회 문제 해결을 법에 의존하는 사회구성원의 태도가 있다면, 국회가 스스로 기득권을 내려놓길 기다리는 것보다 법과 공권력이 개입하지 않는 시민 자율의 영역을 점차 만들어나가는 게 더 효과적인 방법일 수 있지 않을까요.

시민사회가 크고 강해질 때 비로소 국회도 제 역할을 하고, 또 국가 운영에 민심을 반영할 수 있는 강한 의회가 될 수 있습니다. 평범한 개인이 모여서 합의하고 운영하고 책임지는 영역을 만들어나갈 때, 그런 강하고 능력 있는 개인들의 영역이 존재할 때, 국회 또한 비로소 진짜 자유민주주의의 전당이 될 것입니다.

본문의 주

1 국회의원은 유권자를 대표하는 표상체로서 자신이 대표하는 유권자의 다양한 의견을 하나로 모아 국가 의사결정에 반영하는 역할을 수행한다. 또한 입법기관으로서 대한민국 헌법의 조항을 제·개정할 수 있으며, 국가 사이의 조약을 체결·비준한다. 대부분의 활동은 법률의 제·개정이다.

국회 안에서 이루어지는 구체적인 업무로는 행정부를 감시하고 견제하는 일로, 정부 사업에 대한 질의를 통해 국정의 잘못된 부분을 적발하고 시정한다. 가령, 국정감사 및 조사와 정책 질의, 행정부가 제출하는 법률안과 결산 및 예산안을 심의해서 통과시킨다. 정부가 놓치거나 정부를 견제할 필요가 있는 사안에 대해서 법률안을 제·개정하기도 한다.

모든 국회의원은 세계 권역별 외교 친선단체에 각각 소속돼 있어 그 나라의 정부 인사가 한국을 찾을 때 만나며 외교 활동을 한다. 여당 의원의 경우, 국무총리 등 행정부 고위 인사가 해외로 출국할 때 동행해 외교 활동을 돕는다.

국회 회기가 열리는 중에도 틈틈이 지역에 방문해 지역 유권자와 교류한다. 보통 연초에 의정 보고회를 열어 한 해 의정활동을 지역구민에게 알린다. 그 외에 상임위 관련 민간 기관, 단체에서 초청하는 행사에 참석하고, 현장의 의견을 듣고 문제되는 사안에 대해서 중재한다. 그런 점에서 국회의원의 일은 국회 밖에서 사람들을 만나는 일이 국회 안에서 하는 일만큼 중요하다.

2 정당에서 선거에 출마할 후보를 추천하는 제도가 공천인데, 주로 국회의원 선거와 지방선거에 활용된다. 선거 후보자로 나서는 일에 정당의 추천이 꼭 필요한 것은 아니다(무소속으로 출마할 수 있다). 다만 공천을 받으면 정당에서 선거 지원을 받을 수 있다. 정당의 유명 인사가 유세 지원을 하거나 다른 후보들과 합동 유세를 벌일 수 있고, 정당의 이미지, 정당 차원에서 제기하는 각종 이슈 등이 후보자에게 도움이 된다. 선거에 나가는 이의 입장에서는 유권자의 선택 이전에 정당의 선택을 먼저 받아야 한다. 따라서 국회의원은 유권자를 위해 일

하지만, 동시에 그 일이 정당에도 이익이 되는 방향인지 신경 쓸 수밖에 없다. 때로 국회의원이 지역사회와 유권자는 뒷전이고, 정당에만 충성하는 모습을 보이는 것도 이 때문이다. 이런 단점이 있어도 공천 제도를 유지하는 건 공천이 정당 정치를 가능하게 하는 요소 중 하나이기 때문일 것이다.

3 초선 의원은 국회의원 선거에 당선돼 처음 의정활동을 하는 사람을 뜻한다. 비례대표 의원은 초선이다. 재선 의원은 국회의원 선거에 당선돼 두 번째 의정활동을 시작한 사람이며, 상임위원회 간사는 대개 재선 의원이 한다. 3선 이상 당선된 의원부터는 '중진 의원'이라고도 칭한다. 상임위원회 위원장은 관례상 보통 3선 의원이 하고, 4선 이상 의원은 국회의장 및 부의장, 국회 사무처장에 도전한다(국회 부의장은 두 명으로 양 정당에서 한 명씩 선출하고, 국회의장은 국회의원 투표에서 절반 이상의 표를 얻어야 한다).

4 상임위원회는 국회 개원(6월 1일) 후 일정 기간 동안 국회의원이 희망하는 상임위를 적어 소속 정당(원내대표단)에 제출한다. 3지망까지 지원할 수 있으며 결정은 각 정당의 원내대표단에서 이뤄진다. 최종 상임위원 명단은 본회의 의결을 거쳐야 법적 정당성을 갖는다.

상임위는 각 부처와 그 산하기관 및 유관기관을 소관하면서 그와 관련된 법률안, 국무위원 임명안, 청원, 예산 및 결산 등을 심의한다. 위와 같은 안건은 각 상임위의 심의와 통과를 거친 후에 본회의에 상정된다. 또한 2개월에 한 번 열리는 임시회와 매년 가을에 열리는 정기회 때마다 소관 기관이 시행하는 각종 사업에 관한 계획, 진행 상황, 결과 등을 보고 받는다. 이때 정책을 감사하고, 방향을 제시한다.

각 상임위에는 상임위 위원장과 교섭단체(정당)별로 간사가 있다. 대개 여당 간사 한 명과 야당 간사 한 명이 있으며, 이들이 같은 정당 소속 상임위 의원들의 의견을 모아 위원장과 협의한다. 회의의 원활성을 위해 위원들과 국회 상임위, 정당 사이에서 일종의 가교 역할을 하는 것이다. 상임위원장의 사고 등이 있을 경우엔 위원장 직무(위원회 대표, 의사 정리 및 질서 유지 등 회의 진행 등)를 대리한다. 위원장이 자리에 있어야만 회의를 진행할 수 있기 때문에 평상시에는 회의 도중 위원장이 자리를 잠깐 비워야 할 때(화장실, 휴식 등) 간사가 위원장 자리에 앉아서 회의를 진행한다.

국회의원이 겸임으로 활동할 수 있는 상임위원회는 국회운영위원회, 정보위원회, 여성가족위원회다. 운영위원회는 국회사무처와 도서관 그리고 청와대 비서실을, 정보위원회는 국정원 등을, 여성가족위원회는 여성가족부와 그 산하기관을 소관 기관으로 한다.

그리고 또 겸임할 수 있는 특별위원회가 있다. 예산결산특별위원회와 윤리특별위원회(국회의원 자격·징계에 관한 사항을 심사), 인사청문특별위원회(대법원장, 헌법재판소장 및 재판관, 감사원장, 국무총리 등에 대한 검증) 그리고 사법개혁 특위, 에너지 특위 등 기타 필요에 따라 구성한 특별위원회다.

예산결산특별위원회는 행정부 전부처의 예산과 결산을 심사한다. 이들 위원회는 겸임위원회로 상임위 외에 의원의 지원을 받아 추가로 활동하는 방식으로 운영된다. 겸임이 가능한 이유는 이들 위원회는 임시회 등 국회가 열릴 때마다 열리는 게 아니라 정기회에만 열리기 때문이다(여성가족위원회는 임시회에도 열린다). 회의 개최 시기만 다를 뿐 나머지 운영은 전부 상임위와 똑같다.

5 의원실은 국회 사무처에서 배정한다. 이전 국회의원 임기가 끝나는 5월 말과 다음 국회의원 임기가 시작하는 6월 사이, 즉 5월 말쯤에 의원실에 통보한다. 연임하는 의원은 대개 기존 의원실을 계속 사용한다.

6 의원회관은 국회의사당을 바라보고 왼쪽에 도서관을 마주 보고 있는 건물로 국회의원의 사무실이 있는 건물이다. 의원회관에는 의원실 외에도 대회의실과 소회의실, 작은 규모의 각종 세미나실이 있다. 각 정당에서 소속 의원들의 정책을 상임위별로 지원하는 정책 전문위원실도 의원회관에 있다. 1층에는 의원식당과 국회의원 체력단련실도 있으며 각 의원실의 우편함 300개가 있는 공간도 있다. 공무원증 없이 의원회관을 방문하는 방문객은 1층과 2층 두 군데에서 신분증을 맡기면서 방문하려는 의원실을 말하면, 확인 후 방문증을 발급받아 들어올 수 있다. 도서관을 제외하고 가장 많은 방문객이 찾는 곳이 의원회관일 것이다. 2012년 증축으로 사무실이 넓어지고 현대적으로 탈바꿈했다.

7 본회의는 각종 안건을 최종적으로 결정하는 회의다. 국회의원의 1/5 이상 인원이 모여야 회의를 시작할 수 있으며, 안건을 의결할 때는 국회의원의 절반 이상이 착석해야 한다. 의결정족수가 모자라면 회의를 정회하고 기다린다. 그동안 국회사무처 의사과(각종 회의 진행을 지원하는 사무처 조직) 등에서 각 정당 원내대표실에 협조를 구하고, 원내대표실에서는 의원실에 연락해 의원실에 의원이 있으면 본회의장으로 가 달라고 요청하기도 한다.

본회의에서는 법안, 청원 등에 대한 심의와 토론, 찬반 투표가 이루어진다. 그 외에 정기회 기간에는 대통령의 예산안 시정연설, 교섭단체 대표연설 등도 이루어진다. 국정 전반에 대한 토론의 장으로서 형식은 갖추고 있으나, 실제로 발언하려면 국회의장석 바로 아래에 있는 단상까지 나가야 하는 등 우리 의회 본회의장은 토론에 편리한 구조는 아니다. 국회에서 국정운영은 본회의 중심이 아니라 상임위원회 중심으로 이루어지고 있다.

8 본회의에 안건을 부의하려면 상임위 전체회의의 의결을 거쳐야 한다. 국회의원과 행정부가 발의한 법안, 행정부에서 제출한 결산 및 예산안, 국회에 접수된 청원, 행정부 수반인 대통령

이 요청한 국무위원 청문회 요청서, 국정조사 등을 다룬다. 이러한 안건을 다루려면, 먼저 해당 상임위 전체 회의에 안건을 상정하고 상임위원(국회의원)들의 동의를 거쳐 의결한다. 전체회의가 열리면 대개 소관 기관의 행정부처장인 장관과 부처 공무원들이 참석하기 때문에 이 자리에서 상정하는 안건과 관련한 내용뿐만 아니라 이슈되는 현안이 있으면 그 내용까지 장관이 보고하고, 국회의원은 장관에게 질의하거나 당부하는 발언 시간을 갖는다.

법안, 청원, 결산 및 예산안 등은 관련 소위원회 활동이 끝나면 다시 전체 회의를 열어 소위원회 위원이 아닌 상임위원회 소속 전체 위원과 논의하는 과정을 거치고 본회의에 부의할지 최종 의결한다. 이때도 마찬가지로 관련 부처 장관 등이 참석하며 현안 등에 대해 자유롭게 질의한다.

임시회 기간에는 보통 법안 등 안건을 상정할 때와 의결할 때 전체 회의가 열리고, 정기회 기간의 국정감사 그리고 필요에 따라 열리는 청문회·공청회는 전체 회의 형식으로 진행된다.

9 우스갯소리로 마징가 제트가 나온다는 둥그런 돔이 있는 국회의사당을 의미한다. 국회의 정식 소개에 의하면, 의사당 단일 건물로는 동양 최대 크기다. 둥그런 돔을 여러 개의 기둥이 받치고 있는데, 전면 기둥 8개는 한국의 여덟 개 도를 상징하며 다른 기둥들은 다양한 의견을, 그리고 둥그런 돔은 그 다양한 의견을 하나로 모으는 의회의 역할을 상징한다. 본청 건물 3층에 본회의장과 예결위 회의장 그리고 4층부터 6층 사이에 상임위 회의장과 상임위를 지원하는 입법·행정 사무실이 있으며, 1층에 각 원내대표실과 행정실 등이 있다. 그 외에 의원과 행정부가 발의하는 법안을 접수하는 법제실, 본회의 등을 진행하는 의사과, 국회에서 근무하는 직원 관련한 각종 행정업무를 처리하는 인사과, 경호관실이 7층에 있다. 1층에는 직원 식당과 미용실, 치과 등 각종 편의시설과 각 언론사의 국회 출입 기자들의 부스가 모여 있는 기자실(정론관)도 있다.

10 의원회관과 본청 사이에 작은 2층 건물 후생관이 있었다. 꽃집, 그릇 가게, 서점 등 생필품을 판매하는 가게들이 모여 있어 사무용품이나 손님 응대 등에 필요한 물건을 살 수 있다. 커피와 각종 분식 같은 간단한 음식을 팔기도 한다. 후생관의 2층은 종종 직원 결혼식장으로 사용되기도 했다. 지금은 높은 현대식 건물로 다시 짓고 있다.

11 국무위원은 행정부 내 국무회의의 구성원으로서 대통령을 보좌하는 사람이다. 대개 국무총리를 비롯해서 행정부 각 부처의 장관과 위원회 수장이다. 각 부처에서 시행하는 사업과 결정에 대한 책임자로서 국회 임시회와 정기회, 상임위 전체 회의, 예결특위 전체 회의, 본회의가 열릴 때마다 참석해 국회의원의 질의와 지적에 대한 답변을 하면서 국가를 운영한다.

12 도널드 L. 핀켈 지음, 문희경 옮김, 『침묵으로 가르치기』, 61쪽.

13 서병훈 외, 『왜 대의민주주의인가』, 52쪽. 김주성 한국교원대 교수의 논문 「심의 민주주의인가, 참여민주주의인가」에서 인용되었다.

14 국가 예산을 행정부가 제대로 집행하고 있는지 심사하는 일은 법 만드는 일만큼 중요한 국회 역할이다. 지난해 예산 집행 내역을 심사하는 결산 심사, 다음 해 예산 집행 계획을 심사하는 예산안 심사로 나뉜다. 초여름에 결산 심사 자료를 준비하고, 늦가을에 예산안 검토 회의 자료를 준비한다. 정부가 지난해 예산 집행 내역을 5월 말까지 국회에 제출하면, 대개 6월 임시회에 열리는 상임위에서 소관 부처 결산을 의안으로 상정한다. 예산은 정부가 계획안을 국회에 9월 초까지 제출하게 돼 있는데, 9월이나 10월에 국정감사를 진행하는 정기국회가 열리기 때문에 국정감사가 끝나고 예산안을 검토한다. 그리고 각 상임위에서 검토한 결산과 예산안은 따로 구성된 예산결산특별위원회에서 종합적으로 한 번 더 검토하고 수정한다. 그것이 본회의 의결을 거치는 것이다.

15 각 상임위 아래에는 세 개의 소위원회가 있다. 법안심사소위원회, 예산결산심사소위원회, 청원심사소위원회다. 각 소위원회는 상임위 위원 중에서 지원을 받아 6~7명씩 구성한다. 법안소위에서는 의원들이 발의한 법안 가운데 해당 상임위 소관 부처가 집행하는 법안들을 심사하고, 예결소위에서는 해당 상임위 소관 부처의 예산 및 결산에 대한 심사를, 청원소위에서는 국회에 접수된 청원을 심사한다(청원소위는 회기와 상관없이 활동한다). 분야별로 소위원회를 둔 이유는 적은 인원으로 밀도 있고 심도 있는 심의를 하면서 동시에 많은 안건을 효율적으로 처리하기 위해서다.

16 국정감사는 매년 개최 시기가 법률로 정해져 있지만 국정조사는 필요에 따라 언제든 열 수 있다. 국회의원의 1/4 이상이 동의하면 국정감사처럼 현안과 관련 있는 상임위원회 전체 회의를 통해 조사한다. 과거 삼풍백화점 붕괴 사건 국정조사, 은행의 부동산 부실 대출이 문제됐을 때 비리 진상규명, 개인정보 대량 유출 사태로 인한 실태조사를 위해서 등 국정조사는 사회를 흔드는 큰 사건이 있을 때마다 활용되고 있다.

17 입법 활동 중에 기존에 없던 법을 새로 만들거나(제정법률안) 기존에 있던 법이라도 법 내용 전체를 개정(전부개정법률안)하고자 할 때, 청문회나 공청회를 연다. 그 외에 중요한 안건에 대해서 전문가, 종사자나 피해자 등 관련자 등에게서 의견을 들을 필요가 있을 때 공청회를 열고, 국정감사 및 국정조사에서 증언이나 진술을 들을 필요가 있을 때 청문회를 연다. 청문

회에 참석하는 사람을 증인 또는 참고인이라고 하는데, 이때 발언한 증언이나 진술은 법적 효력을 발휘하는 증거로 채택할 수 있어 거짓 진술은 해선 안 된다. 가장 널리 알려진 건 대통령이 임명하려는 국무위원에 대한 인사청문회로, 인사청문회 날짜가 잡히면 해당 상임위 소속 의원실은 국정감사 기간 못지않게 분주해진다. 종종 후보자를 낙마시킬 정도로 큰 문제를 찾아내는 청문회 스타 의원이 탄생할 정도로 중요한 일이기 때문이다.

18 한병철 지음, 김남시 옮김, 『권력이란 무엇인가』, 15쪽.

19 김문조, 『한국인은 누구인가』, 417쪽. 이선미 교수의 논문 「한국 사회는 권위주의적인가」에서 인용되었다.

20 피감기관은 국회 상임위원회 소속 위원(국회의원)에게 감독 및 검사를 받는 대상이다. 상임위원회의 소관 기관이 곧 피감기관으로, 국회 일상에서는 소관 기관보다는 피감기관이란 단어를 쓴다. 이를테면, 소관 기관이란 단어가 문어체라면, 피감기관은 구어체다.

21 「여성 의원들은 왜 여성 보좌관을 기피하는가」, 『여성신문』, 2008. 6. 13.

22 「쪼개고 맞바꾸고… 구태로 문 연 후반기 국회」, 『노컷뉴스』 2018. 7. 17.

23 박상현·진영재, 「국회 여성의원의 여성 관련 의제에 대한 투표행태: 제17·18·19대 국회 성평등 관련 법안을 중심으로」, 『21세기정치학회보』 제27집 2호.

24 막스 베버 지음, 최장집 엮음, 박상훈 옮김, 『소명으로서의 정치』, 125쪽.

25 같은 책, 129쪽.

26 역대 총선 여성 국회의원 비율: 여성 당선자 제15대 국회 9명(3%), 제16대 국회 16명(5.9%), 제17대 국회 39명(13%), 제18대 국회 41명(13.7%), 제19대 국회 47명(15.7%), 제20대 국회 51명(17%).

27 에드워드 L. 데시, 리처드 플래스트 지음, 이상원 옮김, 『마음의 작동법』, 232쪽.

28 같은 책, 234쪽.

29 로드 주드킨스 지음, 이정민 옮김, 『대체 불가능한 존재가 돼라』, 58쪽.

30 보좌관은 고용되면 별정직 공무원으로 등록되기 때문에 일반 공무원처럼 직급이 존재한다. 4급~9급, 인턴(유급), 입법보조원(무급)이 국회의원 사무실에서 직원으로 일한다. 흔히 국회의원을 위해 일하는 이들을 모두 보좌관으로 알고 있지만 국회 생활에서의 호칭은 조금씩 다르다. 4급을 보좌관, 5급을 비서관, 그 이하는 통상 비서다. 비서관을 보좌관으로 높여 부르고, 6급 이하의 정책 비서를 비서관으로 높여 부르는 경우도 있다. 6급 이하 정책 비서를 보좌관이라고 부르는 경우도 있지만 흔치는 않다.

31 17개 상임위원회는 각각 그에 해당하는 행정부처를 소관 기관으로 둔다. 예를 들어 국회 교육위원회의 소관 기관은 행정부처인 교육부와 교육부에 속해 있는 소속 기관 6개, 국립대 등이 있고 교육청, 각종 대학 병원 등 교육부 산하기관 24개, 교육개발원 등 교육부 유관기관 7개다. 즉, 그 위원회가 심의하는 법(안)을 집행하는 모든 정부기관을 그 위원회의 소관 기관이라고 부른다.

32 국가 예산의 편성은 정부가 하되 그 예산안을 심의해서 확정하는 일은 국회가 하도록 헌법에서 명시하고 있다. 이에 따라 국회는 전년도 결산과 다음 해 예산을 종합적으로 심사하기 위해 예산결산특별위원회를 운영하고, 각 상임위는 소관 부처의 심사를 거친 결산과 예산안을 예결특위로 회부한다.

예결특위의 안건 처리 절차 역시 보통 상임위 절차와 같다. 예결특위에서는 전체 회의를 열어 50여 명의 특위 위원의 심사를 시행한다. 이때 궁금한 사항, 당부 사항 등을 해당 부처와 국무총리에게 질의하는 방식으로 이루어지기 때문에 대부분의 부처 장관들이 참석한다. 전체 회의에서 상정된 예결산안은 소위원회로 회부된다.

소위원회는 예산안을 중점적으로 심사하는 예산안등조정소위원회, 결산을 심사하는 결산심사소위원회, 그리고 추가경정예산안등조정소위원회가 있다. 국회 임기 마지막 해에 예결소위 위원으로 활동하는 국회의원들은 이 3가지 소위원회 가운데 예산안등조정소위원회를 가장 희망한다. 이 소위에서는 행정부가 짠 다음 해 예산안을 실제로 검토하면서 국민들의 필요에 따라 조정할 수 있기 때문이다. 이 소위 위원이 되면 자기가 출마하려는 지역에 예산을 더 많이 배정할 수 있는 것이다. 소위원회에서 심사하고 결정한 결산 및 예산안은 다시 예결특위 전체 회의의 심사를 거친다. 여기서 통과되면, 본회의에서 그대로 의결되는 경우가 대부분이기 때문에 예결특위는 예결산안에 관련해서는 본회의에 버금가는 역할을 한다고 할 수 있다.

33 막스 베버 지음, 이상률 옮김, 『관료제』, 69쪽.

34 의원총회는 국회의 정식 회의는 아니지만, 임시회와 정기회가 열리면 상임위 회의와 본회의만큼 자주 열리는 회의다. 같은 정당 소속인 의원들이 모여 상대 정당과 대립하는 정책의 현안을 어떻게 할 것인지 논의하기도 하고, 정당 내부 문제에 관해 의원들의 의견을 모은다. 본회의 개회 30분쯤 전에 의원총회가 열린다고 봐도 좋다. 비공개로 진행되며 특별한 경우, 같은 정당 소속의 국무위원이나 정치인 등을 초청해서 함께 논의한다. 의원의 보좌진까지 참관이 가능하고 특수한 때엔 보좌진의 참관도 불허한다.

35 예결위 회의장을 본회의장의 축소판으로 만든 이유는 혹시 언젠가 양원제를 도입할 가능성을 염두에 둔 것이라고 한다.

36 국회 본청은 국회 출입증만으로 출입이 자유롭지만 본회의장과 예산결산특별위원회 회의장은 허가받은 일부만이 출입할 수 있다. 기자 등 외부인은 들어갈 수 없다.

37 미야모토 타로 지음, 임성근 옮김, 『복지국가 전략』.

38 음선필, 「국회 입법 과정의 분석과 개선방안 - 18대 국회를 중심으로」, 『홍익법학』 제13권 제2호, 2012.

39 2001년에서 2006년까지 미국 의회의 하원 의원 발의안 가결률은 평균 5.53%, 상원 의원 발의안 가결률은 3.37%이다. 한국 제16대 국회(2000년~2004년) 의원 발의안 가결률은 27%, 제17대 국회(2004년~2008년)엔 21%, 제18대 국회(2008년~2012년)엔 14%다.

40 「비전문가의 상식이 영국을 움직인다; 학교도 병원도 소비자인 관리위원들이 최종 결정권자」, 『주간조선』 제2536호, 2018. 12. 10.

41 강원택, 유진숙, 『시민이 만드는 민주주의』, 289쪽.

42 같은 책, 287쪽.

43 「유유상종 두드러진 민주·한국당, 같은 당 의원끼리 법안 80% 발의」, 『조선일보』, 2017. 10. 9.

44 문유석, 『판사유감』, 74~82쪽.

45 김태윤, 「입법부와 규제개혁 - 우리나라 규제 입법의 문제점에 대한 제도적 개선방안 모색을 중심으로」, 『규제연구』 제23권 특집호, 2014. 9.

46 동의안, 결의안, 규칙안, 선출안은 법률안, 예산 관련된 의안 외의 주요 의안이다.

동의안 정부가 국정 운영에 앞서 국회의 동의를 얻는 사안으로 국회의 행정부 견제 기능 가운데 하나다. 이라크 파병처럼 국군 파병, 국제 조약, 국채 발행, 차관 도입 등과 관련된 동의안이 있다. 대표적이고 널리 알려진 건 국무총리, 대법원장, 감사원장 등에 관한 임명 동의안이다.

결의안 국회의 의사를 외부에 표명하거나 국회운영에 관한 사항을 결정하는 의안. 감사요구안, 탄핵소추안 등이 있으며, 사형제 폐지 국제조약 가입 촉구 결의안, 한일 과거사 정리 촉구 결의안, 북한 미사일 발사 규탄 결의안 같은 국내외 문제와 관련해 국회(시민)의 뜻을 알리는 내용도 있다. 특정 사안에 대해서 비상설특별위원회 구성을 요청할 때도 쓰인다.

규칙안 국회 내부 규칙을 제·개정 또는 폐지할 때 내는 의안.

선출안 헌법재판소 재판관과 중앙선거관리위원회, 인권위원회, 방송통신위원회 등 국가위원회 위원 중 일부를 국회에서 선출 또는 추천하기 위해 마련하는 의안. 이 또한 행정부를 견제하는 기능을 하며, 또한 행정부 구성의 민주적 정당성을 부여한다.

이 외에도 의안의 종류는 더 있다. 결의안 빼고는 이런 의안들을 국회의원이 개별적으로 직접 준비하거나 검토하는 경우가 흔치 않다. 주로 행정부에서 제출한 의안을 같은 정당 소속 의원들끼리 정치적인 유불리 등을 따지며 의논하는 경우가 많다.

47 박윤희, 「17~18대 국회 상임위원회 의원 발의 법안의 가결 요인 비교분석: 위원회 이론을 중심으로」, 『한국정치연구』 제23집 제2호, 2014.

48 스티븐 레빗, 스티븐 더브너 지음, 안진환 옮김, 『괴짜 경제학』, 305쪽.

49 도널드 L. 핀켈 지음, 문희경 옮김, 『침묵으로 가르치기』, 235쪽.

50 예산 계획은 각 행정 부처가 세운다. 재정 운영에 관한 일을 하는 기획재정부가 1차적으로 검토해서 결정한다. 국회는 예산 계획을 심사(증액, 감액 등 수정 및 조정)한 뒤 통과시킨다. 국회의 승인이 이뤄지면 정부 부처가 그 계획대로 예산을 집행한다.

51 「'김영란법 효과' 금품 자진신고↑」, 『한겨레』, 2019. 3. 12.

52 「김영란법 5만원 룰 비웃다… 상가집의 '쪼개기 봉투'들」, 『중앙일보』, 2019. 4. 30.

53 이진우, 『프라이버시의 철학』, 118쪽.

54 「난립한 지역 축제에 국고 지원 끊는다」, 『중앙일보』 2018. 1. 11.

55 「비전문가의 상식이 영국을 움직인다; 학교도 병원도 소비자인 관리위원들이 최종 결정권자」, 『주간조선』 제2536호, 2018. 12. 10.

56 정책 보고서 「서민의 개념과 범위에 대한 연구」, 한국보건사회연구원, 2012. 2.

57 김영준, '서민의 범위: 우리는 스스로를 어떤 계층이라 여길까?' (blog.naver.com/breitner/221408768117)

참고도서

강원택, 유진숙, 『시민이 만드는 민주주의』, 박영사, 2018.
고병권, 『민주주의란 무엇인가』, 그린비, 2011.
김문조, 『한국인은 누구인가』, 21세기북스, 2013.
김찬호, 『모멸감』, 문학과지성사, 2014.
도널드 L. 핀켈 지음, 문희경 옮김, 『침묵으로 가르치기』, 다산초당, 2010.
래리 시덴톱 지음, 정명진 옮김, 『개인의 탄생』, 부글북스, 2016.
로드 주드킨스 지음, 이정민 옮김, 『대체 불가능한 존재가 돼라』, 위즈덤하우스, 2015.
막스 베버 지음, 이상률 옮김, 『관료제』, 문예출판사, 2018.
막스 베버 지음, 최장집 엮음, 박상훈 옮김, 『소명으로서의 정치』, 후마니타스, 2013.
문유석, 『판사유감』, 21세기북스, 2014.
미야모토 타로 지음, 임성근 옮김, 『복지국가 전략』, 논형, 2011.
박상훈, 『정당의 발견』, 후마니타스, 2017.
박용철, 『감정은 습관이다』, 추수밭, 2013.
박종현, 『케인즈 & 하이에크: 시장경제를 위한 진실게임』, 김영사, 2008.
서병훈 외, 『왜 대의민주주의인가』, 이학사, 2011.
송호근, 『나는 시민인가』, 문학동네, 2015.
스티븐 레빗 지음, 안진환 옮김, 『괴짜 경제학』, 웅진지식하우스, 2007.
알랭 드 보통 지음, 최민우, 옮김, 『뉴스의 시대』, 문학동네, 2014.
알렉시스 드 토크빌 지음, 은은기 옮김, 『미국의 민주주의』, 계명대학교출판부, 2013.
에드워드 L. 데시, 리처드 플래스트 지음, 이상원 옮김, 『마음의 작동법』, 에코의서재, 2011.
위르겐 하버마스 지음, 한승완 옮김, 『공론장의 구조변경』, 나남, 2001.
이진우, 『프라이버시의 철학』, 돌베개, 2009.
이호걸, 『눈물과 정치』, 따비, 2018.
정희진, 『아주 친밀한 폭력』, 교양인, 2016.
프리드리히 하이에크 지음, 민경국, 서병훈, 박종운 옮김, 『법, 입법 그리고 자유』, 자유기업원, 2018.
한병철 지음, 김남시 옮김, 『권력이란 무엇인가』, 문학과지성사, 2016.

대한민국 국회 보좌관입니다
300명 국회의원, 2,700명 보좌진 그 치열한 일상

초판 1쇄 발행 2019년 10월 10일
초판 2쇄 발행 2022년 1월 20일

지은이 홍주현
펴낸이 이준경
편집장 이찬희
편집 김아영, 김한솔
디자인 정미정, 김정현
마케팅 양지환
펴낸곳 지콜론북

출판등록 2011년 1월 6일 제406-2011-000003호
주소 경기도 파주시 문발로 242 3층
전화 031-955-4955
팩스 031-955-4959

홈페이지 www.gcolon.co.kr
트위터 @g_colon
페이스북 /gcolonbook
인스타그램 @g_colonbook

ISBN 978-89-98656-89-8 (03300)
값 15,000원

이 도서의 국립중앙도서관 출판시도서목록(CIP)은 서지정보유통지원시스템 홈페이지(http://seoji.nl.go.kr)와
국가자료공동목록시스템(http://www.nl.go.kr/kolisnet)에서 이용하실 수 있습니다.
(CIP제어번호: CIP2019036704)

지콜론북은 예술과 문화, 일상의 소통을 꿈꾸는 ㈜영진미디어의 출판 브랜드입니다.